绝处逢生

无罪辩护

朱明勇 总主编

清华大学出版社
北京

内 容 简 介

本书以人民法院的生效判决为准，整理、归纳出较有代表意义的典型案例，侧重辩护技术的阐释和分析，供专业人士及社会公众参考、学习，并以此彰显我国法治建设的成果。将这些经典的案件汇编成集，一方面记录了辩护技术对于实现个案正义的重要性，另一方面也是法治进步在司法一线最直观的体现。

每一份无罪判决的作出都凝聚了四面八方的力量：当事人、律师、媒体工作者、司法工作者乃至社会公众，他们都为具体案件的公正处理作出了自己的贡献。这些，都是中国法治进程中踏实、有力的脚步。

图书在版编目（CIP）数据

无罪辩护.绝处逢生 / 朱明勇总主编.—北京：清华大学出版社，2022.4（2025.4 重印）
ISBN 978-7-302-59799-5

Ⅰ.①无… Ⅱ.①朱… Ⅲ.①律师－辩护－案例－中国 Ⅳ.①D926.5

中国版本图书馆CIP数据核字(2022)第001585号

责任编辑： 刘 晶
封面设计： 徐 超
版式设计： 方加青
责任校对： 王凤芝
责任印制： 丛怀宇

出版发行： 清华大学出版社
　　　　　 网　　　址： https://www.tup.com.cn，https://www.wqxuetang.com
　　　　　 地　　　址： 北京清华大学学研大厦A座　　　　　 **邮　　编：** 100084
　　　　　 社 总 机： 010-83470000　　　　　　　　　　　　 **邮　　购：** 010-62786544
　　　　　 投稿与读者服务： 010-62776969，c-service@tup.tsinghua.edu.cn
　　　　　 质 量 反 馈： 010-62772015，zhiliang@tup.tsinghua.edu.cn
印 装 者： 三河市东方印刷有限公司
经　　销： 全国新华书店
开　　本： 170mm×240mm　　　 **印　　张：** 17　　　 **字　　数：** 231千字
版　　次： 2022 年 5 月第 1 版　　　 **印　　次：** 2025 年 4 月第 4 次印刷
定　　价： 79.80元

产品编号：095187-01

2018 年，各级人民法院审结一审刑事案件 119.8 万件，判处罪犯 142.9 万人。

依法宣告 517 名公诉案件被告人和 302 名自诉案件被告人无罪。

——摘自《最高人民法院 2018 年工作报告》

序言

2015 年，由中国案例法学研究会、清华大学法学院和清华大学出版社联合发起的无罪辩护经典案例征集活动正式启动。2017 年开始，该活动由中国政法大学刑事辩护研究中心具体承办。该项活动在刑事司法领域形成了一定的影响力，无论是在理论研究还是司法实践方面都有其巨大的贡献。我们将每个年度具有代表性的案例汇编成书，其中 2015 至 2017 三个年度的案例结集分别在清华大学出版社和中国政法大学出版社出版。

本书结集的是 2018 年度的典型无罪辩护案例。本次出版，我们对这些案例均进行了专业点评和分析，从刑事司法理念的高度和刑事司法政策变迁的视角逐一解剖这些辩护案例所具有的独特价值。

这几年恰逢刑事司法改革的重要年份：认罪认罚制度的确立，刑事法律援助机制的成熟，类案检索制度的倡导，庭审实质化司法改革精神的落实都对具体的刑事辩护工作产生了重要影响。

案例研究本就是刑事司法研究的一种重要方法，加之上述措施的叠加效应，使得个案研究的价值和意义更为凸显。

认罪认罚制度确立后的刑事辩护何去何从？法律援助机制与刑事辩护全覆盖的对接，类案检索与同案不同判的实践，庭审实质化与二审不开庭的常态化都是学界热议的话题。新的形势下，刑事辩护的方向该如何调整，程序正义的价值该如何体现也已成为刑事辩护领域不可回避的话题。

高利贷入罪，催收非法债务罪名的增加等一系列刑法修正案内容的实施，的确给刑事辩护工作带来了前所未有的挑战。

比如高利贷催收涉及的系列问题，有的法院认为高利贷可以按照民事纠纷处理，有的法院则按照刑事犯罪处理。在刑事犯罪方面，有的法院判虚假诉讼罪，有的法院判诈骗罪。针对催收问题，有的法院判寻衅滋事罪，有的法院判非法拘禁罪。即便是《刑法修正案（十一）》出台后，各地法院的判决依然差别很大。那么，一个新的问题就自然而然地暴露出来：同案不同判。

对于刑事辩护律师来讲，除了同案不同判，辩护的基本思路确立、具体方案敲定、效果预判以及当事人的认可和接受程度也是常常遇到的难题。

从满足现实需求的角度来讲，我们筛选出来的这些案例，是否具有典型意义就显得尤为重要。也正是基于此，我们尽量保证这些案例可以从各个不同的维度给读者提供一些思考。

刑事辩护事实上是一场智慧与知识的角逐，也是一场权利与权力的博弈，它本身所体现的天然的程序正义价值本不容置疑。但是，不可能每一场辩护都是成功的。从近年来最高人民法院公布的数据来看，每年度公诉案件的无罪判决的比例呈现下降趋势；同时最高人民检察院的报告又体现出不起诉案件的比例出现了较大的上升。这也意味着，无罪辩护的方式发生了变化。

从纯粹学术的角度看，将触角伸向无罪案例研究的学者少之又少，这是一种值得关注的现象。

学术研究要为社会实践提供智力支持。我们不能因为无罪案例比例低的现状而忽略了无罪辩护这个领域。因为我们都知道，无罪推定、疑罪从无这些刑事司法的基本原则和刑事案件被告人、辩护律师的基本权利息息相关。

我们欣喜地看到，这几年来越来越多的律师开始关注刑事辩护，越来越多的刑事辩护律师开始关注无罪辩护，更难能可贵的是一线刑事辩护的法庭上出现了越来越多的高学历、高水平，具有丰富工作经验的律师。他们通过精湛缜密的证据分析、严谨熟练的法律解释、进退有据的辩护策略以及高度负责的敬业精神，不仅在法庭上赢得了案件胜诉的结果，还在法庭之外收获了法律职业共同体的认可。

当然，我们也清醒地看到，在以审判为中心、庭审实质化司法改革背景下，一审庭审形式化、二审庭审书面化的现象在一些地方仍然存在。此外，内审制度、个案请示制度也有泛化的趋势。还有一些司法制度中本已经确立的证人出庭制度、当庭宣判制度等普及力度仍需加强。

在这些成功的无罪辩护的案件中，程序上，几乎每一起案件都有辩护律师在程序上的坚守和努力；实体上，还有一些案件涉及一些模棱两可的罪名，有的是口袋罪，有的是民刑不分，有的则是拔高凑数，还有的是受到了事实、证据之外的因素的影响。

不管从哪个角度来说，个案辩护涉及的更多的是具体的辩护策略和辩护技术。这些策略和技术因辩护律师而异、因案件具体情况而异，也无法完整地体现在体系化的法学教育中。也正因为如此，我们所能想到的是寻找、发现每一个时期、每一个特定阶段中，那些获得无罪结果的案例，并通过对这些具有代表性的案例的深度剖析，总结出一条路径或者一种方法，以此反推出那些藏在案例中的经验、技术，并从中体味程序正义本来的意义。

对我们的司法实践和学术研究而言，这无疑是一项具有深远意义和价值的工作，从案例征集、遴选，到细节剖析，其中的每一步都不容易。这些案例里的人，他们经历的时光与我们同步；这些案例彰显的精神，与时代同步。

通向未来的路，就在我们脚下。

愿正义长存。

是为序。

朱明勇

2022 年 4 月 1 日

目录

江西"毒糖杀人案"两次再审终无罪

易延友　刘　长

回顾

失去自由近20年后，68岁的江西农民李锦莲终于恢复清白之身。

1998年10月9日，江西省遂川县横岭乡茂园村村民肖某的两个儿子（分别为10岁、11岁）在自己家附近的石壁上捡食4粒桂花奶糖，食后均中毒身亡。经鉴定，糖纸上含有"毒鼠强"成分。经公安机关侦查，认定犯罪嫌疑人为同村的李锦莲。

李锦莲曾与两名死者的母亲肖某有过两性关系，被肖某的小叔子李某统发现后，二人断绝来往。案发当日，李锦莲带着年仅7岁的儿子去坛前村做客，当天下午4点多钟从坛前村返回，约6点钟途经离肖某家不远处的大屋场三岔路口，返回自己家中。但是他万万没想到，这一恰巧"经过"和曾经的感情纠葛，竟致使公安机关径行认定其是具有重大作案动机的犯罪嫌疑人。

1998年10月10日，李锦莲被警方带走，人生就此被改写。

❀ 案件

1998 年 12 月 15 日，李锦莲被刑事拘留，同年 12 月 22 日被逮捕。

1999 年 5 月 19 日，江西省人民检察院吉安分院向吉安市中级人民法院提起公诉，起诉书指控：被告人李锦莲与肖某曾经存在不正当的男女关系，1998 年 5 月肖某提出与李锦莲断绝来往，后者心怀不满。1998 年 9 月 26 日，李锦莲家的母猪和狗被人毒死，他怀疑是李某统所为，于是心生谋害之意。次日，李锦莲在遂川县城购买"速杀神"鼠药 4 包。10 月 6 日，李锦莲到遂川县城购物，想到用水果糖粘鼠药来毒二被害人家里人，便购买了 10 只"桂花奶糖"。1998 年 10 月 9 日上午，李锦莲在家里用剪刀剪开"速杀神"鼠药，用木柴杆将鼠药挑入 4 粒"桂花奶糖"中，又用一红色食品袋装好这 4 粒糖带在身上。接着，李锦莲带其子李某去坛前村做客。二人当天下午返回古塘，途经古塘大屋场近二被害人家的岔路口时，李锦莲说要去小便一下。他在去二被害人家路边的厕所小便后，继续往二被害人家方向走。走到一块石壁处时，李锦莲将装有 4 颗毒糖的红色食品袋丢放在石壁上，后转身迅速离开现场。不久，二被害人捡到这 4 颗粘有鼠药的毒糖，食后中毒死亡。经法医鉴定，二被害人均系服用含"毒鼠强"成分的鼠药中毒，引起急性呼吸循环衰竭死亡。

江西省人民检察院吉安分院认为，李锦莲出于报复动机，投毒杀人，其行为触犯了《刑法》第 232 条之规定，已构成故意杀人罪。

1999 年 7 月 6 日，江西省吉安市中级人民法院以故意杀人罪判处李锦莲死刑，缓期两年执行，剥夺政治权利终身。

李锦莲不服并提出上诉。2000 年 5 月 23 日，江西省高级人民法院裁定驳回上诉，维持原判。

李锦莲不服，提出申诉。江西省高级人民法院于 2011 年 2 月 24 日作出再审决定书，该案随后启动了第一次再审。虽然经过律师强有力的辩护，但该案并未获得改判。江西省高级人民法院于 2011 年 11 月 10 日作出裁定，维持原判。

李锦莲仍不服，向最高人民法院提出申诉。此后，又经历了漫长的申诉和无数次的情况反映，经最高人民检察院提出再审检察建议后，2017年7月9日，最高人民法院作出再审决定书，指令江西省高级人民法院审理该案，案件再次迎来转机。

北京市中闻律师事务所接受了李锦莲家属的委托，指派易延友、刘长律师担任李锦莲的辩护律师。通过查阅案卷、勘查现场、会见李锦莲本人，辩护人已经形成内心确信，本案确实是一起冤错案件，李锦莲是无罪的，人民法院应当立即改判并宣告李锦莲无罪，具体理由如下。

一、本案是否存在需要追诉的刑事犯罪，没有查清，不能排除是意外事件

本案现有证据只能证明两名被害人确实已死亡，虽然尸检报告显示，从死者胃组织中检验出了"毒鼠强"（剧毒物品，化学名四亚甲基二砜四胺）成分，但是现有证据无法证明两名被害人是被人为毒死的，反而有大量证据能够证明，本案被害人的死亡完全有可能是刑法意义上的"意外事件"。

我国《刑法》第16条规定："行为在客观上虽然造成了损害结果，但是不是出于故意或者过失，而是由于不能抗拒或者不能预见的原因所引起的，不是犯罪。"本案没有任何证据能够证明存在人为投毒的行为，被害人虽然死亡，且尸检时胃组织检出了"毒鼠强"成分，但不代表是人为投毒，在鼠药普遍存在的南方农村，动物的活动（譬如老鼠本身的活动）、人类的正常行为，都有可能导致受害儿童接触到"毒鼠强"物质。因此，本案完全可能是一起意外事件，而非刑事犯罪。

被害人母亲的证言虽然提到两个小孩吃了糖，但是，现有证据并不能证明被害人是吃糖导致的中毒死亡。已有的4颗糖均已被被害人食用，侦查机关并未提取到任何一颗有毒的所谓"桂花奶糖"。本案糖纸上虽然检

测到了"毒鼠强"物质，但是这并不能证明糖本身有毒，何况糖纸的来源也很可疑。根据被害人母亲肖某的证言，案发当天中午她回家时，看见两个小孩在树上打板栗吃，为何当时侦查机关不提取板栗壳进行化验？不能排除板栗上也能检测出"毒鼠强"物质。

因此，本案现有证据既不能证明被害人是由于人为投毒导致死亡，也不能证明毒物来源是有毒的糖。被害人究竟是食用了何种载体的毒物、该毒物又是如何被小孩食用的，本案迄今未能查清楚。

二、即便本案存在故意杀人的犯罪行为，原审被告人李锦莲也不是本案的"真凶"

（一）李锦莲主观上没有作案的动机

1. 李锦莲没有报复被害人母亲肖某及其小孩的动机。

李锦莲本人多次强调其与肖某之间一直相处友好，没有任何矛盾。肖某本人的多次证言与之完全吻合，侦查卷中肖某的几次笔录都证实了这一点。例如，笔录显示："问：今年李锦莲还来纠缠过你吗？或讲了要报复你家之类的话吗？答：没有，都没有。""问：你俩在分手时有无闹意见？答：没有闹意见，也未吵口，他也未讲过威胁我的话。"

这些证言互相印证，充分证明李锦莲没有报复肖某及其小孩的动机。侦查机关反复拿儿女私情的问题作文章，在讯问中反复逼供、诱供，但是仍然无法证明李锦莲有报复肖某及其两个儿子的动机。

2. 李锦莲也没有报复被害人叔叔李某统的动机。

关于家里猪狗被毒死，据李锦莲本人多次供述，他怀疑是其邻居陈某香所为，并没有怀疑李某统。而且，其家中猪被毒死之后，李锦莲还送煮过的猪肺等送给李某统。同时，李某统的笔录也提及，李锦莲怀疑其家中猪狗是同村李某隆的老婆陈某香毒死的，并且李锦莲跟李某统在一次放牛时谈到这一点。两人的说法也完全吻合。

3. 李锦莲与被害人所在的整个大家庭的成员都关系良好。

据李锦莲在会见时的陈述，其跟肖某断绝两性关系之后，两家人还密切往来：李锦莲的儿子还在肖某家吃过饭，李锦莲上山打鸟经过，还送了一只猎获的鸟给肖某的儿子。

此外，李锦莲与肖某的老公从小到大关系都不错，从未发生过任何意见分歧，"大声说话都没有讲过"；李锦莲与肖某的公公以及小叔子李某统的关系也不错，因为这两位都曾在李锦莲建房时给予了很大的帮助，李锦莲一直表示感谢。

因此，本案原审被告人李锦莲没有任何作案的动机。

（二）李锦莲客观上没有实施作案的行为

1. 李锦莲没有购买原审认定用以作案的桂花奶糖。

侦查机关调查了小卖店店主龙某生，龙某生于1998年11月18日所作笔录明确表示："买了半斤白糖，2元/斤，面条2斤，1.20元/斤，其他东西就没有买，总价3.40元。"龙某生强调"其他东西没有买"，并且在笔录里强调了两次。同样，小卖店主谢某玲也没有提到李锦莲购买了桂花奶糖，哪怕是侦查人员反复提示，谢某玲仍然强调李锦莲只买了白糖、面，对于桂花奶糖没有印象，其证言称："像水果糖中的桂花奶糖天天有人来买……这种情况我确实很难记起来。"

查不清本案中桂花奶糖的来源，所谓的用毒糖投毒杀人，就变成了无本之木。

2. 李锦莲虽然购买过鼠药，但并无任何证据证明死者体内检测到的"毒鼠强"成分与李锦莲所购买的鼠药存在关联。

本案发生在鼠药泛滥的南方农村。在案发的1998年，古塘村有多人家中有鼠药，这种含有"毒鼠强"成分的鼠药，属于农村用于生产生活的种类物，不是专用来投毒杀人的特定物，按照本案侦查机关的逻辑，村中凡持有鼠药的人都是投毒杀人的犯罪嫌疑人。

何况，光是在李锦莲家中搜查出来的鼠药就有"闻到死""速杀神""三步倒"和"磷化锌"这4种，被害人胃容物中检测到的"毒鼠强"成分究竟是以上4种鼠药中的哪一种？没有任何证据可以证明。侦查机关既没有对4种鼠药分别进行成分分析，也没有与死者体内的毒物进行对比分析，该鉴定意见不具有排他性。原审判决径行认定作案使用的是"速杀神"鼠药，纯属主观臆断。

3. 本案最关键的两个情节，即用所谓的木柴杆制作毒糖的情节（变了几次）和所谓利用小便之机投放毒糖的情节，没有任何证据证明李锦莲实施的制作毒糖的情节和投放毒糖的情节。该情节作为以投毒为手段的杀人行为的核心中的核心，居然没有任何目击证人，也没有任何物质和其他客观证据予以证实。关于制作毒糖的过程，起诉书、一审判决、二审判决出现了"木柴杆""火柴杆"等多种前后不一的说法。投放毒糖的情节更是主观臆测，除了李锦莲本人在刑讯逼供等非法方法下作出的有罪供述之外，没有任何证据能够证明李锦莲实施了上述行为。

4. 李锦莲在案发当天并不具备作案时间，具体有以下4组证人证言可以佐证。

（1）第一组，证人李某华、卜某香的证言。

李某华家里当天割禾，请了卜某香帮忙，卜某香是两名被害人的姊婶，与被害人家人住在一起。证人李某华的证言证实，他看见了李锦莲父子进古塘，而"卜某香比李锦莲先上古塘，送稻草回到我家一放，她就要回家，说要帮小孩洗澡。"证人卜某香在本案原二审江西省高级人民法院法官对其所作的证言中明确表示："我后回来，我嫂子（即肖某）跟两个侄子（即两名被害人）先回来。""我回来，准备好水，进房间拿衣服准备洗就听到出了事。"也就是说，当天，卜某香从李某冲家送完稻草离开后，李锦莲父子才回古塘，而卜某香到家时，被害人已经捡糖、吃糖并回到家里了，而这时李锦莲还在回村的路上，故李锦莲没有作案时间。

（2）第二组，证人李某粱、刘某江的证言。

李某粱家当天在盖房子，因为要下雨，他就推了一车杉皮来盖屋，在路上遇到肖某回家，肖某还跟李某粱打了招呼，随后李某粱去推第二车杉皮。

而刘某江在推最后一车土到工地上时，遇到了李锦莲，其到工地上时（工地距离遇到李锦莲的地方也只有 17 米），工地上已经有杉皮了，证明李某粱的第一车杉皮已经推到了，这也充分证明，李某粱推第一车杉皮到工地时所遇到的被害人母亲肖某，已经与李某粱碰到并打完招呼，肖某此时早已回家。

因此，肖某和小孩回家在先，李锦莲回古塘在后，李锦莲没有作案时间。

（3）第三组，证人张某凤、刘某江的证言。

张某凤、刘某江等证人从看到李锦莲回古塘，到听见肖某呼救，只有短短不到 10 分钟的时间。张某凤的证词是说，顶多 10 分钟；刘某江没有说具体时间，但是从描述上看，也不到 10 分钟。而且他们二人相遇地点到碾米厂工地只有短短 17 米，故一两分钟就可以走到。

而小孩从家出发、捡糖、吃糖，然后和肖某一起回家，到家之后肖某又摘菜、煮饭，最后毒发，这个时间至少有 20 分钟到半小时。被害人母亲肖某也明确表示，从碾米厂遇到小孩到毒发的时间是半个小时。

故李锦莲正好是在被害人捡糖、吃糖之后，被害人母亲肖某呼救之前回到的古塘。此时，被害人及其母亲肖某已经经过三岔路口到家了，正在做摘菜、煮饭的工作，而李锦莲此时才刚到村里，故李锦莲没有作案时间。

（4）第四组，证人刘某湖、李某思的证言。

当天下午，证人刘某湖在李某粱的工地边上砌坎，其证言称，其下午 2 点在那里砌坎，"一直做到 5:30 左右收工，我就回家了"。收工后，刘某湖把工具送进碾米厂，在门口洗手，看见肖某带着两个儿子往古塘口方向回家，刘某湖听到肖某在问他两个儿子："你又在吃糖，是不是偷我的钱买的？"刘某湖就和肖某开玩笑说："我买给他们吃的。"当时李某思在边上接了一句说："只要老冬仔晓得事，福生老表块把两块钱不算事。"肖某带着两个儿子往下走了，刘某湖洗完手就回去了。刘某湖证实，其确实没有看到李锦莲回家。

刘某湖与肖某对话的过程，有证人李某思在现场证明，李某思描绘的过程与刘某湖的陈述相吻合。

刘某湖砌坎在路边，路比较窄，如果李锦莲父子路过，刘某湖必然能够看见。而刘某湖明确表示没有看见李锦莲回家，李锦莲的证言也证实其没有看见刘某湖。也就是说，肖某与被害人一起经过了碾米厂门口，经过时遇到了刘某湖、李某思，之后肖某与被害人就回家了，刘某湖也回家了，再之后，李锦莲父子才回家并经过此地，故双方都没看见彼此。李锦莲回家在后，被害人吃糖在先，故李锦莲没有作案时间。

总之，辩护人认为，现有证据虽然无法锁定本案各关键当事人的具体活动时间（几点几分），但是可以从时间先后顺序上锁定，是被害人捡糖、吃糖在先，李锦莲回村在后。更进一步需要说明的是，本案其实有四个关键时间节点：其一是被害人捡糖的时间，其二是被害人吃糖的时间，其三是李锦莲回到村里的时间，其四是被害人毒发、肖某呼救的时间。

综合全案的证据来看，应该是被害人捡糖、吃糖在先，李锦莲回村在后，再接着才是被害人毒发、肖某呼救。强调这一点的意义是，李锦莲当天回村的时间，正好卡在被害人毒发、肖某呼救前的5~10分钟，如果当天李锦莲回村的时间再晚10分钟，即肖某呼救之后李锦莲才到村里，那李锦莲就完全跟本案没有任何关联，可以排除所有合理怀疑。

5. 原审判决认定的李锦莲作案的方式不合常理。

李锦莲当天是外出做客，其如果把毒糖带在身上一整天，并且翻山越岭，很容易把毒糖这种作案工具外露或遗失，造成其他不测后果。相当于行为人预谋用刀杀人，结果杀人之前先把作案的刀随身携带，外出做客吃酒席，再携带刀回到现场作案，完全不合情理。

此外，原审判决认定李锦莲"明知小孩当天放假在家"，其实小孩上学也每天都在家，没有住校。而且，上学放学时候，其行为轨迹和作息都更有规律，更有利于实施投毒犯罪。但李锦莲偏偏要选择放假的时候，并且是小孩可能晚上不出来的时候投毒，还选在人来人往的距三岔路口仅17米处的石壁，在劳作的人们陆续返回的傍晚时分投毒，均不合常理。

总之，李锦莲客观上没有实施原审判决所认定的作案的行为，也没有任何证据能够证明其实施了作案的行为。

三、本案存在严重的程序问题，大量证据的真实性和合法性存疑

本案在侦查阶段存在着严重的刑讯逼供：对李锦莲本人进行了"吊腊肉""打撞钟"等惨无人道的刑讯行为；同时，对李锦莲的弟弟李锦梅进行株连式的抓捕，以包庇罪对李锦梅进行了刑事拘留；对李锦莲的妻子陈春香以盘问留置的名义非法关押在横岭乡政府近3天，导致李春香不堪凌辱，后于1998年10月31日非正常死亡；对李锦莲年仅7岁的儿子李某进行了诱供和逼供，并且不让其法定近亲属在场，对其非法实施讯问。

李锦莲在自书材料中提到："因当时是12月，那时天气很冷，还下了几团小珠冰雪，公安人员说现在的温度是0到4度，他们都穿着长大衣，对我严刑残酷逼打，公安三班制轮流讯问……"

李锦莲因为刑讯逼供，左耳被打聋，胸部肿起，腰都直不起来。这些场景，若非李锦莲讲述，常人根本无法想象。

据李锦莲原审辩护人对李锦莲同监在押人郭某平、李某济、胡某华、田某恢所作的调查笔录证实，李锦莲在关押期间向他们讲述了自己被公安机关以种种非人的刑讯方法强迫认罪的事实，他们还看到李锦莲身上有多处伤痕，得知其右耳也被打聋；其中左手伤势较重，从肩胛骨处手向后拐，伸不自然。李某济、田某恢帮李锦莲矫正了左手骨，李某济还用民间偏方"铁打水"帮李锦莲治伤。

而在侦查阶段参与办理本案的侦查人员有 12 人，据原审辩护人对其中一位侦查人员的调查笔录证实，当时侦查人员分三个班，这位侦查人员参加了一个班，他自己都"连续吃不消"，那就更不用说被审问人李锦莲了。同时这位侦查人员还证实，因李锦莲脚被脚镣铐伤，他曾给李锦莲买过一瓶红花油。以上证据，足以证实李锦莲在侦查阶段受到了刑讯逼供。

此外，从本案在案的侦查笔录也能看出，李锦莲并未被关押在看守所，而是被关在横岭乡政府、盆珠派出所和遂川县刑警大队，侦查人员对李锦莲的刑讯逼供行为也是在这些地点发生的。

侦查人员一直到 1998 年 12 月 15 日才对李锦莲进行刑事拘留，此前均是非法关押，虽然本案在案有一份所谓的监视居住决定书，但是落款时间系伪造，实际是 1998 年 11 月 27 日才补的。何况，监视居住也应当在李锦莲的住所地进行，李锦莲在遂川县古塘村有合法居所，无论如何也不能在派出所、刑警队进行。

侦查笔录还显示，李锦莲的大量笔录形成时间均在凌晨三四点钟，一天之内能做 4 份笔录，讯问的时间从头一天上午一直持续到第二天早晨 8 点，通宵达旦进行疲劳审讯。如 12 月 14 日就有三份笔录。

而本案侦查人员对证人李某进行逼供、诱供的情况，有原审辩护律师对李某的婶婶郭某香所作笔录为证。至于侦查人员对李锦莲的弟弟李锦梅、妻子陈春香实施株连式抓捕，也有在案文书为证。

四、原审据以定罪的证据严重不足，本案从"疑罪从无"的角度也应当宣告李锦莲无罪

原一审、二审据以定罪的共有 9 组证据，2011 年再审判决认定的证据共 5 组，庭前会议一致同意，不再对证人罗某咏的证言发表意见，故现只对其余 4 组证据发表意见如下。

（一）证人袁某仔的证言不具备真实性，也不能证明李锦莲作案

袁某仔共有 4 份证词：两份侦查机关的证言，一份一审期间辩护人向袁某仔询问时的证言，还有一份是一审时袁某仔的当庭证言。针对这些证词的具体分析如下。

1. 袁某仔的证言不真实。

（1）袁某仔在侦查机关的两次笔录，说看见李锦莲的时间是 5 点多钟。在辩护人调查时说是 6 点钟左右，并且称看见李锦莲之后，隔了两个小时才看到肖某。在一审庭审现场，袁某仔当庭作证，说李锦莲回家与被害人母子回家，隔了"1 至 2 个小时"，这就意味着两名被害人捡糖、吃糖的时间至少在七八点钟。此时，天早已全黑，而本案所有其他证据都显示，被害人是在 6 点左右、天还没全黑时毒发的，故证人袁某仔证言明显是谎言。

（2）一审庭审现场，袁某仔说她看见肖某带两个小孩回家，而且她还听见肖某问两个小孩哪来的糖，小孩说是在石坎下捡的。这里，袁某仔是在不折不扣地撒谎，她当天下午在李家祠门口晒谷，说她看见李锦莲在距她五六米远的牛栏处放下吊篮，往厕所走去，如果李锦莲真的经过此处，她听见、看见或许还有可能。但是，从她晒谷的地方，到小孩吃糖的碾米厂门口，经实地测量有五十多米，经侦查试验发现站在晒谷坪根本听不清碾米厂门口说话。袁某仔时年 62 岁，她在 10 月 17 日侦查机关第一次笔录里面说："我的视力在 20 米之内，可以看清楚人。"她在 50 米外的晒谷坪上，是如何看见肖某母子的？又是怎么听见她们对话的？只可能是撒谎。

（3）袁某仔作证的行为极端可疑。袁某仔先是在 1998 年 10 月 10 日公安机关找她了解情况时没有说什么，后又在 10 月 17 日主动找到公安机关要求作证，并称前次公安机关找其了解情况时不说是因为"怕李锦莲报复"，但在此之前却向被害人母亲肖某以及同村李某迪、李某珏等人大肆

宣扬自己看到了李锦莲去小便。

李锦莲 10 月 10 日就被公安机关带走了，这个时候袁某仔怕报复；到了 10 月 14 日之后，李锦莲因不堪忍受刑讯逼供出走到山上去了，这个时候袁某仔反而不怕报复了；而且，袁某仔既然怕报复，却又在跟公安机关反映情况的 10 月 16 日晚上告诉了李某迪，17 日早上又告诉了李锦结等人。

而据李锦莲本人多次反映，袁某仔因其女儿偷李锦莲责任山上的油茶籽被李锦莲抓到，与李锦莲早有过节，此事村里的人都知道，袁某仔作出对李锦莲不利的证言，不能排除是因为私人恩怨。

2. 袁某仔的证言不能达到证明李锦莲作案的证明目的。

我们看袁某仔到底说了什么："下午大约 5 点多钟，我在大禾场坪里收谷，看见李锦莲拿一只吊篮从我门口路上走，走到我大崽李某林牛栏处，李锦莲与李某说我去小便一下来，就把吊篮放在牛栏角上，李某也在那里等他。进去一下，李锦莲就出来，拿起吊篮和他崽就往上走回家，其他情况我没有看见。"

这就是袁某仔反映的"重要情况"，并且我们注意到，她说"其他情况我没有看见"。

显然，袁某仔的证词充其量能够指向李锦莲可能存在"往厕所方向走去"的行为，或往肖某家方向走去，根本不能证明李锦莲去了案发现场"石壁处"，更不能证明李锦莲实施了投毒行为。

（二）原审判决认定所谓"证人张某凤、刘某江、李某伦证明案发前约 20 分钟李锦莲经过案发现场"这一认定非常模糊，即没有确定"案发现场"究竟是何处

我们认为，上述证言证明不了待证事实。我们姑且把"肖某呼救"算作案发前，那么，这些证言也得不出"约 20 分钟"的结论。这三个人当中，只有李某伦提到了约 20 多分钟，李某伦的证言不可信，下面详叙。

1. 什么叫"案发现场"，原审判决的认定非常模糊。

如果"石壁处"是案发现场，那么当天傍晚路过现场的至少还有证人李某统、卜某香等人。如果"三岔路口"是案发现场，那路过现场的至少还有张某凤、袁某仔、李某光等。如果古塘村是现场，那么路过现场的几乎是当天下午所有在村里的人。

显然，只有被害人捡糖的"石壁处"，才有可能是所谓的案发现场，而当天，没有任何人——包括袁某仔在内，也包括这一组证据的3个证人，看见李锦莲去过"石壁处"。事实上，李锦莲也根本没有去过所谓的案发现场。

2. 张某凤、刘某江和李某伦的证言不能证明"案发前约20分钟李锦莲经过案发现场"。

（1）张某凤的证言。

10月11日，侦查人员询问张某凤："你碰见李某伦后隔了多久听到肖某叫救命？"张某凤说："顶多十分钟。"但第二份笔录记载，张某凤说的是"10分钟左右"。同时，张某凤进行了描绘：我遇见李锦莲后，走到家放下尿桶，然后走到30米外的井边去打水，刚装完一桶水，就听到肖某叫"救命"，这个过程应该在5分钟之内。因此，张某凤的证言显然不能证明"案发前约20分钟李锦莲经过案发现场"。

（2）刘某江的证言。

刘某江于10月16日在侦查阶段作了一份证言，他的证言中没有"20分钟"的说法。他只是描绘了一下从看到李某伦到听到呼救这段时间他做了一些什么，并没有说这个时间间隔是多少。显然不是原审判决认定的20分钟。

从刘某江的描绘来看，遇到李锦莲后，"我从水塘捡起土箕，把土箕放到碾米厂内，墙上的人喊我扛杉皮来盖墙。我刚扛起几块杉皮，就听到我哥刘某海在墙上喊，你们墙下的人快去，冬仔家可能火烧屋。"从水塘边遇到李锦莲处，到碾米厂，只有短短17米，从刘某江的描绘来看，这个过程用时不到5分钟。故刘某江的证言真实、合法，但是不能实现原审所认定的证明目的，即不能证明"案发前约 20 分钟李锦莲经过案发现场"。

（3）李某伦（康老爷）的证言。

其主要证言是 10 月 11 日作出的，这同一份证言自相矛盾，真实性存在严重问题。

他说，"当天五点多钟，我听到大屋场肖某在叫救命"，"下午 5 点 10 分左右，李锦莲回家，大约过了 20 多分钟，李锦莲到田里拿些稻草，大屋场听到哇哇响"。但是同一份笔录，当侦查人员问，李锦莲究竟是何时回来的时，李某伦说，"现在天气是下午 6 点左右天黑，我看见李锦莲，间隔半个小时左右，肖某的两个崽就出事了，这时天就已经开始黑了"。

同一份证言，李某伦说的内容自相矛盾：如果他前面说的是真的，那么 5 点 10 分看见李锦莲，20 分钟后听到呼救，也就是他 5 点半听到的肖某呼救。如果后面说的是真的，6 点天黑，那么肖某呼救时天已经黑了，也就是 6 点，听到肖某呼救时到底是 5 点半还是 6 点，他说不清楚。

而且，根据李某伦的证言无法判断李锦莲回来和肖某呼救之间，到底是间隔了 20 分钟还是半小时。

另外，李某伦在自己田里打禾，他是无法判断李锦莲到底有没有经过三岔路口大屋场的。他一直在打谷，而且证言里面他说打谷机的声音很响，所以李锦莲经过跟他说话，他都听不清，必须停下打谷机才能听到李锦莲说话，所以李锦莲是否经过"案发现场"，他是完全不清楚的。

（三）江西省公安厅的技术鉴定等，不能证明李锦莲作案

本案在案的技术鉴定书共有三份，根据庭前会议达成的一致意见，辩护人不再就三份鉴定的真实性和合法性发表意见，仅就三份鉴定的结论是否能够证明本案的待证事实发表意见。

本案，江西省公安厅的鉴定结论是："送检的李某红、李某林两人的胃组织及'桂花奶糖'的糖纸中均检出杀鼠药'毒鼠强'成分。"

遂川县的尸检结论是根据公安厅的鉴定得出的，结论是：李某林李某

红均系服"毒鼠强"鼠药中毒，引起急性呼吸循环衰竭死亡。

因此，我们认为，这两份证据充其量只能证明李某林和李某红确实已经中毒死亡，并且致死的毒物是"毒鼠强"。但是，被害人究竟是如何服用"毒鼠强"的，两份证据证明不了。两份鉴定也没有对死者的胃容物进行进一步检测，仅仅检出"毒鼠强"之后就结束了，没有检出死者生前到底还服用了哪些食物。比如，到底是只服用了奶糖，还是有其他食物？到底通过什么形式服用的"毒鼠强"？这些都没有查清。

更关键的是，这两份鉴定无法与本案被告人李锦莲建立关联。

本案还有第三份鉴定，吉安地区公安机关的鉴定结论是："速杀神"鼠药中均检出鼠药"毒鼠强"成分。这句话解释一下就是：鼠药里面检测出了"毒鼠强"成分。但是基本上20世纪90年代的鼠药，成分都是"毒鼠强"，村里面所有人家里的鼠药，都能检出"毒鼠强"成分。所以，它也不能够构建起李锦莲与本案的关联。

而且，该鉴定书并未附上相应的技术内卷，未提供该组样品提取残留物的色谱峰的图形，更未与江西省公安厅刑科所所作的《化验鉴定书》提及的死者胃组织中检出的"毒鼠强"成分的色谱峰进行比对，从而导致该组证据（三份鉴定书）不能证明死者胃组织内"毒鼠强"物质的来源，尤其不能证明来自李锦莲。

（四）李锦莲在侦查阶段的11份有罪供述系非法取得，且供述前后矛盾，真实性存疑

1. 李锦莲有罪供述的合法性问题。

本案原审被告人李锦莲在侦查阶段共有53份笔录及1份自书材料。其中第40次至51次共11次笔录及一份自书材料为李锦莲的有罪供述，这些供述形成于1998年12月5日至12月14日，共84页，该供述系侦查机关非法取得。

上述有罪供述，是在对李锦莲进行非法的监视居住的情况下形成的，所谓的监视居住是在派出所和刑警大队办公室执行的。1998 年 5 月 14 日颁布的《公安机关办理刑事案件程序规定》明确要求："公安机关不得建立专门的监视居住场所，对犯罪嫌疑人变相羁押。不得在看守所、行政拘留所、留置室或者公安机关其他工作场所执行监视居住。"

同时，本案侦查人员实行"三班倒"，对李锦莲进行连续疲劳审讯和刑讯逼供（如前所述）。在屈打成招的供词中，李锦莲的签名均为"李锦连"，以区别比较符合事实的"李锦莲"（李锦莲是其户口本上的名字）。故上述证据依法不能予以采信。

1998 年 12 月 16 日，侦查人员在遂川县看守所内对李锦莲所作笔录，虽然讯问地点合法，且没有直接对李锦莲进行刑讯逼供等非法取证行为，但是，由于仍然处于侦查阶段，且是同样的一组侦查人员，被告人李锦莲受此前刑讯逼供的影响，作出了与之前一致的有罪供述，该供述与此前侦查人员的刑讯逼供有着直接的因果关联，属于"重复性自白"，依法也不能予以采信。

2. 李锦莲有罪供述的真实性问题。

李锦莲有罪供述之间也是矛盾重重，前后不一，真实性存在严重问题，具体表现在以下几方面。

（1）关于放糖的地方（一会儿说是衬衣口袋，一会儿说右裤袋）。

12 月 5 日的笔录显示，李锦莲说制作完毒糖之后，就把糖放在自己的右裤袋里出门了。12 月 6 日的笔录显示，他把毒糖放在上身衬衣口袋里。到了 12 月 7 日的笔录，又变成了先装在衬衣口袋里，到了岳父家后又换到右裤袋里面。这相当于每天一种说法。

（2）袋子打结的方式（一会儿说是活结，一会儿说是死结）。

12 月 6 日笔录记载，李锦莲描绘的塑料袋打结的方式是：将塑料袋的两头交叉系紧，再系一个抽结头（活结）后放在上身衬衣口袋里。

12 月 8 日笔录记载，李锦莲是右手抓紧塑料袋上端，一直落到装糖的袋底，然后打了一个死结。

到底是打的活结还是死结，李锦莲的供述前后不一。

（3）要毒杀的对象（一会儿是毒杀两个小孩，一会儿是毒杀李某统）。

12月5日的笔录中，李锦莲说毒杀的对象是"毒屋背的人"，并且在笔录中强调，是因为和肖某在两性关系上发生意见，所以"我就要放药毒屋背的肖某的两个儿子。"而且李锦莲强调，之所以选择这一天，是因为那天学校放假，肖某的两个孩子都在家里。

12月14日上午的笔录内容又变成了针对李某统。侦查人员问："你放4粒毒糖到底是针对谁？"李锦莲答："我是针对一把手，也就是李某统，因为这个人蛮好吃，只要吃得的，他就会吃，哪怕是捡到的也吃，平时如果是别人做客，只要一随口喊他，他就来吃。"

总之，本案在案的李锦莲本人的有罪供述，合法性和真实性均存在严重问题，依法不能予以采信。

五、本案应立即宣判李锦莲无罪，并在宣判之后继续查明被害人死亡的真相，方可告慰死者

首先，疑罪必须从无，人民法院应当坚决且立即改判李锦莲无罪，不能再等了。

按照《最高人民法院关于建立健全防范刑事冤假错案工作机制的意见》第6条的规定："定罪证据不足的案件，应当坚持疑罪从无原则，依法宣告被告人无罪，不得降格作出'留有余地'的判决。"当年判李锦莲有罪就是没有坚持疑罪从无的原则，而是留有余地判了死缓。在新的历史条件下，必须坚定地坚持疑罪从无。

本案已经造成了两个家庭的家破人亡，不仅是肖某的两个小孩在最好的年纪夭折，而且李锦莲妻子也含冤去世，公民李锦莲失去自由长达20年，本案原审辩护律师朱中道先生，从案发开始即为李锦莲做无罪辩护，如今也已经去世。唯有正义方可抚平伤痛，对于两个家庭来说，今天的再审来得太

晚了一点，江西省高级人民法院应当及时止损，不要再让伤痛传递下去。

其次，侦查机关应当全面、客观地搜集证据，面对重大命案，应当从"摸排破案"走向"技术破案"。

接下来，侦查机关应当更加注重客观物证、生理证据，如 DNA、血迹、指纹等，即便是在当时的条件下，通过指纹等的分析，通过缜密调查桂花奶糖的来源（在案证据中，有证人谈到了桂花奶糖的线索，在村里有人吃过包装纸一模一样的桂花奶糖），也是有可能侦破的。本案仍然具备启动侦查、查找真相的条件。

本案的特点在于，它连是不是一个刑法意义上的"案件"都存在着争议，连是否存在需要追诉的犯罪行为都有疑问，而且在案证据中，没有任何投毒杀人的目击证人、没有任何指纹或 DNA 鉴定等客观证据，居然也判决一个公民死刑缓期二年执行的重罪。相比已经平反的任何一起冤假错案——无论是聂树斌案、呼格案还是浙江张氏叔侄案，本案都还要更离谱、更荒谬。

同时，今天的庭审意义也尤其重大，通过最高法院的指令，本案迎来了第二次再审，这也是辩护人目前已知的刑事司法史上的第一次。因此，无论本案如何判决——不管是继续维持有罪判决，还是改判无罪，这个判决都将载入史册。

正义就在当下，正义不应该再等待，辩护人恳请合议庭能够本着对历史、对法律负责的态度，依法、从速判决李锦莲无罪。

不要再等了！

2018 年 6 月 1 日，江西省高级人民法院经再审，宣告李锦莲无罪。

江西省高级人民法院认定：李锦莲供述实施犯罪的关键情节缺乏证据印证。具体而言：第一，犯罪工具桂花奶糖的来源不明、去向不能确定。第二，制作有毒桂花奶糖的过程无证据印证，李锦莲供述用于制作有毒桂花奶糖的火柴杆并未查获，在李锦莲家提取的剪刀未进行任何技术鉴定。第三，相关证人证言不能印证李锦莲实施了投毒行为。并无直接证据印证李锦莲是否到过肖某家附近的石壁处，是否在石壁处实施了投毒行为。第四，两被害人死亡是否因李锦莲家的鼠药所致缺乏证据证明。第五，在包装桂花奶糖的糖纸、塑料袋上未提取到李锦莲的指纹等生物样本。

综上所述，在案证据未形成完整证据锁链证明李锦莲实施了犯罪行为。原审据以定案的证据没有达到确实、充分的法定证明标准，原审认定李锦莲犯故意杀人罪的事实不清、证据不足。按照疑罪从无的原则，不能认定李锦莲有罪。对原审被告人李锦莲及其辩护人、江西省人民检察院提出的应当改判李锦莲无罪的意见，人民法院予以采纳，依法判决撤销原判，改判原审被告人李锦莲无罪。

自此，李锦莲案终于尘埃落定。2019年3月的全国"两会"上，李锦莲案被写入了2018年度最高检工作报告。张军检察长在最高检工作报告中提及李锦莲案时还特别强调："对发现的冤错案件及时提出抗诉、再审检察建议，纠错的同时深刻总结教训。"

✐ 律师手记

闻义而徙，风雨兼程

刘 长

2018年岁末，在一个媒体人与法律人的聚会上，针对李锦莲案的平反，我说了几句感言。我说，不能贪天之功为己有，李锦莲案如果能够入选2018年度的无罪辩护成功案例之一，我想是基于以下两点。

其一，这是对2013年以来，以浙江张氏叔侄案平反为发端的平反冤假错案的社会进步的肯定。李锦莲案不是孤立的，它和张氏叔侄案、聂树斌案、呼格案以及同在2018年被纠正的刘忠林案、金哲宏案一样，是发端自民间、由朝野互动而促成的社会进步的产物。

其二，十年的政法记者和律师生涯的经验告诉我，没有任何一起冤错案件的平反是单靠一个个体的努力就能实现的，它一定是汇集了律师、媒体人、专家学者和各级司法机关工作人员在贯彻"依法治国""疑罪从无"过程中共同努力、接力的结果。在李锦莲案中，学者中有北京大学陈瑞华教授的关注、清华大学易延友教授的代理和辩护；在律师界，张青松律师本人也是李锦莲案上一次再审的辩护人，尚权所的同人们也为李锦莲案法律援助多年；我只是参与了接力赛的最后一棒。

我再次向大家介绍了李锦莲案的原审辩护人，已经于2015年去世的江西吉安朱中道律师，希望大家不要忘了他在这个案件当中的功绩。我说，中国律师行业还太年轻，行业需要薪火相传。

以下，是我介入李锦莲案的全部过程。

初涉此案

2013年暮春的一个晚上（经查询历年工作记录本，知是2013年4月12日），北京大学法学院陈瑞华教授告诉我，他在江西吉安讲课后，两位白发苍苍的法律人拦住了他，说有一个冤案希望他关注。在了解情况之后，陈老师联系了其时为《南方周末》记者的我。

陈瑞华老师是《南方周末》的老朋友，也是我做法治记者时写司法改革等报道时经常要采访的对象。那天晚上，陈老师在电话里面告诉我，他接触到了一个案件，当事人叫"李锦莲"，让我一定关注一下。

接到陈老师电话的两周前，浙江张氏叔侄强奸案刚刚再审宣判，张辉、张高平被改判无罪并当庭释放，我在杭州采访了张氏叔侄二人，也刚回京。此时，全社会对"冤案平反"这一话题高度关注。

随后，已经为李锦莲案奔走了十多年的朱中道律师联系了我。在他邮寄给我的材料中，同时附了他的名片和一份写给南方周末报社的《请求监督的函》。令我惊讶的是，这封信函的落款时间竟已是5年前的2007年。

从朱中道律师口中得知，该案在2011年再审时，同时出庭的还有北京市尚权律师事务所的张青松律师。张律师也是我早已认识的法律圈的老朋友，我很快联系上他，希望采访李锦莲案。

我还记得，2013年5月10日，张青松律师一大早为这个案子专程赶到律所，找出了案卷，向我详细介绍了再审开庭的情况。此案张青松律师同样是免费提供法律援助。据张律师介绍，在李锦莲不断申诉和律师们的努力下，2011 年 2 月，江西高院下达再审决定书，并在同年 9 月 14 日对此案再审开庭。遗憾的是，江西高院在两个月后仍然裁定维持原审判决。

犹记得，在尚权所采访李锦莲案的这天，临走时，张青松律师跟我说："对了，我们这里还有一个要申诉的案件，也很冤，海南的，你看能不能也关注一下？"出于职业惯性，我提出要看一下材料。在案卷第一页，案件名字上赫然写着：陈满杀人焚尸案。

认真研究李锦莲案的材料，我发现问题严重。这是一起发生在农村地区的投毒案件，但是投毒行为本身没有任何目击者，毒物来源也没查清楚，李锦莲是否有作案时间也完全存疑，定罪十分草率，证据严重不足。

然而，该案已经经过了一次再审，仍然维持原判。同时，该案最大的问题是，它不像张氏叔侄案，有类似于"狱侦耳目""女神探"等离奇情节，也不像聂树斌案有"一案两凶"。

李锦莲案，当时在各种取舍之下，淹没在报社收到的各种新闻线索中，被迫暂时搁置了。

2013 年 9 月，我申请了北京大学国家发展研究院的"第三届《财经》法治经济学奖学金"，并且顺利入选，在燕园上了整整 3 个月的课，扎扎实实做了一个学期的学生。期间，朱中道律师一直跟我联系，并且用最朴素的方式，给我寄了几封亲笔书写的信件。我也一直挂念此案，跟《南方周末》的法治编辑苏永通反复沟通，取得了报社支持。

2013 年 12 月 5 日，结束北京大学的学习后，我第一趟出差，便去了江西吉安，在赣江边住下。朱中道律师和章一鹏先生来访，向我详细介绍了李锦莲案的来龙去脉。

从我年初在北京得到线索，直到年底才来到吉安，已经过去了 8 个月；而李锦莲当时失去自由 15 年，以朱中道律师为代表的法律人也已经为此案奔波了 15 年。

白鹭洲四老

我在江西采访了两周，期间和朱中道律师一起在南昌、吉安之间奔波。2013年12月19日，我写的报道以《控方改口，法院照判：一桩毒杀案，223次申诉》为题，在《南方周末》刊发。

李锦莲案案发于1998年10月，其一审、二审均被判处死缓，当时一审时，朱中道律师即已介入。朱律师是江西省律协刑事辩护委员会的副主任、南昌仲裁委的仲裁员、高级律师。

在我2013年的文章里面，有这样几段话：

一起普通刑案能引发如此多的关注，背后是4名吉安籍老者的坚持。

77岁的老律师朱中道，1979年起在吉安地区遂川县法院任法官，1983年起当律师，迄今仍在办案一线。

78岁的法律工作者章一鹏，1969年恢复检察院时即任检察官，曾任吉安地区检察院公诉处处长，1997年退休后在律所兼职法律工作者。

80岁的国家法官学院教授张泗汉，曾任最高人民法院研究室副主任，现仍从事刑法教学和研究工作。

还有76岁的九届、十届全国人大代表，北京中医医院原院长李乾构，自2002年起，连续5年在全国"两会"期间，以代表意见建议形式，呼吁最高法院重审李锦莲案。

当时，我的文章没有提到的一点是，四人除了都是江西吉安人之外，也同是江西吉安白鹭洲中学的校友，这所中学是联系他们最重要的精神纽带。

白鹭洲中学，位于赣江中流的白鹭洲上，四面环水，前身是建于宋代1241年的白鹭洲书院，南宋文天祥曾就读于此，书院中有六君子祠，祀二程、张载、朱熹等人。书院800多年来办学至今，在1903年改为中学，是中国教育史上当之无愧的传奇。

从年龄上看，他们四人都是1949年前后在此读书，属于新旧交替的一代人。朱中道律师每次提起另外三位老先生，都会说"都是我们白鹭洲的同学",言辞中颇为自豪,尽显"为天地立心、为生民立命"的担当与情怀。

张泗汉先生也对此案关注甚多。2013年5月15日,在我刚接到此案线索一个多月后,还未动身采访前,我专门为此案去他在北京亦庄的家中拜访。在之后的几次学术会议上,我每次见到张老先生都会谈几句李锦莲案的进展。

但是对此案倾注最深的,还是朱中道律师。从2013年12月5日在吉安第一次见面,到2015年7月12日他抱憾仙去,我们总共打交道不到两年。

老先生给我打过大概10通左右的电话,寄了不下五次信,发了很多次短信。其中一条我迄今记得,是他回忆10多年前为此案勘查现场时,赶上漫天风雪,需要翻过一座名为"牛厄岭"的大山,车不能上,只能步行,翻过山顶后,才有一条石阶古道,而第二天即是1999年的元旦。回顾往昔,老先生写了首诗,通过短信发给我,诗曰:"牛厄群山大雪飘,几度上厄夜苍茫。当年乌发已华白,尚待时日出青莲。"

2014年春天,他又从江西给我写信一封,信中除了谈李锦莲案,还说"君子之交淡如茶",附信送一罐洞庭山碧螺春予我。至今,装茶叶的瓷罐仍放在我书柜顶上。

我曾在上海做过"中国律师制度百年"的采访,写过一篇名为《八旬律师,还在开庭》的报道(刊于2012年8月18日的《南方周末》),讲到上海还有36位年过八旬的律师,每年仍然在年检注册,仍然在办案一线,如傅玄杰律师、叶传牯律师,当时的采访已经让我感慨不已。后来,遇到朱中道律师,2013年12月,时已深冬,看着他拄着拐杖去南昌监狱会见李锦莲的背影,我深深为这一代老法律人的风骨与巨大的道德感召力所打动。

2015年7月12日,朱中道律师在江西遂川县老家去世,临终前仍然挂念李锦莲案。多年前,他就写过一篇文章,名为《我最大的心愿就是看到李锦莲案平反的一天》(收录于他生前出版的《朱中道文集》)——很遗憾，他没有看到这一天。我接过了他传下来的"接力棒"。

2018年李案再审后，我将老先生的文集扫描成了电子版，并分享给了所有来采访李锦莲案的记者，以纪念先生功德，此是后话。

从报道此案到义务奔走

朱中道律师抱憾而去，留下了一项难以完成的使命。

从一开始我就意识到，这个案件证据有问题，不能定，但是改判也很困难，尤其是已经经过了一次再审，再次启动再审程序，可能性微乎其微。

记得2013年年底我写完李锦莲案的报道后不久，就是次年全国两会，李锦莲的女儿李春兰表示，希望找全国人大代表反映情况。我劝她不必在此时来京，可代她向代表反映。按照李春兰事先联系好的名单，我带着材料依次去走访了江苏、广西、福建、湖南的几位代表，代表们给了非常大的帮助，之后，我又通过各种渠道将代表们签字的材料递交了有关部门。

2014年5月，北京市尚权律师事务所启动了"蒙冤者计划"，发起人是尚权所的张青松律师、高文龙律师和中国政法大学的吴宏耀教授。很幸运，李锦莲案被列为"蒙冤者计划"的第一批援助案件。

当天，几位专家义务为李锦莲案进行了专家论证会，出席的专家是国内的豪华阵容，包括：中国政法大学终身教授陈光中先生，中国社科院法学所研究员王敏远先生，中国检察理论研究所副所长单民先生，中国公安大学原副校长、教授李文燕先生和朱中道律师的白鹭洲校友——国家法官学院教授张泗汉先生。

专家的一致意见是，李锦莲案证据不足，不能认定有罪，应当再审并改判李锦莲无罪。

当天，尚权所还为李锦莲案指定了两位法律援助律师：张雨律师和高文龙律师。两位都是资深刑辩律师，也是我早就认识的朋友。他们在接手该案后，多次去南昌会见李锦莲，期间，据李春兰说，遇到法律上的问题，她还会经常性地联系和咨询张青松律师和常铮律师。2015年夏天，我从《南方周末》离职并转行作律师。一方面，我开始思考如何从专业角度为李锦莲案做点什么；另一方面，我继续在 2014 年后，连续五年两会期间，帮助李春兰找代表反映情况。

代表们很忙，时间难约。到 2016 年、2017 年时候，我也多次被拒在代表团驻地的大门外，也的确思考过这个案子跟我有什么关系，怀疑过这个案子是否真能改判。

有一年，江苏团的一位代表跟我说："你觉得这个案子有没有什么能够推动制度建设的地方？"我说："有！可以就此呼吁对于申诉案件，加大异地审查的力度，对于一些长期申诉的重大刑事案件，实行异地审查。"他让我把这个意见写出来，我连夜起草了一份建议。代表看完后，认为很有价值，在第二天审议两高报告的小组会上，他讲了上述意见，同时也帮忙转交了李锦莲案的材料。

2017 年 12 月，最高检印发了《人民检察院刑事申诉案件异地审查规定》，提出刑事申诉案件在"五种情形"下，可指令省级检察院异地审查。我同样不敢贪天之功为己有，说这个规定的出台是因为我幕后微不足道的一次建言。但是，可以肯定，这个规定的出台，一定是无数类似案例和意见推动的结果。

连续跑了几年之后，广西团的那位代表每年见我面，都二话不说，在材料上签字，同时关切地询问进展。走时，总是冒着寒风送我到楼下，临走总要勉励我一番，让我"加油"。

所谓，吾道不孤。

还有李春兰为父申冤的坚持，也尤其令人感动，五年来，她给我打过至少 100 个电话，很多次通话都在半小时以上。

在父亲出事时，李春兰刚刚高中毕业，弟弟才 7 岁。母亲因此事非正常死亡，她一个人撑起整个家庭，供养弟弟读书，殊为不易。我想起此前平反的案件当中念斌的姐姐和吴昌龙的姐姐，不免唏嘘，也为李春兰的韧性所打动。刑事申诉案件中，当事人不放弃、家属的坚定支持，往往是改判的决定性因素。

律师同行的坚守、人大代表的呼吁、家属的坚持，以及依法治国进程中的进步，一点一点地融化着覆盖在李锦莲案上的坚冰。

接手为李锦莲辩护

直到今天，我仍然认为，即便有朱中道律师作为法律人的道德勇气，即便有李春兰作为当事人家属的百折不回，如果没有清华大学法学院教授易延友老师的介入，李锦莲案恐怕今天仍然在原地打转。

2015年2月10日，最高人民检察院就陈满案向最高人民法院提出抗诉，认为海南省高级人民法院定案的证据不确实、不充分。之后，最高人民法院指令曾再审改判张氏叔侄案的浙江高院审理陈满案。

这是中国司法史上里程碑的案件，最高人民检察院以抗诉的形式，介入冤案的平反，而这背后，是陈满的代理律师易延友教授的推动。

陈满案被媒体报道之后，李春兰向我要了易延友老师的电话。之后，她只身来北京，在一个会议的现场拦到了易老师。听完了李春兰的陈情，易老师表示：他会关注，请李春兰在陈满案有结果之后再来找他。

2016年2月1日，海南陈满案宣判，陈满改判无罪，于当天获释。

翌日，易延友老师从海口直飞江西南昌，接受了李春兰的委托，代理了李锦莲案，并去监狱会见了李锦莲并阅卷。之后，易老师带着助手去遂川县勘查了现场。2016年春节期间，易老师利用休息时间撰写了长达万字的再审申请书，建议最高人民检察院提起抗诉。

记得那年春节期间，易老师还跟我几次通电话，希望我就申诉状提出意见。我感慨于易老师的尽职尽责，也在春节期间重新翻阅资料，提了一些个人见解。

2017年4月，最高人民检察院派员到江西省遂川县复查李锦莲案。我第一时间通过李春兰得知了这一消息，心中感觉，"靴子已经掉下来一只了"。

事后得知，易老师提交的申诉材料，得到了有关部门的高度重视，最高人民检察院向最高人民法院发出了再审检察建议。2017年9月7日，最高人民法院作出再审决定书。可是,该文书一直秘而不宣,既没有向当事人李锦莲送达,也没有在第一时间公布。直到 2018 年 1 月,界面新闻记者代睿在裁判文书网上找到了李锦莲案的再审决定书。

与之类似,山东省张志超案的再审决定书也已经公布,但是,张志超的律师和家属也毫不知情,直到媒体在裁判文书网上找到并报道。当时,有评论认为,这种模式叫"这里的再审静悄悄"。

媒体报道之后,李春兰提出,希望我和易延友老师一起代理李锦莲案。经我所执业的北京市中闻律师事务所的批准,我正式接受委托,以法律援助的形式代理了该案。此时,已经临近春节。2018 年 2 月 11 日,我和易老师抵达南昌。

第二天上午,我们到江西高院,和李锦莲案再审的合议庭成员见了面,同时递交了委托手续。下午,我们去南昌监狱会见李锦莲。会见中,我们才了解到,当天上午,江西高院的法官刚刚向李锦莲本人送达了上述提及的最高人民法院的再审决定书。

南昌监狱会见不像看守所那样——"罪犯"和会见的人中间是一个铁栅栏——而是隔着玻璃用电话机交流,律师会见与亲属会见都在一起,人声嘈杂。当天的会见中,李锦莲一度表示对江西高院缺乏信心,希望能够异地再审。我们耐心地给他做了说服工作,希望他相信江西高院,也相信我们的辩护。

春节期间,我又认真查阅了李锦莲案的案卷。在接下来的全国两会中,我再次为此案奔走于全国人大代表中。这其中有些材料最终也转呈到了最高人民法院。

后来我才知道,这是我最后一次在两会期间为此案奔走了。

李锦莲案再审的前前后后

春节后不久,江西高院通知律师阅卷,我们从江西高院拿到了本案的卷宗电子版。打印出来,是整整 11 本。面对案卷中大量年代久远、字迹难辨的手写笔录材料,我在清明前后闭门不出,连续阅卷。全部案卷阅完的那个深夜，我脑海中浮现出各种证人证言，落在李锦莲所在的古塘村，一切仿佛幻灯片一般。

2018年4月16日，凌晨两点，我飞抵南昌。早上9点，我和易老师一起到江西高院参加李锦莲案的庭前会议。法院非常重视，在一个圆形的会议桌前，合议庭三名法官，两名检察官，两名律师，还有两名书记员，开了一个多小时的庭前会议。

再审开庭之前，我们又去遂川勘查现场，反复做侦查实验，核实一些证人证言的真实性，还重点调查了本案作案的时间问题。我们从村口步行进村，实地步行测量从某证人家到村里三岔路口所需要的时间。经我实地测算，走完这段路程最少要12分钟，而这个测算可以推论出李锦莲当天回村至少在晚上6点之后。此时，案件中的被害人早已完成了捡糖、吃糖的过程，因此仅从时间上也可以排除是李锦莲作案。

另外，考虑到本案有大量的证人在围绕李锦莲作案时间的问题进行陈述，而法官、检察官和旁听群众不一定熟悉案发现场古塘村的地形地貌，加上用文字描绘始终觉得不够直观，最后我们决定在国内刑辩界第一次通过无人机对案发现场进行了航拍。利用航拍素材，结合证人证言，我们花了一个多月的时间，做了一个三分多钟的动画短片，相当于把本案关键证人的陈述全部都摆到了一个场景里面，用来还原现场，并证明李锦莲没有作案时间，实现了"刑事辩护的可视化"。

在庭前会议上，我们将动画视频提交法庭，最终这段视频在5月18日的庭审中进行了当庭播放。通过"可视化"的方式，将动画制作引入刑事辩护，也起到了不错的辩护效果。总之，在庭前的准备上我们的确做了大量的工作，尽最大限度去体现刑辩的专业性，而不是简单地跟法官说"疑罪从无"。

开庭前一天，我又去南昌监狱会见李锦莲，跟他讲了一下第二天庭审的流程，并沟通了一下关于案件事实方面辩护人可能的发问。但他问得最多的问题是："这次再审会不会还是跟上次一样？"

再审开庭是在 5 月 18 日，相比之前漫长的等待，庭审只持续了短短一个上午。除了陈述李锦莲无作案动机、无作案行为外，我们还用 4 组在案的证人证言，充分论证了被害人捡糖、吃糖在先，李锦莲回村在后，李锦莲没有作案时间。对此，媒体有详细的报道，这里不多说了。我印象深刻的是，因为之前的审讯和长期的羁押，李锦莲的听力已经出现了严重的问题，当天庭审发问中，需要很大声音、反复说，他才能听清楚问题。

最后的宣判是在 2018 年 6 月 1 日，李锦莲被宣判无罪。当天，他回到了遂川家中。宣判后，我只在江西高院的会议室跟他简单聊了一会儿，他一个人靠在椅子上默默流泪，我拍了拍他的肩膀，尽力说了几句鼓励他的话。

下午，江西高院的车辆将李锦莲直接送回遂川，车门关闭的最后一刻，李锦莲将身上的蓝色囚服从门缝中扔了出来。

他终于自由了。

我们没有跟随李锦莲回他遂川老家。记得朱明勇律师说过，我们的当事人恢复自由之后，刑辩律师的使命也就完成了，悄悄离去是此时我们最好的姿态。

是的，甚至来不及分享当事人无罪之后的悲伤与喜悦，我们又要奔赴下一个出差地，服务下一个当事人了。

我清楚地认识到，刑事辩护是一条光荣的荆棘路，于我而言，横跨我媒体生涯和律师生涯的李锦莲案，只是一切的开始。

评析

有罪推定、重口供轻证据、刑讯逼供，几乎成了积年冤案的代名词，这三点也同样是导致本案成为典型冤假错案的主要原因，辩护律师的工作也主要从这三处着手逐个击破。

首先，有罪推定。毒杀两名幼童如此恶劣的案件，公安机关在没有任何确切证据的情况下，依据李锦莲曾与被害人一家有过感情纠葛，仅用一天时间就锁定了犯罪嫌疑人，是先锁定真凶、后围绕真凶展开侦查的过程，体现了典型的有罪推定思维。辩护律师通过仔细审查，找出李锦莲与被害人一家不存在不可调和的矛盾的证据，从根本上打破了公诉机关指控的"报复动机"。

其次，重口供、轻证据。从侦查、审查起诉到判决，都存在对物证检验和物证判断的瑕疵，一味地相信口供，是导致本案审理漫长而又复杂的重要原因。比如，原审认定李锦莲实施犯罪行为完全是依据其供述的制作毒糖、投放毒糖的过程，但是用于制作毒糖的工具并未查获、提取的剪刀也未作技术鉴定。此外，据其口供，其与包装桂花奶糖的糖纸、装毒糖的红色塑料袋应有过多次接触，但是在案并无证据证明在桂花奶糖糖纸、红色塑料袋上提取到了李锦莲的指纹等生物样本，李锦莲与毒糖糖纸、红色塑料袋是否有过接触，无法得到证实。辩护律师从这一点入手，直接斩断了从行为人到实行行为的证据链条。

刑讯逼供是重口供、轻证据的必然结果。不仅李锦莲在非法讯问场所遭受到了残酷的刑讯逼供，而且其家人亦受牵连：妻子不堪凌辱非正常死亡，年仅7岁的儿子在无法定监护人陪护的情况下，遭受诱供逼供。辩护律师缜密分析李锦莲有罪供述的矛盾，提出侦查人员刑讯逼供的线索，排除原审定罪量刑的重要口供。至此，原审的证据链条被彻底击破，在案证据完全达不到确实、充分的法定证明标准。

另外，律师的调查取证在动摇本案原审证据上的重要作用同样不可忽视。辩护律师多次到遂川勘验现场，反复做侦查实验，提出李锦莲没有作案时间这一重要辩点。通过对案发现场进行航拍、制作情景再现的动画短片，并当庭播放，证明李锦莲无作案时间，实现了"刑事辩护的可视化"，效果显著。

最后，本案经历漫长又曲折的18年申诉，辩护律师无数次地递交申诉材料，无数次地无果而终，这种锲而不舍的精神值得高度肯定。本案历经了老中青三代近十名律师的薪火相传，经过一审、二审、第一次再审、第二次再审，最终才获得无罪判决，彰显了新时代律师群体对法治与司法公正的坚持。

尤为难得的是，本案的改判，再一次重申了"疑罪从无"的刑事诉讼原则——李锦莲案案发时间长、证据灭失多，查清事实和证据的难度极大，江西省高级人民法院坚持"疑罪从无"改判无罪，而不再是基于传统的"真凶出现"或"亡者归来"改判无罪，这无疑是中国法治的巨大进步，也给未来司法机关纠正更多的冤假错案提供了新的启示。

安徽"五周杀人案"蒙冤21年获平反

朱明勇

回顾

1996年8月25日深夜，安徽涡阳大周庄南张村（现大李村）村民周继鼎一家深夜在家被人砍杀。周某甲及其妻、其次女三人重伤，其子轻伤，其长女当场死亡。案发后，公安经过调查，抓获同村村民周继坤、周在春、周正国、周家华、周在化五人。

1998年10月，一审庭审次日合议庭即达成一致意见，决定宣告五名被告人无罪。死者父亲提前获知消息，在法院法官办公桌前喝农药自尽。之后，省市县各级领导直接强力干预，案件发生了无罪变死刑的惊天大逆转。

在没有新证据的情况下，阜阳中院重新讨论了案件，于1999年3月29日作出一审判决，认定周继坤等五人犯故意杀人罪。其中周继坤、周家华被判处死刑，周在春被判处无期徒刑，周正国、周在化被判处有期徒刑15年。

法院认为，1994年12月，被告人周家华因超生被人举报，受到处分，怀疑是同村的被害人周某甲所为，便怀恨在心，蓄意报复。1996年8月25日晚，被告人周家华、周在春、周正国、周在化聚集在周继坤家喝酒，听闻周家华抱怨便商议"收拾"周某甲，并分别准备了斧头、菜刀等凶器。

当夜12时许，五人携带凶器去周某甲家行凶。

之后，此案经过安徽高院发回重审，再次上诉。2000年10月，安徽省高院作出终审判决，判处五人中2人死缓，1人无期徒刑，2人15年有期徒刑。

✳ 案件

北京京门律师事务所朱明勇律师接受原审被告人周继坤家属的委托并经周继坤本人同意，担任周继坤等五人被控故意杀人再审案中周继坤的辩护人。辩护人查阅了全部案卷材料，会见了在押原审被告人，走访了相关的证人，并参加了庭审，对本案的案件事实有了充分的了解和全面的认识。综合全案情况，辩护人坚信：原判认定周继坤犯故意杀人罪属事实不清、证据不足，依法不能认定，请求法院依法撤销原审判决，宣告周继坤无罪。

一、本案没有任何实物证据能够证明周继坤等五人实施了杀人行为

原判认定："五被告人对主要犯罪事实的供述与被害人陈述，证人证言，现场勘验笔录及法医鉴定基本一致。"其中并未提及任何物证，这充分说明，原判在认定周继坤等五人实施杀人行为时并没有相关实物证据予以证明。事实上，本案确实没有任何实物证据能够证明周继坤等五人实施了杀人行为，且所谓的现场勘验笔录和法医鉴定也与周继坤等五人无任何关联性。

（一）侦查人员在进行现场勘查时没有提取到任何物证

根据涡阳县公安局的《现场勘查笔录》记载，涡阳县公安局侦查人员于1996年8月26日5时30分至7时20分对案发现场进行了勘查，但既没有提取到凶手所用的凶器、血衣，也没有提取到凶手的血迹、指纹或足迹，

更没有提取到任何其他与案件相关的物证。《现场勘查笔录》仅对案发现场的方位进行了大致的描述，在"提取痕迹、物证名称、数量"栏目中更是仅有一个"无"字。因此，本案的现场勘查笔录完全无法建立案发现场与周继坤等五人之间的相关性，不能作为认定周继坤等五人实施杀人行为的依据。

（二）侦查人员未从周继坤等五人家中搜查到任何相关物证

根据涡阳县公安局出具的五份《搜查笔录》，专案组于 1997 年 4 月 17 日至 30 日，先后对周在春、周在化、周继坤、周家华、周正国的住所进行了搜查，共搜获各式衣物 23 件、切菜刀 3 把、（无把）不锈钢刀 1 把、黄色木把铁锤 1 把，但均未从中发现被害人的血迹。并且 1998 年 8 月 15 日涡阳县公安局出具的《补充侦查报告》显示，"专案组还将五被告人衣物上提取的可疑物送到北京公安部鉴定，但均未检出人血"。因此，上述搜得的物品同样无法建立与本凶杀案之间的任何相关性，更不能贸然将之当作所谓的"血衣"和"凶器"指证周继坤等五人实施了杀人行为。

（三）侦查人员根据五被告人的供述未提取到任何相关物证

根据涡阳县公安局出具的五份《打捞记录》和《搜查说明》，专案组于 1997 年 3 月 19 日至 30 日，根据周在春、周在化等五名被告人的供述，先后三次组织干部群众 69 人次、动用抽水机 25 台次，抽干了大周村内的两口机井，甚至将大周村长 319 米、宽 16 米、深 1.34 米的南塘抽干水后深挖至地下 30 公分，但均未发现任何所谓的"杀人血衣"和"作案凶器"。专案组还分别于 5 月 10 日和 17 日，根据周家华和周继坤的供述前往周家华家中及周继坤牛屋东边的小桥下，搜寻所谓的"作案凶器斧头"及"作案凶器菜刀"，同样一无所获。上述事实与证据，既证实了五被告人庭前有罪供述的真实性存疑，也再次证实了本案并无相关物证能够指证五被告人实施了指控的杀人行为。

（四）法医鉴定未能提供任何指向周继坤等五人的实物证据

涡阳县公安局刑事科学技术鉴定所 1996 年 9 月 10 日出具的《周某华死因鉴定》得出结论："周某华之死系颅脑损伤死亡""根据死者面部伤痕特征，左颞部伤痕特征既有锐器伤又有钝器伤，系斧头、砍刀类凶器所致"。因此，该鉴定意见仅仅说明了被害人的死亡原因及可能的作案工具，既未能从死者身上提取到血迹、指纹、毛发等任何能够证明凶手生理特征的实物证据，也没有确切结论能将凶手指向周继坤等五人，因此同样不能作为认定周继坤等五人实施杀人行为的依据。

综上，本案自始至终都没有任何相关的实物证据能够证明周继坤等五人实施了杀人行为。侦查人员在现场勘查中没有找到杀人血衣和作案凶器，也没有提取到任何可以指证周继坤等五人的血迹、指纹、脚印等相关痕迹物证。公诉方出具的现场勘查笔录和法医鉴定意见也完全无法建立与周继坤等五人之间的相关性，均不能作为认定周继坤等五人实施杀人行为的依据。

二、本案有充分的证据证明"周继坤等五人在案发当晚聚集喝酒"的事实并不存在

原判认定："五被告人关于案发当晚在周继坤家聚集饮酒的供述，得到了多名证人证言的证实；周继坤酒后提议去摆治摆治周某鼎的供述，得到了周家华、周在春、周正国、周在化供述的印证，且有证人证言在卷证实。"事实上，本案合法的言词证据能够确实、充分地证明，不存在"周继坤等五人在案发当晚聚集喝酒"的事实，更不存在"周继坤酒后提议去摆治摆治周某鼎"的事实。

（一）案发当晚，周继坤、周正国等人在周继坤家看电视

根据一审庭审笔录及周继坤自书材料所述："案发当晚，我与妻子张侠、两个孩子以及周杰在自家一起吃的晚饭，之后周正国到我家让我帮他

明天早起卖烟叶，然后我和周正国、周杰一起在屋里看电视，当时的电视节目是由涡阳县马店试播台放的，内容是大傻主演的一部偷车的香港武打警匪片，看到11点40左右，电视结束了，周杰和周正国一块儿离开了我家，接着我就睡觉了。"周正国亦当庭供述说："我与妻子邵华英在自家吃过晚饭后，妻子让我去周继坤家询问卖烟叶的事情，之后我留在周继坤家看电视，直到11点多回家睡觉。"对于上述事实，周继坤与周正国的当庭供述能够相互印证，并得到证人张侠、邵华英、周杰等当庭证明，足以认定。因此，有确实、充分的证据证明原判认定的"五被告人于案发当晚在周继坤家聚集饮酒""周继坤酒后提议去摆治摆治周某鼎"的事实不能成立。

（二）案发当晚，周在春等人在刘美英家吃晚饭

根据一审庭审笔录，案发日下午，周在春帮刘美英家给豆子浇水，晚上即留在刘美英家吃晚饭，后回家睡觉，一起吃晚饭的还有刘美英、周芳玲、张广杰、张广玉、张桂芝等五人。其中，刘美英、周芳玲、张广杰、张广玉、张桂芝等五名证人均出庭作证，当庭证人证言能够相互印证，一致证明了上述事实。因此，有确实、充分的证据证明，案发当晚周在春未曾前往周继坤家吃饭饮酒。

（三）案发当晚，周家华、周在化等人在周家华家看电视

根据一审庭审笔录，案发当晚，周家华、周在化等人在周家华家看电视，直到晚上10点多，一起看电视的还有周家华的妻子张凤英以及周俊峰、杜云付二人。其中，除了周家华与周在化的当庭供述能够相互印证之外，证人张凤英、周俊峰、杜云付亦出庭作证，当庭证人证言也一致证明了上述事实。因此，有确实、充分的证据证明，案发当晚周家华、周在化未前往周继坤家吃饭饮酒。

综上，周继坤等五人的当庭供述与辩解及张侠等11名证人的当庭证言能够相互印证，具有毋庸置疑的真实性、合法性和关联性，能够确实、

充分地证明案发当晚，周在春、周家华、周在化未去过周继坤家，不存在"周继坤等五人在案发当晚聚集喝酒"的事实，更不存在"周继坤酒后提议去摆治摆治周某鼎"的事实。原判认定的相关事实纯属主观捏造，不能认定。

三、本案庭前有罪供述和不利证言均是刑讯逼供和暴力取证的结果，应予排除

原判认定，被告人周继坤归案后共作过 8 次有罪供述，另自书供述材料一份；周家华作过 1 次有罪供述；周在春作过 11 次有罪供述；周正国作过 10 次有罪供述；周在化作过 8 次有罪供述，另自书供述材料一份。原判还认定周继坤等五人的有罪供述与多名证人的在卷证言相互印证。但事实上，上述不利于五被告人的庭前言词证据均是刑讯逼供和暴力取证的结果，属于非法的言词证据，依法应当予以排除，不得作为定罪量刑的依据。

（一）有充分的证据证明周继坤等五人的庭前有罪供述是刑讯逼供的结果

从一审、二审、发回重审直到最后的终审，周继坤等五被告人当庭自始至终均坚决否认其实施了杀人行为，并一致控诉庭前所有的有罪供述都是长时间遭受刑讯逼供的结果。庭审中，五被告人均详细具体地向法庭陈述了侦查过程中办案人员对他们进行刑讯逼供的事实，五被告人均当庭展示了膝部因跪砖头而形成的厚厚的黑痂，并将各自身上留下的其他伤痕一一展示在法庭之上。被告人周继坤向法庭展示了全部被拔掉指甲的手指，周在化向法庭提交了被办案人员砸伤脱落的右手拇指指甲，周正国则向法庭展示了其所穿的衣服上被电棒电击后留下的许多小洞。五被告人身上的伤痕真实可见，所提交的相关物证亦客观、合法、相关，因此，五被告人遭受刑讯逼供的事实客观真实，不容否定。

此外，根据周继坤、周家华等人的自书陈述，办案人员采取各种残酷

的方式对他们进行了长期的刑讯逼供。在事发二十多年后的今天，听来仍让人毛骨悚然，不寒而栗。

此外，周继坤还曾因刑讯逼供致重伤被抬到卫生院急救，拍片诊断的结果为"胸部瘀血过多、前胸骨被打断、肺部有炎症，急需转院"，后周继坤被化名为"张彬"转院到涡阳县医院治疗十多天没有好转，后又以"杨中才"的名字转院到阜阳市第二人民医院治疗了二十多天。刚有好转便又被送往阜阳市第一看守所，看守人员因为周继坤伤势严重而没有接收，随后又转送至涡阳县看守所。

以上证据足以证明周继坤等五被告人在侦查阶段遭受了刑讯逼供，因此他们庭前所作的有罪供述应依法坚决予以排除，不得作为定案的依据。

（二）18 名证人亦当庭翻证并集体控诉侦查机关的暴力取证行为

在本次庭审中，本案的关键证人周杰当庭陈述，办案人员对其非法关押拘留，并采用暴力手段收集证言，他在之前庭审中所提供的"当晚看到周继坤等人手持凶器、周继坤提议摆治周某鼎以及次日天亮时周继坤到他所睡的瓜地里叫他不要乱讲"等证言都是在办案人员的暴力逼迫下作出的虚假证言。证人周杰当庭证实，案发当晚他在周继坤家吃的晚饭，饭后周正国来到周继坤家，他们一起看电视到夜间 11 时许，后其与周正国一起离开周继坤家，不存在"周继坤等五人在案发当晚聚集喝酒"的事实，更不存在"周继坤酒后提议去摆治摆治周某鼎"的事实。

本案所谓的"目击证人"周开慧当庭陈述，之前办案人员多次找他询问是否在案发当晚看见周继坤等人出现在案发现场附近，他都说没有，后来办案人员在询问中用暴力方法，编了一套假话让他学着讲，还威胁他"如果翻供还要继续'挨打'"。在本次庭审中，周开慧当庭证明，他当晚并没有看到周继坤等人，也没有听到与案件有关的异常声音。事实上，周开慧之前所作证言也不符合逻辑，因为若离周继鼎家相对较远的周开慧都能听到案发现场的声音，那为何与周继鼎家相连的周小氓、周富军、周跃全三家人都没有听到？因此，周开慧之前所作的"目击"证言不足以采信。

另一个所谓的"目击证人"周俊峰在本次庭审中当庭陈述，由于他不愿意根据办案人员的要求作证，办案人员即以涉嫌故意杀人将其非法拘留、逮捕，后来又指控他奸淫幼女，最终被法院宣告无罪（1998 涡刑初字第338 号刑事判决书）。在被非法采取强制措施的过程中，办案人员存在暴力执法现象。证人周继峰当庭陈述，案发当晚他与周聚、顺风、大杰等人聚在一起打扑克，并没有看见周继坤等人"杀人"后回到周继坤家。这一事实也得到了证人周聚的当庭证实。

（三）除了刑讯逼供和暴力取证，本案还存在大规模抓捕证人的情况

根据在案证据，证人张侠曾先后于 1997 年 6 月 23 日、1999 年 9 月23 日两次被逮捕，后均因证据不足被释放；证人周继峰因涉嫌奸淫幼女罪于 1997 年 1 月 31 日被逮捕，经法院判决宣告无罪于 1998 年 2 月 24 日被释放；证人周杰于 1999 年 6 月 24 日因涉嫌伪证罪被逮捕，于 2001 年 6月 4 日被以不应被追究刑事责任为由释放；证人周开慧于 1999 年 6 月 24日因涉嫌伪证罪被逮捕，于 2000 年 7 月 22 日被以不应被追究刑事责任为由释放；证人周在荣于 1999 年 9 月 21 日因涉嫌伪证罪被逮捕，于 2000年 7 月 21 日被以不应被追究刑事责任为由释放；等等。以上证据足以证明，本案出庭的各位证人均在侦查阶段遭受到侦查人员实施的不同程度的暴力、威胁等非法取证行为，他们此前所作的不利证言均属非法的言词证据，不得作为定案的依据。

综上，庭审证据确实充分地证明，本案侦查阶段存在刑讯逼供与暴力取证行为，周继坤等五人的庭前有罪供述以及 18 名证人此前所作的不利证言，均属于非法的言词证据，应当依法坚决予以排除，不得作为定罪量刑的依据。而五名被告人的当庭供述和证人的当庭证言，形式合法，内容真实，且能够相互印证，证明案件事实，应当予以采信。

四、周某华所作的被害人陈述多有反复、矛盾百出且属于孤证，不足为信

原判认定周继坤等五人实施了杀人行为，其依据的最重要的证据之一便是被害人周某华的陈述，但事实上，被害人周某华案发时只有10岁且颅脑受伤严重，在案发后相当长的时间内也未曾指认周继坤等人，且其所陈述的案件事实亦多有反复、矛盾百出、不合逻辑，不足为信。此外，被害人周某华所作的陈述还属于充满疑点的孤证，不能作为本案的定罪依据。

（一）案发时年仅10岁的被害人周某华在案发后相当长时间里并没有指认周继坤等人

案发当时，被害人周某华只有10岁，属于限制行为能力人，且周某华还是该案四名幸存被害人中颅脑损伤最为严重的一位，案发之后在凶手未明的情况下让一个年仅10岁且颅脑严重损伤的被害人指认凶手，其陈述的真实性如何可想而知。

而且，根据1998年7月6日涡阳县公安局对周继鼎所作的《问话笔录》记载，周继鼎说，"案发当时，公安局的人没有找周某华问话"；"过了三四天，专案组的人问周某华，周某华说她看见是黑狗子杀了她姐姐，但俺庄的人也没有叫黑狗子的，当时也没形成材料"；"11月份我又问某华，她说得还跟原来的差不多"。由此可见，至少从案发后的8至11月份的这前三个月，周某华并没有指认周继坤等五名被告人，那么周某华具体是从何时开始转而指认的周继坤等人？又是什么原因促使周某华转变了陈述？是否存在被人诱导的情况？我们对此充满了疑问。

（二）周某华指认周继坤、周家华时所陈述的事实多有反复

首先，关于是否在案发现场看到了周继坤这一问题。在1998年10月6日的一审开庭审理中，被害人周某华当庭陈述："我看见周继坤、周家

华进来，周继坤一手捂住我的嘴、一手捂住我的眼，还说'叫就搞死你'"；但在1999年12月15日重审开庭审理时，周某华却又当庭陈述："当时我没有看到周继坤。"

其次，关于案发当时被害人姐姐周某花的所在位置。在1998年10月6日的一审开庭审理中，被害人周某华当庭陈述："我在床边找鞋子时，我姐听到动静了，在扒着门缝往外看；"但在1999年12月15日重审开庭审理时，周某华却又当庭陈述："先头我姐在屋里，等我在床底下找鞋时没见我姐。"

（三）周某华指认周继坤、周家华时所陈述的事实矛盾百出且不合逻辑

首先，一审开庭审理时，被害人周某华陈述："我姐听到动静了，在扒着门缝往外看……门是用床抵住的，我姐把床拉走开门的。"试想，如果当时年满18岁的周某花通过门缝看到了门外的杀人行为，她怎么会既不呼喊求救也不抵紧房门自我保护，反而主动把床拉开，放凶手进来呢？

其次，一审开庭审理时，被害人周某华陈述："周继坤和周家华是搭着膀子进来的。"试想，如本案凶手这般造成一死四伤的凶残杀人犯怎么会在案发现场，如逛街一般地相互勾肩搭背、大摇大摆地进入屋内实施杀人呢？

被害人周某华还陈述："他们进来时，我姐不在屋里，也不在床上。"但《勘查笔录》明确显示"死者周某花头西脚东平躺在床上"，这又如何解释？难道是凶手在屋外杀死周某花后又将尸体抬回了床上？

另外如前所说，周某华供述："我看见周继坤、周家华进来，周继坤一手捂住我的嘴、一手捂住我的眼，还说'叫就搞死你'。"如果事实真是如此，造成一死四伤的凶残杀人犯，又怎么会在已被人认出的情况下还留有活口？

综上，考虑到被害人周某华在案发时年仅10岁且颅脑损伤最为严重，且在案发后的相当长时间内并未指证周继坤和周家华等人，其陈述的可信度本身就会大打折扣，加之周某华的陈述多有反复且自相矛盾、不合逻辑，同时也没有其他相关证据可以相互印证，系属充满疑点的孤证，不足为信，更不得作为定罪的证据。

五、没有任何证据能够证明周继坤等人存在报复杀人的主观动机

原判认定："被告人周继坤、周家华二家与本村村支部书记周某鼎素有积怨，后因怀疑周某鼎告他们超生，遂对其产生报复的念头。""五名被告人关于犯罪动机的供述能够相互印证，且有证人证言、书证在卷证实。"但事实上，这完全是没有任何事实根据的主观臆测。

（一）所谓报复杀人的动机完全是周某鼎个人的主观猜测

根据 1996 年 8 月 26 日至 1998 年 7 月 6 日之间涡阳县公安局对周某鼎所作的多份《询问笔录》记载，周某鼎一直声称自己与周俊方（周继坤父亲）和周兴标（周家华父亲）两家素有积怨，并称由于自己在计生办工作，周继坤和周家华超生被处罚后怀疑他利用职务之便整他们，遂杀他全家对他进行报复。但这些说辞并没有任何其他证据可以印证，完全是周某鼎个人的主观猜测，不足采信。

（二）周继坤家并未超生，与周某鼎家亦无积怨

在历次法庭调查中，周继坤均向法庭明确说明"我与周某鼎没有一点怨仇，从来没有吵过一次架"；"我从未超生，没有被罚过款，没受过处罚"。另外，1999 年 8 月 24 日涡阳县公安局出具的《说明》也证明："经与新兴镇计生办联系，由于人员变动，未找到周继坤违反计划生育政策受过处罚的有关材料。"因此不存在周某鼎所称"周继坤因超生被罚对其进行报复"的可能性。

（三）所谓的杀人动机与案件事实无法相互印证，在逻辑上亦不能成立

首先，周某花是周某鼎与前妻所生，在家中地位最低且经常受到虐待，如果原判认定的杀人动机成立，周继坤为报复周某鼎而提议杀人，那他们为何放着躺在屋外的周某鼎本人和他们全家最珍爱的儿子不杀，而专门跑入屋内杀死在家中地位最低的周某花呢？

其次，如果原判认定的杀人动机成立，周继坤为报复周某鼎而提议杀人，那么周继坤为何不亲自动手砍杀周某鼎以泄本人之气愤，而是交由他人代为砍杀，自己反而跑入屋内杀死与自己素无怨仇且在周某鼎家中备受虐待的周某花？

最后，即使周继坤、周家华两家与周某鼎家素有积怨，那周在春、周正国、周在化三人又如何能够单凭周继坤的一时"酒后起意"就决意前往杀害与自己无冤无仇的同村村民全家？

综上，本案没有任何证据可以证明周继坤等人存在报复杀人的主观动机，且这一动机与案件事实也无法相互印证，在逻辑上亦不能成立。所谓的报复杀人动机，完全是周某鼎个人的主观猜测，不足采信，不能作为认定周继坤等五人实施了报复杀人行为的依据。

综合以上所述全部案件事实与相关证据，辩护人认为：

本案自始至终都没有任何相关的实物证据能够证实周继坤等五人实施了杀人行为，反而有确实、充分的证据证明不存在原审认定的"周继坤等五人在案发当晚聚集喝酒""周继坤酒后提议去摆治摆治周某鼎"的事实，并且有确实、充分的证据证实周继坤等人报复杀人的主观动机纯属没有任何依据的主观臆测。同时，本案庭审证据确实、充分地证明，本案在之前的侦查阶段存在刑讯逼供与暴力取证行为，周继坤等五被告人的庭前有罪供述以及多名证人庭前所作的不利证言，均属于非法的言词证据，应当依法坚决予以排除，不得作为定罪量刑的依据。另外，本案原审据以定案的

被害人周某花的陈述亦多有反复且自相矛盾、不合逻辑，更没有其他相关证据可以相互印证，系属充满疑点的孤证，同样不得作为定罪的证据。

此外，根据此前媒体的相关调查和公开报道，本案一审庭审结束后，合议庭及审委会均一致认为本案事实不清、证据不足，不能认定周继坤等五名被告人有罪。只是在即将正式宣判前，由于提前得知消息的被害人周某鼎闯入审判长办公室服剧毒自杀，才致使本案延宕。后在包括时任安徽省政法委书记、阜阳市委书记在内的多名相关领导的批示下，为安抚被害人等，才最终导致了本案"无罪变死刑"的惊天大逆转。辩护人在此一并提请合议庭对以上事实进行调查核实，还原事实真相，纠正冤假错案。

2018年4月11日，均已刑满释放的周继坤、周家华、周在春、周正国、周在化等五人被安徽省高级人民法院再审改判无罪。

再审中，原审被告人周继坤、周家华、周在春、周正国、周在化均提出未实施故意杀人行为，所作的有罪供述系侦查机关通过刑讯逼供等非法手段获取，请求宣告无罪。五原审被告人的辩护人提出：本案没有证实五原审被告人作案的客观性证据；五原审被告人的有罪供述系通过刑讯逼供等非法手段获取，供述的许多情节前后矛盾，且供述相互之间存在矛盾，不能作为定案依据；证人证言前后反复；被害人周某华的陈述前后矛盾，且与原审被告人供述存在矛盾。原裁判认定周继坤、周家华、周在春、周正国、周在化故意杀人的事实不清、证据不足，应当依法宣告被告人无罪。

出庭检察员提出：本案既有指向五原审被告人作案的有罪证据，又有否认其五人作案的证人证言、无罪辩解等无罪证据，建议法庭全面客观梳理本案的有罪证据和无罪证据，依法作出客观公正的判决。

安徽省高级人民法院再审认为：原判认定1996年8月25日晚，周继坤、周家华、周在春、周正国、周在化共同到周继鼎家实施故意杀人行为并致周某花死亡，周某鼎、刘某某、周某华重伤，周某丁轻伤的事实不清、证据不足，不予确认。原判认定原审被告人周继坤、周家华、周在春、周正国、周在化犯故意杀人罪的主要依据是周继坤等五人的有罪供述，以及有罪供述与在案其他证据基本一致。但综观全案，本案缺乏能够锁定周继坤等五人作案的客观性证据；周继坤等五人的有罪供述在作案的重要情节上存在很多矛盾，且供述内容与鉴定意见反映的情况不符，有罪供述的客观性、真实性存疑；证人证言多次反复，且证明内容不能与被告人供述相印证；被害人周某华的陈述前后不一，且陈述内容与在案其他证据存在诸多矛盾。综上，原裁判据以定案的证据没有形成完整锁链，没有达到证据确实、充分的法定证明标准，不能得出系周继坤等五人作案的唯一结论。故对周继坤等五原审被告人及其辩护人提出的应当改判无罪的意见，予以采纳。

📝 律师手记

21 年前后的逆转

朱明勇

安徽省高级人民法院滨湖办公区，庄严的审判庭里，国徽高悬，审判长用平和的语气不紧不慢地宣读了 15 页的刑事附带民事再审判决书。

3 点 55 分，书记员请全体起立，审判长宣布：

周继坤，无罪；周家华，无罪；周在春，无罪；周正国，无罪；周在化，无罪！

话音刚落，五名原审被告人一起扑倒在地，跪在法庭上泣不成声。

随后，审判长告知原审被告人可以申请国家赔偿，问各当事人是否听清，周继坤激动地半天说不出话来，最后审判长反复询问是否听清，周继坤表示，我宁愿不要赔偿，也要求对当年办理冤案的人员进行追责。

随着一声清脆的法槌声响起，这起本该在 21 年前就宣告的无罪的判决终于落到白纸黑字上。鲜红的、带有国徽的安徽省高级人民法院的印章盖在判决书的尾部，落款时间为：2018 年 1 月 10 日。

至此，一起超过 21 年的冤案得以彻底平反。

然而，围绕这一冤案背后的凄楚辛酸、催人泪下、惊心动魄的故事还远远没有揭开它神秘的面纱。

灭门命案，一家五口遭砍杀

1996 年 8 月 25 日深夜，安徽省涡阳县大周庄发生命案，周某鼎一家五口被砍，他的女儿（周某花）当场死亡。一死四伤，这一重大刑案在当地引发恐慌。

次日凌晨，公安机关便介入侦查。但是，该案的侦查并不顺利，历经多番周折，同村村民周继坤、周家华、周在春、周正国、周在化被警方作为嫌疑人抓捕。

不久之后，在公安机关的各种"政策教育"下，各被告人被顺利起诉到法院。

然而，本案开庭审理时，十几名证人全部推翻了之前的有罪证言，并表示在侦查阶段受到公安机关的暴力取证和非法关押。五名被告人也纷纷表示受到了刑讯逼供，之前的有罪供述全系被逼出来的虚假供述，五人在案发当晚均有不在案发现场证明。

一名证人当庭扑通一声跪在法庭上说，我是一名共产党员，没想到因为说了一句真话就被侦查人员差点打死了。

此后，因为"矛盾点多"，阜阳中院（涡阳县原属阜阳市）合议庭、审委会全体人员一致认为应判无罪。

惊天逆转，无罪变死刑

不久，在看守所煎熬的被告人终于等来了法院的消息。那一天，法院书记员来看守所提审，一是要求他们在庭审笔录上签字，二是告诉他们案件已经经过审判委员会研究过了，很快就会宣判，还说希望他们出去之后不要闹事。此时，五名被告人悬在嗓子眼儿的心才算放了下来。他们在看守所等待宣判的那一天早日到来，但是这一等就到了 1999 年，他们等来的不是无罪释放，而是死刑立即执行。

那么，这段时间究竟发生了什么。

被害人父亲自杀

据后来媒体披露，就在审判委员会研究定下无罪的结果之后，次日，被害人父亲周某鼎就跑到审判长办公室喝下一瓶农药，送医院后抢救无效死亡。

于是，宣判暂停。

批示案件领导因其他犯罪已被执行死刑

周某鼎自杀后，当地政法系统发生地震，宣判停止。随后各级领导和机关开始了一系列的请示、汇报，批示等流程。这个过程从1998年年底持续到1999年年初。

就这样，完成各级请示、批示之后，1999年的第一次判决中，结果就发生了惊天逆转：本来确定无罪的判决结果，变成了2人死刑、1人无期徒刑，2人各15年有期徒刑。

很快，全体被告人都提起上诉，接着，安徽省高级人民法院撤销原判，发回重审。阜阳市中级人民法院在另行组成合议庭重审后将第一、二被告的死刑立即执行改为死刑缓期二年执行，其他被告人刑期不变。

当事人再次上诉，2000年10月，安徽高院作出了"留有余地"的裁定，维持了重审后的第二次一审判决，最终：2人死缓，1人无期徒刑，2人15年有期徒刑。五个当事人被送往监狱服刑。

当时的许多媒体都对此案作了报道。

当时的市长被提拔为副省长，但此后不久因职务犯罪被调查，并于2005年被执行死刑。

平冤契机

该案判决生效后，各被告人一直喊冤申诉，坚持多年，并无结果。后陆续刑满出狱，出狱后的当事人继续坚持申诉。

2014年，我在安徽办理张云、张虎故意杀人案（该案后于2015年再审改判无罪）申诉再审时，涡阳周继坤等人的家属和已经出狱的当事人闻讯赶来，通过安徽当地律师联系我们，希望能请我们帮助代理此案。

恰巧，当时澎湃新闻记者正在采访张云、张虎案，该案也就自然被媒体关注，并展开调查。经记者调查，发现了该案惊人内幕：原来一审合议庭和审判委员会居然早就认为该案事实不清、证据不足，应全案无罪，并有书面记录。

但是合议庭合议一致意见无罪，审委会讨论一致意见无罪的案子，为何在宣判时居然出现180°逆转，变成了"死刑2人、无期1人、15年2人"？

澎湃发力

2014年7月22日，澎湃新闻独家发布报道《安徽司法恶例：被害人父亲法院自尽，被告无罪变死刑》。该文在全国引发广泛关注，安徽省高院于当日立即回应，宣布复查此案。

但是此后两年时间，该案复查并无明显进展，当事人及其家人继续坚持申诉，直至两年多后的2016年12月24日，安徽省高院作出再审决定书。但是，在延迟一个月后的2017年1月23日，部分当事人及家属才收到这份再审决定书。

一案抓捕18名证人创纪录

该案侦查期间前后有十几名证人被公安机关抓捕，分别以传唤、劳教、刑事拘留、逮捕、起诉等形式，少的关押几天，长的关押两年左右时间。最后全部释放。

目前有法律文书的证人分别如下：

证人张侠被以伪证罪被抓捕，后撤诉。

证人周在荣以伪证罪被抓捕，后撤诉。

证人周继峰以强奸罪被抓捕，后宣告无罪。

证人周开慧以伪证罪被抓捕，后不起诉。

证人周杰以伪证罪被抓捕，后不起诉。

威胁律师

自侦查阶段开始，安徽省多名律师为该案提供了法律援助，但是律师在执行职务期间多次受到公安机关阻挠：律师会见笔录不准带出看守所，当事人书写的关于被刑讯逼供的控告材料也不准带出看守所。随后参与本案辩护的安徽省著名律师，安徽省律师协会刑事专业委员会副主任刘静洁律师被公安机关威胁要抓起来，后来经过省司法厅、律协和省检察院协调才得以保全自由。随后律师代理各被告人一直坚持上诉、申诉等工作持续至今。

改判无罪

2018年4月11日下午3点30分，安徽省高级人民法院在滨湖审判区第十法庭开庭宣判周继坤等五人无罪。

谁人之责

该案不同于之前的张氏叔侄案、聂树斌案等，那些案件当时合议庭、审委会均认定应当判罪，只是后来发现证据不足，改判无罪。而本案最大特点是当时合议庭、审委会均认定应判无罪，但公开宣判的结果却为死刑。从这个角度上来讲，这是一起典型的人为干预司法审判的恶性案例。相关责任人难辞其咎。

无解天问

该案历经21年之久，无罪案情十分清楚，但当事人还是被冤判死刑、无期等刑罚。各被告人在服刑期间常年坚持申诉，却无人问津。如果不是被澎湃新闻记者调查发现案外因素，此案恐怕一时之间也难以平反。

此案与之前同样发生在安徽阜阳的张云、张虎案系同一公安侦查人员、公诉人办案，并且审判长也是同一人。同一地区几乎在同一时期发生两起极其相似的特别重大刑事冤案，如何问责？

评议

这起因领导干预而由无罪变死刑的案件被称为"一个百科全书式的冤案切片"，成为推动国家全面落实司法责任制，让审理者裁判，由裁判者负责的关键案件。

一次为了维稳的改判，牺牲掉的是五个年轻人的青春；导致五个家庭支离破碎；五名被告人申诉花了21年。追责，还不知多少年可以成功。

回看这起冤案，从侦查到起诉再到庭审，每个关键环节上，办案人屡屡偏离法治轨道，冤案如何产生可见一斑。

从最基础的物证来说，在案发现场，公安机关没有提取到血迹、指纹、足迹等与犯罪事实有关的痕迹物证，送检衣服均未检出人血，先后组织多次打捞及数次搜查，均未获取与本案有关的其他物证。

而本案定罪的主要依据均为"言词证据"，除了当事人的"有罪供述"在重要情节上前后矛盾，不能相互印证，供述内容与鉴定意见等证据反映的情况不符外，更有证人证言多次反复、被害人陈述前后不一且与其他证据相矛盾等"硬伤"，这些足以判定证据的客观真实性存在合理怀疑，依法不能作为定案根据。

除了被告人遭受严重的刑讯逼供外，本案的证人也被采取逼供措施，甚至被以伪证罪起诉，如此办案方式，严重损害司法公正。

所幸，在辩护律师的细致辩护下、媒体舆论的监督下，最终得以翻案。值得一提的是，朱明勇律师此前参与代理并成功平反的张云、张虎案与本案系由同一批侦查人员和公诉人员主办，甚至连审判长也是同一人，如此令人惊骇的巧合，也值得每一位法律人深思。

蒙冤28年"刘忠林故意杀人案"再审改判无罪

张宇鹏

回顾

刘忠林从被采取强制措施到刑满释放，共被羁押了9215天（约为25年零90天），是目前公开报道的国内被羁押时间最长的蒙冤者。从被冤因情杀人到最终平冤昭雪，刘忠林足足遭受了28年的煎熬。

时间回溯到1989年8月9日晚，郑某荣去其兄家取被子后失踪，家人经寻找未果。一年后，1990年10月28日上午，村民在修河时挖出一具女尸，经郑某荣家人辨认，确认死者为郑某荣。经法医尸检鉴定，死因系重度颅脑损伤、机械性窒息，并推断作案工具为钝器类，胎儿尸骨孕龄为20至21周。

1990年10月30日，刘忠林因本案被收容审查，同年11月8日被逮捕。

县公安局《破案报告》显示，刘忠林之所以被锁定，是因为村民江久英的一句话。江久英说，刘忠林在郑某荣失踪前曾对她说："小荣子怀孕了，我得领她把孩子做掉。"说完又叮嘱她："别跟别人说，说出去我就没命了。"

而在郑某荣家人的印象里，郑某荣年纪尚小，没听说她和谁在处对象，也对她怀孕的情况感到诧异。

✤ 案件

1994 年 6 月 11 日，吉林省辽源市人民检察院向吉林省辽源市中级人民法院提起公诉。起诉书指控，刘忠林于 1989 年春，与本组女青年郑某荣处对象，当刘忠林得知郑某荣怀孕后，动员其做人工流产，郑某荣不同意，刘忠林便产生杀人之念。1989 年 8 月 8 日晚，刘忠林得知郑母让郑某荣去其二哥家取被时，便隐藏在途中将郑某荣拦住，还要求郑将胎儿做掉，郑某荣仍不同意。刘忠林便将郑某荣逼至本组农民揣思厚家菜地处，用石头猛砸郑某荣的头部、腹部，并回家取来铁锹，将郑某荣就地掩埋。经法医鉴定，郑某荣系头部遭钝器打击后掩埋致重度颅脑损伤和机械性窒息死亡。

1994 年 7 月 11 日，吉林省辽源市中级人民法院作出一审判决，判决刘忠林犯故意杀人罪，判处死刑，缓期二年执行，剥夺政治权利终身。

2010 年初，刘忠林向吉林省高级人民法院提出申诉。

北京市尚权律师事务所律师张宇鹏受刘忠林委托，担任其故意杀人一案再审的辩护人。辩护人接受委托后，多次会见被告人刘忠林，并查阅了卷宗材料。辩护人认为，本案被告人刘忠林在侦查期间曾遭受严重刑讯逼供，其有罪供述应当依法予以排除；本案达不到排除合理怀疑的定罪标准，属于事实不清，证据不足。

一、刘忠林的有罪供述系非法证据，应当予以排除

刘忠林口供存在有罪供述、无罪供述，有罪供述中关于案件事实的供述存在多个版本，这是侦查机关对其进行了严重的刑讯逼供的结果。

1. 刘忠林肢体严重受损，并多次表示自己被侦查机关刑讯。

2016 年期满出狱的刘忠林双手十指指甲坏死、变形，右脚趾因坏死截肢。吉林省鸣正律师事务所律师杜刚、杨建在会见刘忠林时，刘忠林表

示其被抓捕的时间是1990年10月28日，一直羁押在侦查机关，1990年11月11日才被送到看守所。此期间，侦查机关多人刑讯逼供，刘忠林的亲人和邻里可以证实，刘忠林被侦查机关抓捕前肢体健全，羁押期间肢体受损。

刘忠林在本案审查起诉阶段曾向公诉机关表明自己被侦查机关刑讯逼供，本案才退回补充侦查；本案原审庭审时刘忠林也明确表示自己是被公安机关刑讯逼供，才被迫承认杀害了郑某荣；吉林省高级人民法院在复核该案提审刘忠林时，刘忠林表示其在看守所羁押期间，同监室号长卢某受他人指使对其长期殴打，逼迫其承认杀害郑某荣；刘忠林还向提审法官表示，侦查机关的讯问笔录均未让其看过，也未给其宣读过。遗憾的是，刘忠林上述对侦查机关的控诉均未引起相关部门的重视。

2. 刘忠林存在大量自相矛盾的有罪供述、与证人证言不符的供述以及迎合侦查机关意图的供述。

通过查阅刘忠林的供述，辩护人发现刘忠林的供述存在多次有罪供述和无罪供述，且有罪供述在作案动机、作案地点、作案手段上存在多个版本。辩护人将刘忠林的供述与其他证人的证言比较发现，他的供述在作案动机、作案手段、作案工具上与其他人的证言相矛盾。经过比较可以发现，刘忠林的供述是随着侦查机关对案件证据的调查情况的变化而不断变化的，在内容上根据侦查机关调查的进展情况而不断迎合侦查机关。

如侦查机关发现郑某荣有来源不明的化妆品后，刘忠林才供述自己给过郑某荣化妆品。实际上刘忠林是全队公认的穷小子，根本没有经济能力送郑某荣物品。

如在侦查机关向娄芳了解现场挖出烟嘴的情况后，刘忠林才供述自己故意在案发现场埋藏烟袋。实际上娄芳证实挖掘出来的是抽卷烟使用的烟嘴，刘忠林供述的是抽烟叶使用的烟袋锅，二者根本不是同一物品。

如侦查机关调查到郑某荣是被他人用自行车绑架走的，刘忠林就供述了自己在案发后将自行车卖给了郑殿臣。实际上刘忠林在案发前就将自行车卖给了郑殿臣，案发时其根本没有自行车。

如刘忠林在多次有罪供述中否认案发时与郑发生性关系，而现场勘查时，发现郑某荣没有穿内裤，为迎合这一勘查情况，刘忠林后来又承认在案发时与郑某荣强行发生性关系。

如为反映作案动机，刘忠林供述因赵某某给其介绍对象孙德丽，刘忠林才想与郑某荣断绝关系而杀害郑某荣。实际上赵某某可以证实，其根本没有给刘忠林介绍过对象，也没有孙德丽这个人。

以上情况不一而足，均反映出刘忠林为迎合侦查机关而作出了违背意愿的虚假供述。

3. 刘忠林的有罪供述应依据《刑事诉讼法》第54条作为非法证据予以排除。

辩护人认为，刘忠林在监狱服刑期间并无手指或脚趾受损的情况，且其被侦查机关采取强制措施前肢体健全，因此其肢体受损只能是在看守所羁押期间产生。东辽县看守所民警周某可以证实刘忠林送看守所羁押时的身体受损状况及治疗情况；长春市铁北监狱的民警邓某可以证实刘忠林送往铁北监狱服刑时的肢体受损状况。上述两人因身份关系未能出庭作证，请法庭向二人核实。辩护人认为，刘忠林在侦查羁押期间，作了大量自相矛盾的供述，还有大量与他人证言不符的供述。若侦查机关不能对刘忠林肢体受损情况作出合理的解释，则可以确信刘忠林曾遭受侦查机关严重的刑讯逼供，进而作出了大量虚假的有罪供述。刘忠林在本案侦查阶段所作的对自己不利的供述应当认定为非法证据，应依据《刑事诉讼法》第54条的规定予以排除，不能作为本案的证据使用。

二、刘忠林的自述材料系非法证据，应当予以排除

本案中有一份刘忠林的自述书，自述书中详细陈述了案件经过，但该自述书是他人代写。自诉书末尾签署的证实人为陆某，代笔人为卢兴华、

姜某。刘忠林虽然认字不多，但会写自己的名字，却没有在自述书上签字，这不符合常理。辩护人认为不能认定该自述书的内容是刘忠林真实的意思表示，这份自述书的性质其实是卢兴华等人的证言。

吉林省高院审判人员提审刘忠林时，刘忠林曾明确表示在看守所羁押期间，同监室人员在他人指使下对其进行殴打，逼迫其承认杀害郑某荣。同监室号长为卢永华，殴打刘忠林达一个月之久。辩护人认为刘忠林供述中，同监室人员的名字卢永华与自述书代书人卢兴华、耳目证人卢新华名字仅差一字，应为记录人员笔误，实质为同一人。基于上述情况，可以认定刘忠林的有罪自述书是在遭受同监室犯人殴打的情况下产生的，这也解释了刘忠林为什么没有在自述书上签字。

无论刘忠林的自述书还是同监室犯人的证言，均是同监室犯人在他人指使下对刘忠林刑讯的产物，均属于非法证据。刘忠林在刑讯下作出的有罪陈述是不可靠的，不能以此认定案件事实，更不能作为证据使用。

三、本案达不到排除合理怀疑的标准，属于事实不清，证据不足

（一）本案达不到排除合理怀疑的标准

现有证据下，本案尚有诸多疑点没有查清，达不到排除合理怀疑的标准。

1. 刘忠林与郑某荣是否存在恋爱关系存疑，郑某荣怀孕是否刘忠林所致存疑。

本案中侦查机关将刘忠林锁定为犯罪嫌疑人的主要原因是认为刘忠林与郑某荣存在恋爱关系，二人发生性关系导致郑某荣怀孕。辩护人认为，刘忠林与郑某荣是否存在恋爱关系、是否与郑某荣发生性关系导致其怀孕尚未查清。

（1）现有证据不能证明刘忠林知道郑某荣怀孕。

刘忠林在多次供述中提到，其与郑某荣发生性关系，后来发现郑某荣怀孕。刘忠林发现郑某荣怀孕后，又带其去凌云卫生院找王大夫检查，确定郑已怀孕4个月。上述供述为虚假供述。

辩护人认为，刘忠林作出上述供述后，凌云卫生院的王大夫是一位重要的证人，可以证实刘忠林是否带郑某荣检查的情况。本案卷宗中没有任何凌云卫生院的检查证据，也没有王大夫的证言。作为重要的证据线索，侦查机关不可能不去调查，没有相关证据的原因只能是刘忠林再次作了虚假的有罪供述，无法调查核实。

案发时刘忠林为文化程度很低的未婚男青年，不可能有孕期知识，却能判断郑某荣已怀孕4个月，同样不符合常理。全案证据中能证明郑某荣已怀孕4个月的证据，除刘忠林的供述外就只有《法医检验尸体鉴定书》。这一情况再次证明，刘忠林是为了迎合侦查机关作出了自己知道郑某荣已怀孕4个月的虚假供述。

（2）本案中证人江久英的证言证明刘忠林告知其郑某荣怀孕，江久英丈夫孙秀山证实听江久英说过此事，江久英的女儿孙维霞则证实郑某荣与刘忠林来往密切。江久英等三人的证言从内容上似乎证实了刘忠林与郑某荣存在恋爱关系，且因发生性关系导致郑某荣怀孕，但事实上三人的证言有悖常理，不符合客观情况，且存在重大瑕疵，不能采信。

首先，江久英、孙秀山的证言不是二人真实的意思表示。

江久英的询问笔录记载的询问时间为1990年10月29日13时15分至14时25分，询问人为李文良、王之英；孙秀山的询问笔录记载的询问时间为1990年10月29日14时25分至14时45分，询问人为李文良、王之英；孙维霞的询问笔录记载的询问时间为1990年10月29日14时45分开始，没有截止时间，询问人为李文良、王之英。侦查机关对江久英等三名证人询问时，在时间的连续性上没有间隙，不符合常理。从侦查机关对江久英三人询问的时间和地点上看，不排除江久英三人在同一地点接受询问,进而相互影响证言内容的情况;江久英、孙秀山二人不识字,其签名均由侦查人员代签,从时间的连续性上看,侦查机关显然不具备做完笔录后向二人宣读证言的时间。既然侦查机关并未向江、孙二人宣读过笔录,就无法确认笔录内容是否为二人的真实意思表示。

其次,江久英的证言不符合客观情况,是虚假证言。

江久英证言中称刘忠林是在春天栽土豆时告诉其郑某荣怀孕的,而刘忠林的供述中则称发现郑某荣怀孕后不久就杀害了郑某荣,即刘忠林是在秋天才发现郑某荣怀孕的,根本不可能在春天将这一情况告诉江久英。尸检鉴定显示,郑某荣在 8 月份死亡时已怀有 4 个月的身孕,也就是说郑某荣自己最快也只能在 5 月份才知道自己怀孕,而江久英证实刘忠林在 4 月份就告诉她这一情况,这是不现实的。上述情况进一步证明所谓江久英的证言不属实,不符合客观实际情况。

再次,江久英、孙秀山的证言有悖常理。

刘忠林若确实与郑某荣存在恋爱关系,又因发生性关系而致郑某荣怀孕,刘忠林应当向其亲属或来往密切的人征求意见,而不可能向一个关系普通的村民寻求帮助。刘忠林与江久英并无亲属关系,彼此之间又无任何密切来往,刘忠林毫无缘由地告知江久英郑某荣怀孕,不符合常理。

最后,江久英、孙秀山、孙维霞的证言与其他证人证言相左。

现有证人证言中,郑某荣的母亲周佩兰,哥哥郑殿臣、郑殿有、郑殿林和嫂子等人均没有证实郑某荣和刘忠林是恋爱关系,本案重要的目击证人郑春梅则明确表示刘忠林不是郑某荣的对象。江久英等三人作为刘忠林和郑某荣同一大队的村民,其证言与郑某荣的亲属证言相左,孙秀山更明确表示其证言来源于江久英的告知,是听说的传闻证据。江久英、孙秀山、孙维霞三人的证言内容虽然相互可以印证,但因三人系一家人,不排除平日间对事物的认识上相互影响。

综上,辩护人认为江久英的证言内容不符合常理,有悖于人们处理事务的常识,是虚假证言;江久英、孙秀山的证言无法确认是二人真实的意思表示；江久英、孙秀山、孙维霞的证言与多位证人证言内容相左，在没有其他证据印证的情况下不能采信。现有证据不能证明刘忠林与郑某荣是否存在恋爱关系，不能证明郑某荣怀孕是刘忠林所致。以此来认定刘忠林为摆脱与郑某荣的恋爱关系而存在杀人动机和杀人嫌疑显然没有足够依据，不能排除他人与郑某荣存在恋爱关系，进而杀害郑某荣的情况。

2. 绑架者的身份没有查清，不能排除本案存在他人作案的可能。

现有证据显示，郑某荣是在失踪一年以后被发现尸体，而且是被绑架失踪后遭到杀害的。郑春梅的证言可以证实刘忠林与绑架无关，不能排除本案存在他人作案的可能。

（1）现有证据证明郑某荣确实是被他人用自行车绑架或带走的，刘忠林与此无关。

郑春梅系被害人郑某荣失踪时的目击证人。郑春梅当时已年满16周岁，虽然是聋哑人，但在哑语翻译及家人的帮助下，可以明确表达自己的意思。郑春梅在多次笔录中证实，1989年8月的一天晚饭后，其看到有两到三人持刀用绳索和自行车将郑某荣绑架走。郑春梅当时就将此情况告诉了家中长辈，周佩兰、郑殿臣等多名证人可以证实这一情况。吉林省高级人民法院在询问郑春梅时，郑春梅虽然将劫走郑某荣的人数改为一个，但表示她也不认识用自行车劫走郑某荣的人。郑春梅可以确定劫走郑某荣的人不是刘忠林，且证明刘忠林不是郑某荣的对象。

也即，郑春梅的证言可以证明三个问题：一是郑某荣是被他人用自行车绑架后失踪；二是郑春梅对刘忠林的体貌特征非常熟悉，可以证实绑架走郑某荣的嫌疑人并非刘忠林；三是刘忠林与郑某荣不是恋爱关系。

本案另外一位目击证人刘凤琴可以证实，郑某荣失踪当天晚上7点多钟，她看到有一人骑自行车，后座带着一个女子，该女子穿着及体貌特征与郑某荣相符，可以确信是郑某荣。刘凤琴的证言可以与郑春梅的证言相互印证，证明郑某荣确实是被人用自行车绑架或带走的。

本案证人郑某荣的哥哥郑殿有可以证实，郑某荣失踪当时虽然已经7点，但还可以看清人。如果当时带走郑某荣的人是刘忠林，郑春梅能够认出来。郑殿有还证明刘忠林当时没有自行车，以此确定不是刘忠林将郑某荣带走。

辩护人认为，通过郑春梅、刘凤琴、郑殿有的证言可以确信，郑某荣是被人用自行车绑架或带走后失踪，而带走郑某荣的嫌疑人并非刘忠林。

（2）郑某荣存在被诱拐的可能。

郑某荣的母亲周佩兰、哥哥郑殿臣、嫂子马某均可以证实，郑某荣没有与他人谈过恋爱，也没有过关系密切的人。三人证实平时不给郑某荣钱，但郑某荣确实从外面带回来各种化妆品。郑春梅则证实郑某荣身上带有30元钱，且跟其说过要离开家几年。上述证人证言可以证实，郑某荣与他人有过经济往来，该人给予了郑某荣金钱和化妆品。

本案的两位目击证人中，郑春梅证明的是郑某荣被他人用自行车强行绑架，刘凤琴证明的是郑春梅是坐在自行车后架上被他人带走。结合前述郑某荣与他人可能存在经济往来的情况，郑某荣存在被他人用金钱诱拐的可能，即郑某荣先与他人营造了被绑架的假象，进而离家出走，后来与他人产生矛盾被害。

综上，辩护人认为，无论郑某荣是被他人绑架，还是被他人诱拐，都与刘忠林无关。郑春梅亲眼目击了郑某荣被绑架的过程，可以确信绑架者不是刘忠林，且刘忠林也不具备拥有绑架工具自行车的条件；多位证人可以证实刘忠林在案发时就是个穷小子，不具备给予郑某荣金钱和化妆品的条件，因此刘忠林更不可能诱拐郑某荣。本案中，用自行车将郑某荣绑架或带走的人才可能是杀害郑某荣的人，在未查清绑架者身份的情况下，不能排除他人杀害郑某荣的可能，不能认定是刘忠林杀害了郑某荣。

（二）刘忠林的供述极不稳定，内容相互矛盾，现有证据不能认定刘忠林杀害郑某荣

1. 本案被告人刘忠林在侦查机关共有15份供述，包括多次无罪供述和有罪供述，供述内容相互矛盾，极不稳定。

侦查机关在第一次讯问刘忠林时，刘忠林就明确表示自己与郑某荣的死无关。1991 年 1 月 24 日吉林省辽源市人民检察院出具的《退回补充侦查决定书》显示，公诉机关退回补充侦查的理由是"证据不足、被告人口供不稳"。刘忠林在公诉机关将案件退回补充侦查后，其在 2 份供述中均明确表示自己没有杀害过郑某荣。此后，刘忠林在 1991 年 7 月 25 日及 27 日又作了两次无罪供述。如果说案件退回补充侦查前是证据不足、被告人口供不稳，那么在案件补充侦查后，刘忠林推翻了原来的有罪供述，可以说是口供极不稳定，证据上也没有更多的新证据能证实刘忠林杀害郑某荣。

刘忠林有多次有罪供述，内容互不相同，出现了多个作案动机以及 3 个不同的案发地点和 3 种不同的犯罪手段，而且关于杀害郑某荣的动机、地点和行为的供述均不一致。例如，刘忠林供述的作案动机包括郑某荣不同意给孩子做流产、郑家不同意二人谈恋爱、刘忠林有了其他的对象想甩掉郑某荣等。作案地点和手段包括两次案发地点在邱家沟石头场，其拉着郑某荣的头部往石头上撞；三次案发地点在老揣家地里，其手持石头砸郑某荣头部；最后一次案发地点则是在自己家门口，其用棍棒击打郑某荣的头部。

刘忠林的多次有罪供述内容均不一致，导致这一情况的原因是"瞎说"。1995 年 1 月 14 日，吉林省高院审判人员提审刘忠林时，问到为什么被讯问时承认杀人，刘忠林的答复是被逼得"瞎说"，如果不说就会挨撂（打）。刘忠林的辩解很好地解释了为什么 6 次有罪供述内容互不相同。被讯问时刘忠林只能顺着侦查人员的要求"瞎说"，当"瞎说"与案件其他证据不吻合时，就只能重新"瞎说"，不停地编造各种版本的杀人方法。例如刘忠林的第一次有罪供述中，提到其带郑某荣去凌云卫生院找王大夫检查，查出郑某荣已怀孕 4 个月，但在案证据中居然没有王大夫的证言。如此重要的证据线索，侦查机关不可能忽视，那么只可能是侦查机关找凌云卫生所王大夫核实情况后，发现刘忠林"瞎说"。又例如刘忠林供述中曾提到因为赵某某给他介绍了新的对象孙德丽，他才为了甩掉郑某荣而杀害了她。

证人赵某某、李某贵的证言可以证实，刘忠林供述中的对象根本不存在，赵某某也没给刘忠林介绍过对象。上述例子就是刘忠林"瞎说"的种种有罪供述，所谓的杀人动机根本就不存在。刘忠林从来就不存在稳定的有罪供述。

《关于办理死刑案件审查判断证据若干问题的规定》第22条第3款规定，"被告人庭前供述和辩解出现反复，庭审中不供认，且无其他证据与庭前供述印证的，不能采信庭前供述"。本案中刘忠林庭前供述和辩解存在多次反复，庭审中不供认，没有任何其他直接证据证实刘忠林杀人，因此对其庭前的有罪供述均不能采信。

2. 刘忠林的供述存在大量自相矛盾、与他人证言矛盾且不符合常理的情况，现有证据不能认定刘忠林杀害郑某荣。

（1）辩护人在论证刘忠林口供稳定性时，已经详细阐述了刘忠林供述中在作案动机、作案地点、作案手段上的矛盾之处，在此不再赘述。

（2）辩护人经查阅卷宗发现，刘忠林的供述在作案动机、作案手段、作案工具上存在多处与他人证言相矛盾或不符合常理的情况，列举如下。

作案动机：

刘忠林在供述作案动机时，提到因赵某某给其介绍新的对象，刘才有了杀害郑某荣的想法。经赵某某证实，其根本没有给刘忠林介绍过对象。

刘忠林与江久英非亲非故，不可能将郑某荣怀孕的事情仅告诉江久英一人，不符合人们一般遇到问题向亲属和朋友求助的常理。

上述情况此前已经详尽论述，不再展开。

作案工具：

刘忠林供述其将作案用的自行车卖给郑殿臣与事实不符，郑殿臣可以明确自行车是在1989年春天从刘忠林处买的，并详细描述了购车过程和车辆状态，确定是在郑某荣失踪前购买。从描述的细节上看，郑殿臣的证言更为可信，即刘忠林在郑某荣失踪时根本没有自行车，更不可能用自行车作案。

刘忠林关于作案工具铁锹的供述同样存在矛盾，一开始供述说铁锹被打掉铁锹头扔到了河里，后来又说放在屋外，被郑殿有拿去使用。刘忠林称一开始供述说谎的理由是侦查机关找郑家的麻烦，显然也不符合常理。

埋尸现场发现的烟嘴是本案的一个重大疑点，烟嘴的持有人有重大的作案嫌疑。刘忠林本身并不吸烟，其多次有罪供述中均未提到烟嘴。1991年11月22日刘忠林的供述第一次提到烟袋，其描述的烟袋有铜烟嘴、铜烟锅，木杆，抽烟叶用的烟袋才有烟锅。证人娄芳在现场挖出的是烟嘴，并且娄芳可以确定是抽卷烟用的烟嘴。刘忠林的供述再次与其他证人证言矛盾，不属实。

作案手段：

刘忠林与郑某荣相互认识，若有恋爱关系则更会相互熟悉，用蒙面绑架的方法带走郑某荣不符合常理。且郑春梅也可以证实用自行车绑架郑某荣的人并非刘忠林。

刘忠林在此前的供述中称案发时没有心情与郑某荣发生性关系，而在1990年11月3日的供述中则称在案发时和郑某荣强行发生性关系后又将其杀害。若被告人确实杀人，且承认杀人，心理防线已经放开，不应存在前后供述如此矛盾的情况，只能是为了迎合现场勘查中郑某荣下身没有穿内裤的情况而做的虚假供述。

（3）本案中，侦查机关询问了二十余位证人，其中包括郑某荣的亲属、凌云乡的村民。上述证人证言并不能直接或间接证明刘忠林杀害了郑某荣。侦查机关在现场勘查、尸体检验及鉴定过程中，没有发现毛发、指纹、脚印等证据；没有发现绑架郑某荣时的作案工具如自行车、绳索、匕首等；也没有发现埋藏郑某荣尸体的铁锹。虽然本案的一份鉴定意见，鉴定部门在所谓一件刘忠林的黄色上衣袖口检测出含 B 血型物质，但也没有证据证明该物质是死者所留。本案原审中，并未出示该黄色上衣，也未出示照片。未经刘忠林辨认，就无法证实该上衣存在，更不能证明该上衣是刘忠林所有。据以提取检材的上衣不存在，鉴定的意见也就失去了存在的依据，无法证明任何事实。现有上述证据均不能证明刘忠林杀害了郑某荣。

辩护人认为本案中除刘忠林的有罪供述外,并没有任何直接证据能够证明刘忠林杀害了郑某荣,相反郑春梅的证言可以证实,绑架郑某荣的嫌疑人并非刘忠林。现有情况下,刘忠林的供述中其实施犯罪行为的动机、时间、地点、手段等细节上均存在自相矛盾、与其他证人证言存在矛盾以及不符合常理的情况,其有罪供述不能作为认定其构成犯罪的依据。

四、本案的程序违法问题

（一）刘忠林被剥夺了上诉的权利

刘忠林既然没有杀害郑某荣,被判处有罪后其理应上诉,但辩护人在查阅卷宗时并未发现二审的裁判文书。刘忠林既然没有杀人,为什么没有上诉?这是一个重大的疑问。辩护人也一度为此感到困扰,但事实上刘忠林提出了上诉。

辩护人通过再次查阅吉林省高院1995年度"吉刑核字第52号卷宗"发现,被告人在一审判决后,提出了上诉,但吉林省高院没有受理。该卷宗中有一份吉林省辽源市中级人民法院《报送上（抗）诉案件函》,该函件明确记载,"我院审理被告人刘忠林杀人一案,已经作出（1994）刑初字第18号刑事判决,并于1994年8月4日宣判。被告在法定期间提出上诉"。该函件还有吉林省高级人民法院办案人在右上角的备注,备注注明因缺上诉状,所以不能上号。显然,刘忠林在一审判决后,提出的是口头上诉。刘忠林只有小学文化,不能书写上诉状,但吉林省高院却以没有上诉状为由,没将该案分配案号审理,严重剥夺了刘忠林的诉讼权利。

吉林省高院在提审刘忠林时曾问到他为什么没有上诉,刘忠林的答复是"上诉没用,都不信"。刘忠林不知道的是他的上诉权利已经被法院剥夺了，更不知道的是，"没有上诉"甚至可能会成为再审中推断其有罪的理由。

（二）本案在程序上还有两个需要注意的问题

一是刘忠林在侦查机关羁押十余天才被送往看守所羁押，二是刘忠林没有辩护人。这两个情况虽然极大地侵害了被告人的权利，在彼时尚不能说是违反《刑事诉讼法》的规定。侦查机关对刘忠林采取的是收容审查措施，本案案发时收容审查制度尚在，新《刑事诉讼法》尚未实施，还没有要求对可能判处死刑的案件强制为被告人指定辩护律师。倘若刘忠林案有辩护人，也不会出现上诉权被法院剥夺的情况。

刘忠林在本案原审中因制度缺陷和人为因素，其诉讼权利受到了严重的侵害，也间接导致了这一冤案的产生。本案再审过程中，刘忠林又遭遇了案件审理期限严重超期的情况。辩护人相信合议庭能对刘忠林的诉讼权利予以足够的重视，纠正原有的错误，在程序上严格对证据的采信标准，给刘忠林一个公平、公正、合理的审判。

综上，辩护人认为本案是在制度缺陷和刑讯逼供下制造的一起冤案。因侦查人员直接实施、指使灰色耳目实施的严重肉刑，导致刘忠林被屈打成招，供述了大量无法自圆其说、自相矛盾的"犯罪事实"。现有证据中，据以认定刘忠林存在作案动机的证据不可采信；有多人证言可证明刘忠林没有绑架郑某荣；没有任何直接证据或间接证据证明刘忠林杀害了郑某荣；无法排除绑架者（他人）杀害郑某荣的可能。本案证据大多为言词证据，证据与证据之间、证据与案件事实之间存在矛盾，且不能达到排除合理怀疑的标准，属于事实不清、证据不足。

二十余年过去了，我国的法治建设已经有了长足的发展，并渐渐深入人心。辩护人相信吉林省高级人民法院有勇气正视本案的历史问题，纠正原审错误，尊重事实和法律，依法判处被告人刘忠林无罪。

吉林省高级人民法院依法另行组成合议庭，不公开开庭审理了本案，于 2018 年 4 月 12 日作出（2012）吉刑再字第 9 号刑事判决书，判决刘忠林无罪。

再审中，刘忠林提出，其有罪供述系遭受刑讯逼供而作出的；原审没有为其指定辩护人程序违法；认定其杀人证据不足。

辩护人提出，刘忠林在侦查期间曾遭受刑讯逼供，其有罪供述应当依法予以排除；本案达不到排除合理怀疑的定罪标准，属事实不清，证据不足。应改判刘忠林无罪。

出庭检察员认为，现有证据证实刘忠林与郑某荣有交往；限于当时的侦查技术水平，证据多为言词证据，证言之间存在着部分不一致的地方；被害人尸骨现无法找到，不能进一步做 DNA 鉴定；未指定辩护人没有违反当年的法律规定。建议法院对本案的事实和证据进行综合研判，依法作出判决。

法院经审查，认为原审认定系原审被告人刘忠林杀死被害人郑某荣的事实不清，证据不足，理由如下。

一、原判认定案件事实的主要证据是刘忠林的有罪供述，但其有罪供述不能作为定案依据

1. 刘忠林的供述不稳定。

经查，刘忠林在侦查阶段共有 16 次供述，有 10 次承认犯罪，6 次不承认犯罪，时供时翻。在审查起诉和审判阶段均否认杀害了郑某荣。

2. 刘忠林对一些重要情节的有罪供述前后矛盾。

如关于作案动机，有怕名誉不好听、因郑某荣不同意打掉孩子怕其家人找他麻烦、因认识了别的对象不想和郑某荣处了 3 种供述；关于如何得知郑某荣已怀孕，有带其到乡医院检查时大夫说的和郑某荣主动跟他说的两种供述；关于在道上堵郑某荣的情节，有蒙面将郑用塑料绳捆绑并用自行车带走和将郑拽走两种供述；关于作案时间，有 1989 年 8 月 8 日当晚

和第三天两种供述；关于作案地点，有邱家沟采石场、揣恩厚家地头、其自己家 3 种供述；关于作案工具，有石头和木棒 2 种供述；关于作案前后是否和郑某荣发生性关系，有没心思发生性关系和将郑某荣杀死后发生了性关系两种供述；等等。

二、除刘忠林的有罪供述外无其他证据指向刘忠林作案

1. 证人周佩兰的证言证实了郑某荣失踪情况，证人刘福全、刘吉国等的证言证实了发现尸体情况，证人郑殿臣的证言证实了经其辨认被害人系其妹妹郑某荣，以及尸体鉴定结论、现场勘查笔录等证据，均不能证实刘忠林与郑某荣被害存在关联。

2. 证人江久英、孙维霞的证言证实了郑某荣经常去刘忠林家听录音机；证人揣恩厚的证言，证实了他看见刘忠林与郑某荣在河边唠嗑。但上述证言只能证实刘忠林与郑某荣在案发前有过密切接触，不能证实刘忠林将郑某荣杀害。

三、原判认定的被害人死亡时间、作案工具均无证据支持

1. 关于被害人死亡时间。

证人周佩兰、郑殿臣、郑殿春的证言，证实 1989 年农历七月初八晚上郑某荣失踪，对应公历日期为 1989 年 8 月 9 日。故郑某荣失踪日期应为 1989 年 8 月 9 日。刘忠林供述的作案时间有 1989 年 8 月 8 日当晚和第三天两种。因尸体被发现已经时隔一年之久，本案无其他证据证实被害人死亡时间，故原判认定 1989 年 8 月 8 日晚被害人遇害，证据不足。

2. 关于作案工具。

刘忠林供述的作案工具有两种，即石头和木棒，尸体鉴定结论推断作案工具为钝器，而原判据此将石头认定为作案工具缺乏证据支持。

综上,原判认定原审被告人刘忠林杀死被害人郑某荣的事实不具有唯一性和排他性,刘忠林的有罪供述不稳定、不一致,本案缺乏指向刘忠林作案的关键性证据,再审不予认定。对于刘忠林提出"认定其杀人证据不足"的意见,以及辩护人提出"本案达不到排除合理怀疑的定罪标准,属事实不清,证据不足"的辩护意见,法院予以采纳。

关于公安机关是否存在刑讯逼供的问题。刘忠林及其辩护人提出有罪供述系遭受刑讯逼供而作出的,并提供了刘忠林手指病变和右足拇指被截肢的照片。刘忠林劳改医院病历,入院记录记载刘忠林缘于6年前被碰伤右足拇指,因右足拇指肿胀、疼痛6年而入院,入院时间为2005年9月14日。据此推断,刘忠林右足拇指病症应开始于1999年,但其在1995年已被法院核准死缓。其手指甲病变系灰指甲症状,现有证据不能证明患病的具体时间及原因。本案没有证据证实公安机关存在刑讯逼供行为。故对刘忠林及其辩护人提出曾遭受刑讯逼供的意见,法院不予采纳。

关于原审是否存在程序违法的问题。刘忠林提出原审没有为其指定辩护人程序违法。经查,原审于1994年对本案作出判决,应当适用1979年《刑事诉讼法》。该法第27条规定:"公诉人出庭公诉的案件,被告人没有委托辩护人的,人民法院可以为他指定辩护人。被告人是聋、哑或者未成年人而没有委托辩护人的,人民法院应当为他指定辩护人。"刘忠林不是聋、哑或未成年人,不属于应当指定辩护人情形。原审没有为刘忠林指定辩护人并不违反当时的法律规定。故对刘忠林提出原审程序违法的意见,法院不予采纳。

法院认为,原判认定原审被告人刘忠林杀死被害人郑某荣的事实不清,证据不足,原公诉机关指控的犯罪不能成立,依法应予纠正。刘忠林及其辩护人提出应改判刘忠林无罪的意见成立,法院予以采纳。判决如下。

1.撤销吉林省高级人民法院(1995)吉刑核字第52号刑事裁定和辽源市中级人民法院(1994)辽刑初字第18号刑事判决。

2.原审被告人刘忠林无罪。

① 律师手记

支离破碎的证据体系

张宇鹏

2018年4月20日上午9时，吉林省高级人民法院在116法庭宣判，改判刘忠林无罪。从被采取强制措施之日起，至今已28年，刘忠林终于获得平冤昭雪。

初见刘忠林，了解案件基本情况

刘忠林故意杀人案系北京市尚权律师事务所"蒙冤者援助计划"案件之一。2015年3月3日，律师事务所将刘忠林故意杀人案正式纳入"蒙冤者援助计划"，并指派我为刘忠林的辩护人。

拿到刘忠林亲属转来的案件材料，最直观的感受就是触目惊心！

案件材料中有刘忠林的两张照片，一张是刘忠林十指指甲脱落坏死的双手，另一张是刘忠林只有四个脚趾的右脚。据刘忠林家属所说，刘忠林的手指甲是被竹签插入缝隙后坏死脱落，右脚拇指则是被棍棒殴打后迟迟未愈，感染截肢。刘忠林手、脚的伤痕均是被公安机关刑讯造成，但这已不仅仅是刑讯两个字可以形容的了！

随后我又查看了材料中的裁判文书，1990年10月29日，刘忠林因涉嫌故意杀人罪被辽源市东辽县公安局拘传，而直到1994年7月11日，吉林省辽源市中级人民法院才作出一审判决。这个诉讼程序显然走得太长了，长到明显超出了法定期限。从一审判决书的内容所见，据以认定刘忠林构成犯罪的证据全部为言词证据，能够认定刘忠林有罪的直接证据则只有他的有罪供述。结合刘忠林自身的伤情，可以大致推断出这是一个通过刑讯获取口供，并最终以口供定罪的冤案。

再看其他的材料，我发现这个案件居然没有二审裁判文书，这岂不是意味着法院判决刘忠林构成故意杀人罪后，他没有提出异议，没有上诉？

我当时心中的疑问是，这个疑似冤案真的是冤案吗？如果是冤案，刘忠林为什么没有上诉？因为手头只有刘忠林亲属提供的部分资料，并没有其他材料可以进一步核实，为了解开这个疑团，我决定去见见刘忠林。

2015年5月21日，我在吉林省监狱见到了已经服刑25年的刘忠林。初见的刘忠林有些腼腆甚至木讷，不善表达。当他知道我是来帮他做再审辩护工作时，也只是站在那里憨笑。我简单说明了我的工作，并跟他询问案情，他语气坚决地表示自己没有犯法、没有杀人。当我问到他是否遭受过刑讯逼供时，刘忠林明显激动起来，双眼含泪，一边举起双手示意让我看，一边讲述了他被刑讯的过程。

虽然还没有看到全案证据，但我的内心已经确信刘忠林是被冤枉的，这时我问了他最后一个问题，既然你是冤枉的，为什么你没有上诉呢？听到这个问题，刘忠林已经不仅是激动了，言语中还带着一丝愤怒。刘忠林说他上诉了，但是没有人听他的，说法律没有用。如果刘忠林说的情况属实，仅凭此，审判机关就欠刘忠林一个道歉。

水落石出，刘忠林案冤情浮出水面

从吉林省监狱见到刘忠林后，我就去了吉林省高级人民法院递交委托手续，并要求查阅全部案卷材料。申诉再审工作中，常常因为时过境迁，已经很难再获得第一手资料，本案也是如此。案发现场早已不复存在，调取新证据更是没有可能，查阅案卷就是最为重要的辩护工作。遗憾的是，我这次阅卷无功而返，当时办案人的答复是要向领导请示。自此之后，为了阅卷我就跟办案人展开了无休止的拉锯战，后来不能阅卷的理由又增加了一条：检察院正在阅卷。2015年的年底，我得到了吉林高院的通知，可以阅卷了。翻开工作日志可以看到，阅卷的日期为12月8日，还有一个多月刘忠林即将刑满释放。

在吉林高院的律师接待室，我正式看到了刘忠林故意杀人案的案卷。由于时间久远，每一页手写的笔录都薄如蝉翼，透过薄薄的纸张甚至可以看到下一页的字迹。案卷的内容并不多——跟现在动辄几十本、几百本的案件没法相比——只有400多页，但胜在页页都是干货。

经过系统全面地查看案卷，基本可以印证我们此前的推断：这是一起以被告人口供定罪的案件，而据以定罪的口供是刑讯逼供所得。北京市尚权律师事务所的重大、疑难案件讨论制度规定，对于重大、疑难案件要经过集体讨论，共同研究。刘忠林故意杀人案显然符合这个条件，经过集体研究，可以确定刘忠林故意杀人案存在着以下几个方面的问题：第一就是裁判文书已经体现出来的，本案系以言词证据定罪，且直接证实刘忠林构成犯罪的证据只有刘忠林的口供；第二是刘忠林曾遭受刑讯逼供；第三是本案被害人被绑架失踪时有目击证人，可以证实刘忠林并非绑架被害人的凶手；第四是刘忠林的有罪供述内容本身不但自相矛盾，且与其他证人的证言存在矛盾，这些矛盾集中在作案动机、作案地点、作案手段、作案工具等几个方面；第五是刘忠林的供述存在着为了迎合侦查机关的侦查而不断变化的情况；第六是能够证明刘忠林有作案动机的几份关键证人证言内容与本案其他调查情况不符，甚至有悖于客观事实。

愈加深入研究，就愈加发现该案问题之多，一层层地剥丝抽茧，刘忠林故意杀人案的整个证据体系已经支离破碎。

翻开案卷中的《破案报告》，可以明确地看到侦查机关侦查本案时有两条最为重要的线索：一条是被害人在一年前失踪，当时被害人的侄女目击了整个过程，看到被害人是被他人蒙面持刀骑自行车绑架走。另外一条线索是经过对被害人尸检，发现被害人怀有身孕。侦查人员分析判断后认为被害人被绑架的可能性极小，应该是被熟人骗走，进而将侦查范围锁定为村内跟被害人有接触的人；并因被害人怀有身孕，而判断被害人被杀系因奸情。侦查人员的分析判断存在一定的依据，但不能因此就否定了被害人生前是被人绑架走的事实；不能否认目击证人虽然为16岁的聋哑人，却可以表达自己的意思的实际情况；不能否认目击证人作为刘忠林的邻居，可以判断出绑架者是否为刘忠林。

在侦查机关把犯罪嫌疑人锁定为被害人本村居民后，跟被害人有过接触，且一人独自居住的刘忠林很快就被侦查机关锁定为目标。1990年10月29日，刘忠林被侦查机关拘传，并由此开始了漫长的牢狱生涯。

本案案发时间为1990年10月28日，侦查机关经过初步调查，一位证人推测刘忠林和被害人正在谈恋爱，另外一位证人则言之凿凿地说刘忠林告诉过她被害人怀孕的事情。10月29日晚，刘忠林即被侦查机关拘传。从发案到破案不到两天时间，堪称神速。

本案证据中展现出刘忠林的作案动机有两个：一是刘忠林与被害人未婚发生性关系，致使被害人怀孕，刘忠林为掩盖这一事实而杀人；二是刘忠林与被害人恋爱，有他人介绍新的对象，刘忠林喜新厌旧而杀人。证明这两个动机的证据均为言辞证据，一个是证人证言，另一个是刘忠林的供述。侦查机关显然更看重第一个作案动机，可以和被害人怀有身孕的事实相吻合。

现有证人证言中，被害人的母亲、哥哥、嫂子等人均没有证实被害人和刘忠林是恋爱关系。前述江久英的证言与被害人的亲属证言相左，且存在与已查明案件事实相悖之处，亦无法证明刘忠林具备相应的作案动机。

第二个作案动机是来自刘忠林的供述，刘忠林在一份有罪供述中曾提到因为赵某某给他介绍了孙德丽，他才为了甩掉被害人而杀人。卷宗中证人赵某某、李某某的证言内容则恰恰证实了刘忠林供述中的对象根本不存在，赵某某也没给刘忠林介绍过对象。

至此，两个作案动机不攻自破。

15次供述、两次自书材料、两次法院提审，卷宗中共有刘忠林10种有罪材料、9种无罪材料。从这些材料中，辩护人看到了刘忠林一次次被逼无奈迎合着侦查机关的调查作出违心供述，又以一次次的翻供进行着抗争。

侦查机关在第一次讯问刘忠林时，刘忠林就明确表示自己与郑某荣的死无关。1991年1月24日吉林省辽源市人民检察院出具的《退回补充侦查决定书》显示，公诉机关退回补充侦查的理由是"证据不足、被告人口供不稳"。刘忠林在公诉机关将案件退回补充侦查后，其在两份供述中均明确表示自己没有杀人。此后，刘忠林在 1991 年 7 月 25 日及 27 日又作了两次无罪供述。如果说案件退回补充侦查前是证据不足、被告人口供不稳，那么在案件补充侦查后，刘忠林推翻了原来的有罪供述，可以说是口供极不稳定，证据上也没有更多的新证据能证实刘忠林杀人。

......

看完整个卷宗，可以看到吉林高院决定再审本案不仅仅是因为刘忠林及其家属的不断申诉，更多的是本案证据体系存在严重缺陷。正是因为如此，吉林高院决定再审本案后做了很多调查工作。包括找到了本案的几位证人重新核实案件情况，委托侦查机关对被害人尸体进行挖掘，提取DNA 来与刘忠林进行比对，等等。

这一系列的举措，体现了审判机关对该案的高度重视，遗憾的是这次挖掘的结果居然是被害人尸体不翼而飞。据被害人亲属回忆，数年前曾有几人自称司法机关工作人员，查看过被害人的尸体，蹊跷的是各级与本案有关的工作人员均否认参与此事。本案显然还有很多疑点尚待查清，但对于刘忠林是否构成犯罪已经有了答案。

合上卷宗，只待开庭。

漫长等待，终见雨后天晴

正式接手刘忠林案件之后，我才慢慢发现，刘忠林案件的每一个阶段，都是一场"马拉松"。

辩护人本想，既然已经同意律师阅卷，估计很快就会开庭审理，没承想案件再次陷于停滞，经多次与法院沟通，催问程序，仍不见实质性进展。

2016 年 1 月 22 日，刘忠林刑满出狱。春节后上班第一天，我与刘忠林在尚权律师事务所办公室再次见面。刚刚出狱的刘忠林站在墙角边局促不安，甚至不敢和我坐到一起，近 26 年的牢狱生活带给他的影响才刚刚开始。

随着越来越多人的关注，刘忠林案也引起了媒体人的注意。率先关注本案的记者是《北京青年报》的李显峰,他全程跟进了本案进行报道,并给予了刘忠林及其家属很多帮助。2016年4月25日,吉林高院终于决定开庭审理刘忠林案。北青报记者李显峰、上游新闻记者曲鸿瑞亲自赶到法庭外守候消息。经过审理,合议庭成员详细核实了刘忠林遭受刑讯逼供的情况,并走下审判席查看了刘忠林受伤的手指,出庭检察员则未直接对辩护人的无罪意见提出异议。走出法院时,曲鸿瑞给我和刘忠林拍了一张走出法院大门的照片,那时的刘忠林脸上带着笑意,充满自信。

一周、两周……时间一点一点地过去,刘忠林开始显得焦虑,不断地询问我什么时候能有判决结果。我一方面不断安慰刘忠林,另一方面跟办案法官不停地沟通,得到的答复都是要等领导研究——本以为马上就能沉冤昭雪的案件在开庭审理后却再次陷于停滞。几乎同一时间开庭审理的刘吉强案,在开庭后不到10天就获得了无罪判决,得以平反,而刘忠林案却迟迟没有结果。我也详细比较了两案的差异,同样是言词证据定罪,最大的差别是,刘吉强案中有一位管教愿意证明刘吉强遭受了刑讯逼供。

开庭审理近8个月后,我于2016年12月1日再赴长春了解情况,合议庭三位成员均表示自己做不了决定,要等领导决定。此后辩护人不断跟法院沟通,催促案件进程。一晃一年多又过去了,此期间李显峰、刘建辉等多位记者也相继多次对本案进行后续跟踪报道,期望以此推动刘忠林案尽快有个审理结果。

两年的等待中,我和刘忠林时不时地进行联系,得知他曾在内蒙古、长春、深圳、大连、北京等地打工。凌云村内刘忠林的住房早已荒废,刘忠林希望能够打工赚钱买一个自己的房子。交流的过程中我能感受刘忠林的情绪从充满希冀,到焦虑不安,最后到灰心失望的变化。他曾数次和我说,要赚钱来打官司,没钱打不起官司,到后来变成官司先不打了,先赚钱买房子。

2018年4月18日,我终于等到了吉林高院的电话通知,4月20日刘忠林案开庭宣判。我跟刘忠林说一起去参加开庭宣判时,刘忠林的第一个反应是，张律师，你替我去吧。刘忠林已经被近26年的牢狱生活夺去了青春，也许开庭后两年的漫长等待也消磨掉了他对案件的信心。当天的刘忠林应该是一夜未眠，19日凌晨4点，刘忠林给我微信留言，约好一起参加开庭宣判。

刘忠林案再审会宣判无罪吗？这是很多同事、朋友，包括媒体都问过我的一个问题。我给他们的答复是，从事实和法律上看，刘忠林就应该是无罪的，所以这个再审结果也应当是大家共同期望的一个结果。吉林高院既然选择了开庭宣判，并希望刘忠林能到庭参加，这说明吉林高院有足够的勇气去面对并纠正这一错案。虽然整个案件的诉讼过程稍显漫长，我也相信苦等了28年的刘忠林会得到一个无罪的判决结果。

开庭宣判后，刘忠林得以沉冤昭雪，这是他28年来的祈盼，是他应得的，也是他赢得的结果。这个结果有刘忠林姐夫王贵珍多年的奔走鸣冤，有吉林高院法官的明察秋毫，有此前杜刚、杨建二位律师的辛勤付出，有李显峰、刘建辉等记者的呐喊呼吁，更有刘忠林的不懈坚持。

愿冤案平反不再如此漫长，更愿天下再无冤案！

评议

刘忠林被羁押时间超过25年，蒙冤时间超过28年。本应当是人生中最珍贵的一段时光，却在牢狱里捱过了。本案"马拉松"式的再审令人唏嘘，从决定再审至改判无罪耗时长达6年。已刑满释放却仍未等到法院的无罪改判，开庭后更是拖了2年才宣判，这场"正义"一直迟到。

纵观历来平反的冤假错案，绝大多数伴随着刑讯逼供、定案证据不足以证明犯罪实施、违反刑事诉讼程序等情形。还有多数办案人员以某一事由锁定犯罪嫌疑人，缺少物证等，以口供作为主要的定案证据，致冤案发生。

令人感慨的是，刘忠林曾多次表明自己是被刑讯逼供才被迫承认杀害了被害人的，其所受到的殴打不仅来自公安机关，甚至也来自同监室的人员。在当时的环境下，刘忠林对自己所遭受到的非法行为的控诉根本未得到相应的重视。这起冤案本不应该发生，尤其是作为一起死刑案件，其中暴露的问题更是值得审慎对待。

刘忠林的供述存在很多疑点，律师从这些疑点进行分析。诸如其本人的大量供述前后矛盾，且供述不稳定；与其他的证人证言无法互相印证。作为一起故意杀人案件，在如此多的重要问题尚未查清的情况下，一纸有罪判决就改变了刘忠林的一生，很难不让人为其感慨。

在对于有罪供述的问题进行辩护后，律师从本案证据尚未达到排除合理怀疑的证明标准进行了辩护。本案在事实方面存在颇多疑点，根据"存疑有利于被告人"的原则，本应作出有利于被告人的判断。律师针对本案的每个疑点，结合在案的证据进行了充分论证，展现了出色的逻辑分析能力。

在事实之外，还有程序上的严重违法，使得刘忠林的合法权利被严重侵犯，对于正义的期待屡次破灭。实体正义是在程序正义的保障下实现的，程序正义是实体正义的前提。

民营企业产权保护第一案

赵秉志　左坚卫

回顾

2017 年 12 月 28 日，最高人民法院公布人民法院依法再审三起重大涉产权案件，张文中案排在首位，并由最高人民法院直接提审，也是唯一一个同时被写入 2018 年《最高人民法院工作报告》和《最高人民检察院工作报告》的典型案例。

张文中 1983 年从南开大学数学系毕业，先后在中科院系统科学研究所、美国斯坦福大学攻读博士及进行博士后研究。1994 年，张文中创办了物美商城，为展现自主开发的 POS 机信息系统，开设了第一家物美超市。一年后，超市的销售额达到了 1 亿多元。

彼时，大卖场正处于发展黄金期，物美趁势发展，不断扩张。2004 年开始，物美通过托管、收购、重组的方式，一度占据了北京 1/3 的零售市场份额，被称为"明日沃尔玛"。

正当张文中准备大干一场时，却意外卷入了案件。

2006 年 9 月 11 日，张文中接到有关部门的电话，到指定地点接受谈话，这次谈话后，张文中失去人身自由达 7 年之久。

随着张文中被捕入狱，物美股票陷入停牌 10 个月之久，谈好的并购项目被迫搁浅，大量供应商催要货款。

⊛ 案件

2007 年 12 月 24 日，河北省衡水市人民检察院向河北省衡水市中级人民法院提起公诉，指控张文中犯诈骗罪、单位行贿罪、挪用资金罪。

一、单位行贿罪

1. 2002 年，在被告单位物美控股集团有限公司（以下简称物美集团）收购中国国际旅行社总社（以下简称国旅）持有的泰康人寿保险股份有限公司（以下简称泰康公司）5000 万股股份过程中，被告人张文中请求国旅总经理办公室主任赵某提供帮助，并答应给其好处费。在赵某的积极协调、帮助下，2002 年年底，物美集团以其关联公司北京和康友联技术有限公司的名义顺利收购了国旅持有的 5000 万股泰康公司股份。2003 年 1 月至 2004 年 2 月，物美集团的关联公司北京卡斯特经济评价中心以报销费用的方式支付赵某人民币 30 万元。

2. 2002 年，在被告单位物美集团收购广东粤财信托投资公司（以下简称粤财公司）持有的 5000 万股泰康公司股份过程中，被告人张文中向粤财公司总经理梁某承诺事成之后给予梁某个人好处费 500 万元。2003 年年底，物美集团以其关联公司华美现代流通发展有限公司的名义收购了粤财公司持有的 5000 万股泰康股份，张文中遂指使张某一通过北京敬业和康投资咨询中心向梁某支付人民币 500 万元。

二、挪用资金罪

1997 年 3 月，被告人张文中与中国国际期货有限公司董事长田某一、泰康人寿保险股份有限公司董事长陈某一（二人另案处理）商议挪用泰康公司的资金申购新股牟利，并约定所得盈利由三人按 3∶3∶4 的比例分配。随后，张文中指使张某一以北京卡斯特投资咨询中心向泰康公司借款的名义，从泰康公司转出人民币 4000 万元，由张某一具体负责申购新股事宜。期间，中国人民银行检查，张文中、陈某一、田某一为掩盖前期挪用资金事实，遂于 1997 年 7 月通过河南省国际信托投资公司又从泰康公司转出人民币 5000 万元，用于归还前次挪用款项。1997 年 8 月 19 日由张某一归还泰康公司人民币 4000 万元，同年 9 月 3 日和 9 日又分两次归还人民币 5000 万元。其间，共获利人民币 1000 余万元。

三、诈骗罪

2002 年年初，被告人张文中得知国家对重点企业、重点项目实行国债贴息补贴政策，遂与被告人张伟春、公司副总裁张某一等人商议此事，并委派张伟春到国家经贸委等部门进行了咨询。在得知该批国债贴息资金主要用于支持国有企业技术改造项目，物美集团作为民营企业不属于国债贴息资金支持范围的情况下，张文中与张伟春商量后决定以中国诚通公司（中央直属国有企业）下属企业名义进行申报。为此，张文中与中国诚通公司董事长田某一多次联系，田某一答应了张文忠的要求。在张文中的指使下，张伟春等人以虚假资料编制了物美集团技改项目可行性研究报告，以中国诚通公司下属企业名义上报国家经贸委。物流项目获得审批后，物美集团既未实施，也未向银行申请贷款；物美集团以信息化项目为名，以与和康友联公司签订虚假设备采购合同和开具虚假发票为手段，获得 1.3 亿元贷款，用于日常经营，未实施信息化项目。2003 年 10 月 29 日，财政部将 3190 万元国债贴息资金拨付到中国诚通公司，后中国诚通公司将该款汇入物美集团账户，物美集团即将该款用于偿还公司贷款。案发后，已追缴赃款 3190 万元。

检察院认为，被告单位物美集团、被告人张文中作为该公司法定代表人，在与国有公司经济往来中，违反国家规定给予国家工作人员财物；被告人张文中伙同他人利用职务上的便利，挪用泰康公司资金，进行经营活动，数额巨大。应当以单位行贿罪追究被告单位物美集团及被告人张文中的刑事责任，应当以挪用资金罪追究被告人张文中的刑事责任。

被告人张文中、张伟春以非法占有为目的，虚构事实，隐瞒真相，骗取国债贴息资金人民币 3190 万元，应当以诈骗罪追究被告人张文中、张伟春的刑事责任。

河北省衡水市中级人民法院于 2008 年 10 月 9 日作出刑事判决：认定张文中犯诈骗罪，判处有期徒刑 15 年，并处罚金人民币 50 万元；犯单位行贿罪，判处有期徒刑 3 年；犯挪用资金罪，判处有期徒刑 1 年；决定执行有期徒刑 18 年，并处罚金人民币 50 万元。对物美集团以单位行贿罪判处罚金人民币 530 万元。

宣判后，张文中、张伟春、物美集团均提出上诉。河北省高级法院改判张文中有期徒刑 12 年，并处罚金 50 万元。判决发生法律效力后，张文中向河北省高级人民法院提出申诉，河北省高级人民法院于 2015 年 12 月 21 日予以驳回。

两次减刑后，张文中在 2013 年重获自由。

2016 年 10 月，张文中向最高人民法院提出申诉。最高人民法院经审查后于 2017 年 12 月 27 日作出再审决定，提审本案。最高人民法院依法组成合议庭，于 2018 年 2 月 7 日召开庭前会议，于 2 月 12 日公开开庭审理了本案。

张文中的两位辩护人依然作无罪辩护，其辩护理由如下。

原审判决违背本案基本事实，违反《刑法》及最高人民法院有关司法解释的明文规定，作出张文中犯诈骗罪、单位行贿罪和挪用资金罪的判决结论完全错误，应当依法改判张文中无罪。

一、关于诈骗罪：张文中在物美集团申报国债贴息技改项目的过程中没有实施任何诈骗行为，不成立诈骗罪

辩护人认为：民营企业有资格申报 2002 年国债贴息技改项目，物美集团是国家重点支持的连锁经营企业，完全有资格获得国债贴息资金支持；物美集团所申报的项目已经全面实施，并且投入使用，发挥了巨大效益；张文中在物美集团申报国债贴息技改项目的过程中没有实施任何诈骗国债贴息资金的行为，根本不成立诈骗罪。下面分四个方面，详细阐述张文中不成立诈骗罪的理由及原审判决的错误所在。

（一）物美集团作为民营企业，有资格申报 2002 年国债贴息技改项目，根本无须冒充国有公司下属企业进行申报

尽管国债贴息技改项目最初重点是支持国有企业，但是，从 2002 年开始，国债贴息资金的支持范围开始扩展到民营企业、股份制企业等其他所有制的优势企业。在行业领域，国债贴息技改项目扩展到建材、汽车、流通等行业。物美集团作为当时流通行业的优势企业，完全有资格申报 2002 年国债贴息技改项目，以获得国债贴息资金支持。事实上，也确实有包括物美集团在内的多家非国有企业成功地申报到了 2002 年国债贴息技改项目，获得了国债贴息资金支持。

上述事实，有以下证据支持：

1. 证人证言 3 项。

（1）原国家经贸委贸易市场局局长黄某一的证言。黄某一当庭作出的证言证明，2002 年国债贴息技改项目允许民营企业申报。他当时以流通业专家的身份，参与了该行业国债贴息政策的制定，该政策没有对企业所有制作出规定或限制。物美是做得比较好的流通企业，而且还在上海推进流通业的大会上介绍经验，应该有资格申报国债技改项目。

（2）原国家经贸委投资与规划司工作人员李某一的证言。李某一证明，

2002 年第八批国债技改贴息项目支持重点包含流通业等领域,包括民营企业在内的各种所有制企业都有资格申报。(见李某一在 2018 年 1 月 25 日出具的《情况说明》)

(3)原国家经贸委投资与规划司司长甘某的证言。甘某证明,从 2002 年开始,国债贴息资金的支持范围在企业类型上有所松动,开始扩展到民营企业、股份制企业等其他所有制的优势企业。部分民营企业进入国债贴息计划。(见甘某 2009 年 2 月 9 日《关于物美申请 2002 年国债技术改造项目相关情况的说明》,以及甘某 2018 年 1 月 25 日《关于 2001 年国债技术改造项目相关情况的说明》)

2. 电子数据 1 项。

东方网 2001 年 11 月 16 日的新闻:《明年中国国债及该贴息将对各所有制一视同仁》。该电子数据记载,时任国家经贸委主任的李荣融同志表示:国家将按国际惯例改革国债技术改造贴息办法,对各种所有制企业施行国民待遇。

3. 书证 4 项。

(1)李荣融同志 2002 年 1 月 20 日在全国推进流通现代化工作现场会上的讲话《开拓创新锐意进取　扎实推进我国流通现代化》,证明 2002 年国家拟将物流配送中心建设和连锁企业信息现代化建设等,列入国债贴息项目给予重点支持。

(2)原国家经济贸易委员会投资与规划司 2002 年 2 月 27 日"投资〔2002〕075 号"《关于组织申报 2002 年国债技术改造项目的通知》及其附件。这些文件证明没有禁止民营企业申报 2002 年国债贴息技改项目,对国债投资重点行业之一的"物流业",规定的是"选择一批实力较强的大型连锁企业和物资、运输等传统物流企业,围绕信息化管理、仓储设施、经营规模等进行改造,使其向集团化方向发展"。该通知的内容可以证明涉案项目申报条件并没有区分企业的所有制性质。

(3)原国家经贸委贸易市场局改革指导处统计的《2002 年全国前 30

名零售、餐饮业连锁企业经营情况统计表》。该统计表证明当时大型连锁企业半数以上都是民营企业，物美在其中属于排名靠前的优势企业，符合"投资〔2002〕075号"文件规定的申报条件。

（4）原国家经济贸易委员会等七部门于2003年3月17日联合下发的"国经贸投资〔2003〕297号"《关于下达2003年第二批国债专项资金国家重点技术改造项目投资计划的通知》及其附件。该通知及其附件记载了获得2002年国债贴息资金支持的企业及其技改项目，证明在获得2002年国债贴息技改项目的企业中，除物美集团外，还有黑龙江哈尔滨圣泰制药有限公司、江苏盐城丰东热处理有限公司、浙江恒逸集团有限公司、浙江美欣达印染股份有限公司、横店集团控股有限公司、天津宝迪农业科技股份有限公司等六家非国有企业。

在上述证据中，甘某当时任国家经贸委投资与规划司司长，负责制定国债贴息政策；李某一当时任投资与规划司主任科员，负责组织国债贴息技改项目的具体工作；黄某一当时任贸易市场局局长，负责对申报的流通业项目把关。他们关于2002年民营企业是否有资格申报国债贴息技改项目的说法显然是具有权威性的。而且，他们的说法与原国家经贸委投资与规划司2002年2月27日"投资〔2002〕075号"文件内容，以及2002年国债贴息技改项目的实际审批结果也是相符合的。这些书证与证人证言互相印证，充分证明了民营企业有资格申报2002年国债贴息技改项目，物美集团的自身实力和项目本身也符合申报条件，有资格获得国债贴息资金支持。

原审判决认定物美集团作为民营企业没有资格申报2002年国债贴息技改项目的主要证据包括：（1）张伟春及张文中的原供述。（2）证人李某一、李某二的证言。（3）原国家经济贸易委员会、原国家发展计划委员会、财政部、中国人民银行"国经贸投资〔1999〕886号"《关于印发〈国家重点技术改造项目管理办法〉〈国家重点技术改造项目国债专项资金管理办法〉的通知》（以下简称"国经贸投资〔1999〕886号"《通知》）。（4）原国家经贸委投资与规划司《关于下达第八批国债技改项目计划的请示》。

原审判决所依据的上述证据存在以下问题：（1）张伟春、张文中在侦查阶段的供述本来就自相矛盾，已经被他们自己后来的说法推翻，而且后来都明确强调民营企业完全有资格申报 2002 年国债贴息技改项目（见 2007 年 1 月 7 日张伟春《关于北京物美集团申报国债项目有关问题的情况汇报》，以及 2008 年 9 月 24 日一审《开庭笔录》）。（2）李某一已经改变了其原来的说法，明确指出民营企业有资格申报 2002 年国债贴息技改项目。在此需要说明的是，原审判决认定民营企业没有资格申报 2002 年国债贴息的主要证据就是李某一的证言。而现在，李某一已经用新的证言否定了其过去的说法，且其新的证言内容与原国家经贸委的有关文件的规定和国债贴息项目的实际审批结果是吻合的。（3）李某二的证言与 2002 年第八批国债贴息技改项目的实际审批结果不符，与黄某一、李某一、甘某的证言矛盾，因而证明力十分微弱。民营企业是否有资格申报 2002 年国债贴息技改项目，不能以李某二或者其他人的说法为准，而应当以有关文件规定和实际申报结果为准。（4）原国家经贸委投资与规划司于 2002 年 2 月 27 日下发了"投资〔2002〕075 号"《通知》，民营企业是否有资格申报 2002 年国债技术改造项目，应当以该通知为准，而不能以"国经贸投资〔1999〕886 号"《通知》为准。然而，"投资〔2002〕075 号"《通知》的内容被原审判决刻意回避，在判决书中只字未提。（5）原国家经贸委投资与规划司《关于下达第八批国债技改项目计划的请示》中，只是提到根据领导指示精神，剔除了 8 个不符合要求的中外合资企业和私营企业的项目，并没有剔除所有的"中外合资企业"和"私营企业"申报的项目，更没有剔除物美集团这类"中外合资企业"和"私营企业"之外的其他非国有企业申报的项目。（见 2002 年 6 月 24 日《国家经贸委签报专用单》）因此，该请示的内容不能证明民营企业没有资格申报 2002 年国债技改项目。

总之，原审判决认定物美集团作为民营企业没有资格申报 2002 年国债贴息技改项目的证据或者已被推翻，或者与更权威的说法以及实际审批结果不符，不具有证明力，得出的结论也是不能成立的。

既然民营企业有资格申报 2002 年国债技改项目，物美集团作为大型连锁企业中排名靠前的优势民营企业完全符合申报条件，就没有任何理由冒充国有公司的下属企业进行申报，而张文中更不可能作出让物美集团冒充国有公司下属企业进行申报的荒唐之举。

（二）物美集团通过诚通公司递交项目申报材料是由物美集团高层会议决定的，后来还通过董事会决议予以确认，在当时是允许的，不存在张文中决定物美集团以诚通公司下属企业的名义申报国债贴息技改项目的事实

物美集团通过诚通公司递交项目申报材料的基本过程如下：2002 年年初，张文中在得知国家经贸委在组织申报 2002 年国债技术改造项目后，基于其从 2002 年 1 月 20 日在上海召开的全国推进流通现代化工作现场会上了解到的情况，决定物美集团积极参加申报，并派张伟春到原国家经贸委了解申报项目的具体情况。张伟春反馈回来的信息是：（1）物美集团有资格申报，可以通过两条途径提交项目申报材料，一条是通过地方经贸委申报，另一条是通过央企申报。（2）通过央企比较便捷，比通过地方经贸委申报能节省时间。（3）根据物美集团与央企诚通公司之间的关系，可以通过诚通公司上报项目申报材料。事实上，物美集团与诚通公司当时确实存在间接持股以及其他关联关系，可以通过诚通公司递交项目材料。张文中在确认物美集团可以通过诚通公司递交项目申报材料后，召开物美集团高层会议讨论决定，物美集团通过诚通公司递交项目申报材料，后来又召开董事会形成决议，决定申报信息现代化建设和第三方物流改扩建两个项目，并通过诚通公司递交项目申报材料，并委派张伟春代表物美集团向诚通公司和国家经贸委汇报。在征得诚通公司董事长田某一等人同意和支持后，物美集团通过诚通公司递交了项目申报材料。在此过程中，物美集团纯粹是将诚通公司作为其上报项目材料的渠道，而从未将物美集团视为诚通公司的下属企业，更不存在张文中决定物美集团以诚通公司下属企业的名义申报项目的事实。

上述事实有以下证据证明。

1. 张伟春的辩解。

张伟春称：（1）物美集团只是通过诚通公司递交项目申报材料，而不是以诚通公司下属企业的名义申报项目。（2）申报项目有两条路径。（3）经贸委的工作人员了解了物美集团与诚通公司的股权关系后，认为如果诚通公司同意，物美集团可以通过诚通公司上报项目材料。（4）他不知道物美集团必须是诚通公司的下属企业才能通过诚通公司提交项目申报材料。（见 2007 年 10 月 7 日张伟春《关于北京物美申报国债项目有关问题的情况汇报》以及 2008 年 9 月 24 日一审《开庭笔录》）

2. 张文中的辩解。

张文中证明他知道物美集团有资格申报国债技改项目，他认为物美集团与诚通公司存在股权关系等关联关系，可以通过诚通公司递交国债技改项目申报材料；通过诚通公司递交项目申报材料是物美集团董事会的决定；他并不知道物美集团必须以诚通公司下属企业的名义递交项目申报材料；他没有参与和关注具体申报工作，对申报过程中的物美集团《国债技改企业基本情况表》中相关内容一无所知。（见 2008 年 9 月 24 日一审《开庭笔录》，以及 2007 年 10 月 9 日张文中《讯问笔录》）

3. 证人黄某一的证言。

黄某一证明在物美集团与诚通公司之间当时存在股权关系的情况下，物美集团可以通过诚通公司递交项目申报材料。

4. 证人李某二的证言。

李某二证明当时只要物美集团里有诚通公司的股份，就可以视为诚通公司的下属企业，通过诚通公司递交项目申报材料是可以的。

5. 原诚通公司董事长田某一的证言。

田某一证明诚通公司只是为物美集团上报项目材料提供一个渠道，不负责帮物美集团跑经贸委。（见 2007 年 1 月 23 日田某一《讯问笔录》）

6. 时任中国国际期货经纪有限公司党委书记宫月云的证言。

宫月云证明在诚通公司的发展和宣传中，对物美集团很重视，曾将物美作为自己的子公司对外宣传。物美党组织关系和干部大学生人事档案在中国国际期货经济有限公司保管。（见 2007 年 9 月 11 日宫月云《调查笔录》）

7. 书证 4 项。

（1）《中国国际期货经纪有限公司 2002 年度股东会决议》。（2）诚通公司 2002 年第 5 次《董事会决议》。（3）2003 年 3 月 8 日《北京物美商业集团股份有限公司股东会决议》。（4）2007 年 10 月 26 日中国中期投资有限公司《关于诚通、中期及物美三者之间关系的说明》。

上述书证证明：（1）在 2002 年 6 月 20 日以前，诚通公司是中国国际期货经纪有限公司的股东。（2）在 2003 年 3 月以前，中国国际期货经纪有限公司是物美集团的股东。（3）在申报 2002 年国债技改项目时，诚通公司与物美集团之间存在间接持股的关系。

8. 证人证言 4 项。

（1）吴某一、王某一、张某一三人出具的《物美集团关于 2002 年通过诚通集团递交申报国债技改项目立项材料相关情况的说明》。（2）证人吴某一的证言。（3）证人王某一的证言。（4）证人张某一的证言。

上述证人证言证明物美集团当时是将诚通公司作为申报国债贴息技改项目的一个渠道。

9. 书证。

物美集团 2002 年 9 月 28 日《董事会决议》。证明物美集团通过诚通公司递交项目申报材料经过了董事会讨论决定，而非张文中个人决定。

显然，物美集团通过诚通公司递交项目申报材料在当时并无不妥，物美集团高层及董事会决定通过诚通公司提交项目申报材料有充分的依据，不存在任何欺骗行为。至于原审判决作为认定物美集团冒充诚通公司下属企业的证据的《国债技改企业基本情况表》，张文中从未见过，也从未有人对他说过申报中有这样一张表，张文中对表中相关内容一无所知。原审法院也未能查明该表究竟是由谁填写的。因此，该表格与原审判决的认定结果之间不存在关联性。即使表格中关于物美集团的内容有不实之处，也不能证明张文中存在诈骗行为。而且，张文中在一审庭审中明确表示，如果他知道申报表格上要填写物美集团是诚通公司下属企业的内容，他就不会同意通过诚通公司申报。

总之，原审法院关于张文中与张伟春因明知民营企业没有资格申报，故商量后决定以诚通公司下属企业进行申报的，不但错误认定了本案事实，而且对物美集团通过诚通公司递交申报项目材料的行为性质作出了完全错误的判定。

（三）物美集团根据自身发展的需要，精心编制了信息现代化建设项目的可行性研究报告，并委托专业机构编制了第三方物流改扩建项目的可行性研究报告，张文中并未参与可行性研究报告的编制，更没有指使张伟春等人以虚假材料编制可行性研究报告

物美集团在通过诚通公司递交项目申报材料后，即安排张伟春负责项目资料的准备和项目可行性研究报告的编制。张伟春在负责编制项目可行性研究报告的过程中，根据物美集团经营和发展的需要，组织物美集团单位内部人员，同时还联系物流和信息行业其他单位的人员，帮助编制可行性研究报告，以保证工作质量。最终委托中商商业经济研究中心及中元国际投资咨询中心编制了长达90余页的《第三方物流改扩建项目可行性研究报告》，物美集团自己编制了长达80余页的《信息现代化建设项目可行性研究报告》。在编制可行性研究报告的过程中，张伟春从未提供过虚假材料，也从来没有要求他人提供过虚假材料。《第三方物流改扩建项目可行性研究报告》附件中的《规划意见书》，是张伟春根据编制物流项目可行性研究报告的中商商业经济研究中心工作人员的要求，申请通州规划局出具的；该报告中的另两张附图，张伟春根本不知道是谁加入的。张文中由于没有参与编制项目可行性研究报告的具体事务，不知道这些情况。

上述事实有下列证据证明。

1. 书证。

中商商业经济研究中心及中元国际投资咨询中心编制的物美集团《第三方物流改扩建项目可行性研究报告》，证明物美集团委托专业机构认真编制了物流项目的可行性研究报告。

2. 书证。

物美集团编制的《信息现代化建设项目可行性研究报告》，证明物美集团精心编制了信息现代化项目的可行性研究报告。

3. 书证。

《北京市通州规划局规划意见书》，证明该规划意见书是由通州区规划局出具，同意物美集团在通州区物流产业园区内建设商业项目，并确定了用地使用性质及用地面积。

4. 张某二的证言。

张某二证明张伟春只是要求通州规划局出具《规划意见书》，并未要求如何出具。（见 2006 年 12 月 26 日张某二《询问笔录》）

5. 张伟春的辩解。

张伟春称：（1）《规划意见书》是负责编制物流项目可行性研究报告的中商商业经济研究中心要求提供的，张伟春只是被动地接受该《规划意见书》。（2）虽然事后查明该《规划意见书》不符合要求，但它是由政府管理部门出具的，并不虚假，只是案发后查明内容不符合要求。（3）他根本无从知道其内容是否符合要求。（4）《第三方物流改扩建项目可行性研究报告》中的附图与作为可行性研究报告附件五的《规划意见书》无关，该附国是可行性研究报告独立的附件二和附件三，而不是《规划意见书》的附图。（5）有关附图不是他加入的。（见 2007 年 10 月 7 日张伟春《关于北京物美申报国债项目有关问题的情况汇报》以及 2008 年 9 月 24 日一

审《开庭笔录》）

6. 张文中的辩解。

张文中的辩解证明项目资料的准备和项目可行性研究报告的编制都是由张伟春负责的，他并没有审核，对项目可行性研究报告的内容不了解。（见2007年1月18日张文中《讯问笔录》，2008年9月24日一审《开庭笔录》）

7. 物美集团员工叶某某的证言。

物美集团发展部总监叶某某也证明，张文中没有过问物流项目资料准备工作。（见2007年10月21日叶某某《调查笔录》）

显然，无论是《第三方物流改扩建项目可行性研究报告》，还是《信息现代化建设项目可行性研究报告》，其内容都是根据物美集团自身经营和发展的需要编制的，是完全真实的，并且物美集团无论是否获得国债贴息支持，都是要实施这些项目的。至于《第三方物流改扩建项目可行性研究报告》附件中的《规划意见书》，是作为政府部门的通州规划局出具的，并不虚假。至于该《规划意见书》的内容是否符合要求，张伟春无从知晓。该报告附件中的另两张附图，张伟春则根本不知道是谁加入的。《规划意见书》和附图内容是否符合要求，是否虚假，都与张伟春无关，都不属于用虚假资料编制可行性研究报告，更谈不上是张文中指使张伟春用虚假材料编制可行性研究报告。原审判决根据该《规划意见书》和两张附图，认定张文中指使张伟春用虚假资料编制物美集团技改项目可行性研究报告完全背离了事实，是完全错误的。

（四）物美集团申报的两个国债贴息技改项目均已完成，物流项目因政策原因异地实施，目前物流项目合计建筑面积达到36万平方米，超过原计划的10倍；信息化项目已经全面实施，信息化水平已经居于全国前列。原审判决认定项目未实施与事实不符，不能成立

尽管从诈骗罪的犯罪构成要件来看，只要物美集团在申报国债技改项目的过程中没有实施虚构事实、隐瞒真相，诈骗国债贴息资金的行为，即便所获得的项目之后因故未能实施，也不能认定为诈骗，但是，物美集团在获得两个国债技改项目之后是否实施或者是否进行了相关努力，当然对进一步证实物美集团是否具有以申报项目之名骗取国家钱款很有意义。所以我们对此问题也作出详细说明。

事实是：物美集团申报的物流改扩建项目和信息现代化项目获批后，物美集团即开始积极推进项目的实施。

1. 信息现代化建设项目的主要内容已经实施，项目可行性研究报告的主要目标已经达到。

自 2002 年起，物美集团投入大量的人力、物力、财力实施"信息现代化建设项目"，截至 2007 年 8 月，已有 1.46 亿元投入项目，其中有近 6000 万元用于购置硬件。物美集团已基本实现了信息现代化，完成了"产业升级"的目标，并有力地支撑了物美集团从 2002 年开始的销售额快速增长。

具体表现在：

（1）自 2002 年起，物美集团信息现代化建设项目共完成以下七大子系统：①建立物美集团的经营组织、管理模式和运作方式；②完善物美集团的网络支撑系统；③建立物美集团信息技术系统总体框架；④实施各类业态的管理信息系统；⑤实施网络化财务管理系统；⑥实施供应链管理系统；⑦实施经营决策支持系统。以上七个子系统覆盖了 2002 年信息现代化建设项目可行性研究报告十个子系统的主要部分。

（2）2002 年信息现代化项目可行性研究报告计划建设的另外三项内容在分步实施或调整，其中：①电子商务系统推迟实施；②物流项目（信息现代化配套部分）调整以适应物流项目临时异地实施；③协作关系管理系统因数据难以统一，暂未实施。

（3）物美集团信息现代化项目已实际投资 14 623 万元，其中 5934 万元用于购置设备。之所以实际投资额低于可行性研究报告中的预算，主要原因在于：①硬件成本逐步降低，比如 POS 机 2002 年售价为 12 500 元／台，

2005 年降为 8500 元 / 台，2006 年降为 7100 元 / 台。②服务器投资减少。服务器共享，原计划每个系统都需要一个服务器，后经过研究变为多个系统共享一个服务器。同时服务器大幅降价。③电子商务系统推迟实施，其相应的硬件采购也推迟。④电子商务系统推迟，其相应软件费用未发生。⑤不可预见费 1200 万元因节约未发生。

2. 第三方物流改扩建项目虽然在推进过程中遇到了很大的客观障碍，但也通过异地实施的方式实现并远超过了当初申报时设定的目标。

尽管张伟春非常努力地推动物流项目的启动，但是，由于通州物流产业园区控制性详细规划迟迟未出，有关政策文件直到 2003 年 8 月 19 日才下发，而在此之前物美集团与通州物流园区无法进行项目用地的实质性谈判，阻滞了物美集团的物流项目用地谈判，加之"非典"因素，致使项目推进延迟，由此导致物美集团的物流项目用地实质性谈判只能在 2003 年 8 月 19 日以后才进行。而此时，国家已经在大力整顿物流园区，北京市及各区县政府均暂停审批新设立和扩建各类开发区、园区。通州物流产业园区项目用地经整顿后由租改售，致使项目原有的实施基础发生重大改变。物流项目被迫异地实施，其中包括大红门物流中心、百子湾物流中心以及天津杨台物流中心。

这些异地实施的项目，在功能上与计划在原项目地点实施的物流项目基本相同，所发挥的作用也相同，满足了当时以及近年物美集团发展的需要。

物美集团于 2004 年年初至 2005 年 7 月，将原准备在通州物流园区建设的物美物流改扩建项目改为在北京百子湾、大红门、天津杨台等地陆续建设，使物美集团在国内流通业率先采用第三方物流支持连锁店铺的商品配送，集团配送中心面积从 2002 年的不足 1 万平方米扩建到 3.35 万平方米，达到了 2002 年物美集团第三方物流改扩建项目所设定的目标，持续提升了物流技术水平，实现了物流和仓储能力的升级，支持了物美集团 2003—2005 年销售的快速增长。实现了当初申报第三方物流改扩建项目设定的目标。

由于异地实施，物美集团多次努力与银行沟通进行项目变更。在没有取得项目贷款的情况下，物美集团使用自有资金和银行流动资金贷款继续实施项目。2004—2007年，物美向中国农业银行申请项目变更办理变更贷款的同时，还向中国农业银行申请短期流动资金贷款，以支持物美集团的日常经营，同时也包含支持物流改扩建项目的实施。其中2004年至2005年贷款发生额约12.9亿元人民币。

上述事实有下列证据和材料证明：

1. 书证。

物美集团编制的《信息现代化建设项目可行性研究报告》。（见2002年9月物美集团《信息现代化建设项目可行性研究报告》）证明该项目的主要建设内容包括十大项，分别是：（1）建立快速适应市场变化的物美集团经营组织及管理模式和运作方式。（2）完善物美集团的网络支撑系统。（3）建立物美集团信息技术系统总体框架。（4）实施各类业态的管理信息系统。（5）建设物美集团物流中心，实施现代物流系统。（6）实施协作关系管理系统。（7）实施网络化财务管理系统。（8）实施供应链管理系统。（9）实施电子商务应用系统。（10）实施经营决策支持系统。项目总投资为19 780万元人民币，其中，企业自筹6780万元，银行贷款13 000万元。

2. 书证。

物美集团2008年9月编制的《物美2002年信息化建设项目总结》，证明自2002年起，物美集团投入大量的人力、物力、财力实施"信息现代化建设项目"，申报的信息化项目的主要内容已经实施，项目可行性研究报告的主要目标已经达到。

3. 书证。

中商商业经济研究中心及中元国际投资咨询中心编制的物美集团《第三方物流改扩建项目可行性研究报告》，证明物流项目建成后，物流配送中心的主要物流仓储功能性建筑为：干品区32 000平方米，冷冻区（架）

3000 平方米，冷冻区（平放）5000 平方米，冷藏区 1200 平方米，共计 41 200 平方米。

4. 书证。

中国物流与采购联合会专家评审组 2009 年 3 月 17 日出具的《关于物美集团"中国物流实验基地"及物流改扩建完成情况的专家评定意见》，证明物美集团的物流项目被迫异地实施后，这些异地实施的项目，在功能上与计划在原项目地点实施的物流项目基本相同，所发挥的作用也相同，满足了物美集团发展的需要。

5. 书证 6 份。

（1）2003 年 3 月 18 日中华人民共和国住房和城乡建设部"国土资发〔2003〕45 号"《国土资源部关于清理各类园区用地加强土地供应调控的紧急通知》。（2）2003 年 7 月 28 日北京市人民政府办公厅"京政办发〔2003〕40 号"《北京市人民政府办公厅转发国务院办公厅关于暂停审批各类开发区文件的通知》。（3）国务院办公厅 2003 年 7 月 30 日"国办发〔2003〕70 号"《关于清理整顿各类开发区 加强建设用地管理的通知》。（4）2003 年 12 月 30 日中华人民共和国住房与城乡建设部"发改外资〔2003〕2343 号"《关于清理整顿现有各类开发区的具体标准额政策界限的通知》。（5）2003 年 9 月 10 日中华人民共和国住房与城乡建设部"建规〔2003〕178 号"《关于进一步加强与规范各类开发区规划建设管理的通知》。（6）国务院"国发明电〔2003〕7 号"《国务院关于加大工作力度进一步治理整顿土地市场秩序的紧急通知》，这些文件证明物美集团的物流项目在推进过程中，国家调整物流园区用地政策，致使项目原有的实施基础发生重大改变。

6. 书证。

2003 年 8 月 14 日北京市规划委员会"市规发〔2003〕1113 号"《关于北京通州物流产业园区控制性详细规划的批复》，证明通州物流产业园区规划直至 2003 年 8 月才作出，阻滞了物美集团的物流项目用地谈判，致使项目推进搁浅。

7. 书证。

物美集团 2004—2007 年中国农业银行贷款明细表，证明在 2004—2007 年物美向中国农业银行申请项目变更办理变更贷款的同时，还向中国农业银行申请短期流动资金贷款，以支持物美集团的日常经营，同时也包含支持物流改扩建项目的实施。其中 2004—2005 年贷款发生额约 12.9 亿元人民币。

8. 言词证据 4 份。

（1）张伟春的辩解（见 2007 年 10 月 7 日张伟春《关于北京物美申报国债项目有关问题的情况汇报》）。（2）证人李某五证言（见 2008 年 9 月 21 日李某五《调查笔录》）。（3）证人吴某一证言（见 2007 年 10 月 21 日吴某一《调查笔录》）。（4）证人蒙某某的证言（见 2008 年 9 月 21 日蒙某某《调查笔录》）。以上证人证言可以证明通州物流产业园区项目用地在经整顿后由租改售。

显然，原审判决认定两个项目没有实施与实际情况完全不符，不能成立。

综上所述，现有证据已经充分证明，张文中在物美集团申报国债贴息技改项目的过程中，没有实施任何诈骗行为。原审判决用以认定张文中犯诈骗罪的全部事实根据，没有一项是真实的或者与其作出的判决结论有关联性，原审判决关于张文中犯诈骗罪的结论，当然也是完全错误的，应当依法予以纠正。

二、关于单位行贿罪，我们的辩护观点是：涉案的 30 万元是给赵某的报酬，涉案的 500 万元是给李某三的中介费，且不是由物美集团支付；而且，收购国旅总社股份的是和康友联，收购粤财公司股份的是华美公司，物美集团在本案中不具备单位行贿的主体要件，不成立单位行贿罪，相应地，张文中也不成立单位行贿罪

原审判决认定张文中犯单位行贿罪的所谓"事实"前文已述，我们认为，涉案的两笔资金均不属于贿赂。其中，卡斯特经济评价中心支付给赵某的 30 万元，是赵某代表和康友联出任泰康公司监事以及代表华美现代流通发展有限公司（以下简称华美公司）出席泰康公司股东大会等服务的报酬；北京敬业和康投资咨询中心付给李某三公司的 500 万元，是给李某三的中介费。物美集团在本案中不具备单位行贿的主体要件，不成立单位行贿罪，相应地，张文中也不可能成为单位行贿罪的责任主体。原审判决认定张文中犯单位行贿罪是完全错误的。

（一）给赵某的 30 万元是其为和康友联、华美公司和物美集团工作应得的报酬；在国旅总社转让所持泰康公司股权的过程中，赵某仅代表国旅总社负责联络工作，并没有为物美集团提供帮助，物美集团没有理由给赵某 30 万元好处费

1.给赵某的 30 万元是其为和康友联、华美公司和物美集团工作应得的报酬。

国旅总社 2002 年年底转让其泰康公司的股份后，经张文中推荐，赵某转而代表和康友联担任泰康公司监事。自 2002 年年底起，赵某为和康友联、华美公司及物美集团做过大量工作。具体包括：（1）自 2002 年 12 月起就作为和康友联的股东代表担任泰康公司监事。（2）自 2003 年起，和康友联多次委托赵某作为股东代表出席泰康公司股东大会和临时股东大会。（3）自2004年4月起，赵某由监事转为董事，仍为和康友联推荐，参与泰康公司发展战略、经营管理、高管聘任等重要经营管理，直到2008年4月。（4）自2003年粤财公司转让所持泰康公司股份后，赵某长期代表华美公司参加泰康公司股东大会，进行投票表决。（5）帮助物美集团购买新街口大厦、设计卖场布局。而赵某在从事这些工作期间，除了涉案的30万元，没有收到过有关单位给他的任何其他报酬。因此，涉案的30万元显系其工作报酬，而非好处费。否则，赵某就是多年在帮和康友联和华美公司等单位义务劳动，这显然是不合常理的。

上述事实，有以下证据证明。

（1）书证1组，共34份。

内容为泰康公司2003—2008年股东大会及临时股东大会《签到册》《股东代表委托书》《授权委托书》《股东表决投票单》《股东投票表决记录单》《董事候选人提名函》《股东大会表决票》等，上述材料证明赵某自2002年年底起，为和康友联和华美公司做了大量工作，具体包括和康友联多次委托赵某作为股东代表参加泰康公司股东大会，同时还作为华美现代流通发展有限公司的股东代表出席股东大会，行使投票表决等股东权利。

（2）书证。

和康友联2008年9月18日出具的《证明》，证明经张文中推荐，和康友联自2003—2007年年底一直聘请赵某代表和康友联担任泰康公司的监事、董事，应付赵某的报酬不低于25万元，但和康友联没有支付过他任何报酬，这些费用是由其股东卡斯特承担的。

（3）书证。

泰康公司2009年3月18日出具的《关于赵某在泰康人寿保险股份有限公司任职情况的补充说明》。证明赵某于2002年12月国旅总社完成股权转让后，即作为和康友联代表继续担任泰康公司监事；2004年4月起，赵某经和康友联提名，担任泰康公司董事；赵某担任泰康公司监事、董事期间没有薪酬。

（4）赵某的证言。

赵某证明 30 万元是劳务费，赵某帮和康友联、华美公司、物美集团等做过大量工作，除了涉案的 30 万元，他没有得到过物美及其关联公司的任何报酬。

（5）刘某某的证言。

刘某某证明赵某从 2002 年年底国旅总社转让股权后，即代表和康友联担任泰康公司的监事，2004 年 4 月又被和康友联推荐为董事。

（6）张文中的辩解。

张文中的证言证明给赵某的 30 万元是劳务费。

2. 在国旅总社转让所持泰康公司股权的过程中，赵某仅代表国旅总社负责联络工作，并没有为物美集团提供帮助，物美集团没有理由给赵某 30 万元好处费。

原审判决认定赵某"告诉张文中国旅总社确定的谈判底价是每股 1.45 元，为张文中谈判提供了重要信息"，帮了物美集团大忙，据此进而认定 30 万元是给赵某的好处费。实际情况却是：赵某告诉张文中国旅总社的交易底价为每股 1.45 元，是国旅总社为了让交易成功，在谈判过程中必然要向收购方报出的最终价格，是国旅总社达成交易的必要步骤，赵某是在为国旅总社服务而不是帮物美集团的忙。理由如下。

第一，国旅总社因为要兴建位于北京市东四南大街 1 号的新办公大楼资金紧张，想主动出售其所持有的泰康公司股份。这一事实有赵某的供述及泰康公司董事长陈某一的证言证明。赵某的供述称：国旅总社当时因建新办公大楼资金比较紧张，准备将持有的 5000 万股泰康公司股份转让，希望泰康公司董事长陈某一找到受让方。当时双方的谈判和出价情况是：由于当时泰康公司的净资产只有每股 1 元，而且不盈利，物美方面希望不高于每股 1.2 元，国旅总社的心理底价是每股 1.45 元。陈某一的证言说：国旅总社因办公大楼装修急需资金，决定将持有的 5000 万股泰康股份转让。在陈某一告知赵某张文中愿意收购后，国旅总社总经理李某七等人与陈某一见了一面，表示同意向物美集团转让股权，并提出每股按 1.5 元转让（见陈某一于 2007 年 1 月 24 日作出的询问笔录第 3 页）。

第二，国旅总社在赵某向张文中通报每股 1.45 元的最终报价前，已经向物美集团报出过每股 1.5 元的价格，但物美集团没有接受，他们希望的成交价格仅为每股 1.2 元，双方报价差距很大。在这种情况下，国旅总社于 2002 年 2 月 28 日领导班子会议决定授权总办、财务部在 1.45 元至 1.5 元区间之内和物美谈判（见李某七 2008 年 9 月 15 日调查笔录第 2 页）。此时，物美仍然坚持每股 1.2 元的价格，如果国旅总社不报出自己每股 1.45 元的最低价，交易就难以成功。而国旅总社又很想卖掉其持有的泰康公司股份。此时，国旅总社唯一能做的只有告诉物美集团每股 1.45 元是他们的最低价。正因如此，国旅总社总经理李某七才说 1.45 元的价格就是谈判者告诉对方也无所谓（见李某七于 2008 年 9 月 15 日所作调查笔录）。显然，赵某作为国旅总社负责联络的人向物美集团报出这个价格，是在努力帮助本单位达成这笔交易，而不是帮助物美集团。因此，如果说帮助，赵某其实是帮着国旅做了张文中的工作，最终接受了国旅的报价。而这个国旅总社的所谓底价，实际上已经明显高于股权价值，是国旅想努力实现的成交价格。因此，国旅总社最终以该价格将其股权转给和康友联，可以说是卖了个好价钱，远远超出了收购方本来想要的收购价格，这证明赵某帮的是国旅总社而不是物美集团或者和康友联。

第三，张文中从来没有说过赵某向他通报国旅总社的最低价是在帮物美集团的忙。在张文中的讯问笔录中，从未说过赵某曾向他说过国旅总社拟出让的价格范围，只说双方谈判时，国旅总社报价较高，物美集团报价较低，最后确定的价格向国旅总社提出的价格倾斜，但具体价格记不清楚了（见张文中 2007 年 3 月 15 日讯问笔录第 2 页）；说赵某帮了什么忙时，张文中也根本没有提到赵某告诉他国旅底价的事（见张文中 2007 年 3 月 15 日讯问笔录第 4 页）。可见他也根本不认为赵某告诉他国旅的底价是在帮物美集团的忙。

综上所述，在国旅总社转让其持有的泰康公司股份的过程中，赵某仅代表国旅负责联络工作，为国旅总社出售股权服务，并没有为物美集团提供帮助，原审判决认定赵某"告诉张文中国旅总社确定的谈判底价是 1.45 元，为张文中谈判提供了重要信息"不符合事实，不能成立。既然赵某在股权转让中没有为物美集团提供帮助，物美集团就没有理由给赵某 30 万元好处费，从而印证了涉案的 30 万元不属于给赵某的好处费，而是赵某的工作报酬。

（二）敬业和康打到李某三公司账上的 500 万元，是收购方付给李某三的中介费，而不是给梁某的好处费，梁某事实上也没有收这笔钱，并且否认这笔钱是给他的好处费；梁某在股权转让过程中不但没有给收购方提供帮助，而且设置了许多障碍，收购一方没有理由给梁某好处费，梁某事实上也没有收这笔钱，并且否认这笔钱是给他的好处费

1. 敬业和康打到李某三公司账上的 500 万元，是收购方付给李某三的中介费，而不是给梁某的好处费，梁某事实上也没有收这笔钱，并且否认这笔钱是给他的好处费。

此事的大致经过为：2002 年，张文中得知粤财公司准备转让他们持有的泰康公司 5000 万股权，有意收购。由于张文中与梁某不熟，而李某三有处置资产方面的经验，加之粤财公司将转让股权之事公开挂牌交易，李某三告诉张文中有恶意抬价的可能，张文中于是委托李某三负责信息咨询，防止恶意抬价。华美公司收购粤财公司所持泰康公司股权后，敬业和康支付了李某三公司中介费 500 万元。在此过程中，梁某从未表示愿意收取好处费，而是认为这 500 万元与他无关，事实上也从未收过任何钱。上述事实有下列证据证明：

（1）张文中的辩解。

张文中称证明涉案的 500 万元是给李某三（亦即相关笔录中的李某某）的中介费。

（2）李某三的证言。

李某三证明涉案的 500 万元是给他的中介费，该笔资金到李某三公司的账上后，李某三将这 500 万元作为公司的收入入账并纳税。

（3）梁某的证言。

梁某证明其从未收到涉案的 500 万元，也从不认为这 500 万元和他有关系，自始至终不存在受贿的故意和行为。

2. 梁某在股权转让过程中不但没有给收购方华美公司提供帮助，而且设置了许多障碍，收购方没有理由给梁某好处费。

在股权转让的谈判过程中，华美公司曾于 2002 年 10 月 29 日和 11 月 25 日两次向粤财公司发出受让股份函，开价分别为每股 1.35 元和 1.4 元，均高于每股净权益（见华美公司 2002 年 10 月 29 日《关于转让泰康股份的函》以及 2002 年 11 月 25 日《关于接受转让泰康股份的函》），但梁某并没有为华美公司说话，而是主张继续谈（见有梁某等粤财公司领导签署意见的华美公司 2002 年 10 月 29 日《关于转让泰康股份的函》）。更有甚者，梁某还于 2002 年 11 月 22 日提议将粤财公司持有的泰康公司股权放到广州产权交易中心挂牌（见粤财公司 2002 年 11 月 5 日签报第 1 页上梁某于 2002 年 11 月 22 日所作的批示），以致粤财公司委托广州产权交易所于 2002 年 12 月 30 日公开以底价为每股 1.45 元的价格进行挂牌转让（见粤财公司与广州产权交易所 2003 年 1 月 2 日签订的"股份交易委托合同书"、广州产权交易所 2006 年 12 月 21 日"关于泰康人寿股份挂牌情况的说明"，以及《广州日报》2002 年 12 月 30 日 B12 版《广州产权交易所公告》）。在挂牌约一个月之久仍无人摘牌，以致挂牌交易失败的情况下，粤财公司才于 2003 年 3 月 20 日接受了华美公司于 4 个月前提出来的每股 1.4 元的开价，双方正式签订了股权收购协议。从整个交易过程可以看到，华美公司收购粤财公司持有的泰康公司股权是公开、公正、透明的，成交价格也是公平合理的，而梁某不但没有给华美公司提供任何照顾，发挥任何作用，反而给华美公司收购制造了很大困难和变数。在整个谈判过程中，梁某从来没有给张文中提供帮助（见 2006 年 12 月 21 日韩某询问笔录第 2 页、蔡某询问笔录第 3 页）。

既然梁某自始至终没有受贿的意图和行为，也没有给华美公司提供任何帮助，而只是增加障碍，他就不可能向陈某一和李某三传递出受贿的信息，陈某一和李某三所谓的要张文中支付梁某的好处费的说法也就成了无源之水，根本不可信，收购方也没有理由给梁某好处费。因此，认定涉案的 500 万元系给梁某的单位行贿款不但证据明显不足，而且明显违背常理，不能成立。

最高人民法院 2012 年 12 月 20 日发布的《刑诉法司法解释》第 83 条规定："审查被告人供述和辩解，应当结合控辩双方提供的所有证据以及被告人的全部供述和辩解进行。""被告人庭前供述和辩解存在反复，但庭审中供认，且与其他证据相互印证的，可以采信其庭审供述；被告人庭前供述和辩解存在反复，庭审中不供认，且无其他证据与庭前供述印证的，不得采信其庭前供述。"本案中，张文中的庭前供述和辩解均存在反复，庭审中又不供认，且相关证人也推翻了其以前的证言，以致其他证据与其庭前供述也无法印证。因此，显然不能再采信其庭前供述。

同时，根据《刑事诉讼法》第 53 条的规定，只有在证据确实充分的情况下，才能认定被告人有罪。证据确实充分，应当符合以下条件：（1）定罪量刑的事实都有证据证明。（2）据以定案的证据均经法定程序查证属实。（3）综合全案证据，对所认定事实已排除合理怀疑。而本案中，对比全案证据，可以发现据以认定张文中存在单位行贿行为的证据根本未能查证属实，大量的证据所反映的事实与这些证据是矛盾的，据以定罪的证据远未达到排除合理怀疑的程度。相反，证明涉案行为不构成犯罪的证据却更加确实充分。因此，原审判决认定涉案的 30 万元和 500 万元系分别给赵某和梁某的好处费的证据明显不足，不能成立。

（三）本案中，物美集团不具备单位行贿罪的主体要件，不成立单位行贿罪，相应地，张文中也不可能成为单位行贿罪的责任主体

根据《刑法》第393条的规定，单位行贿罪，是指单位为牟取不正当利益而行贿，或者违反国家规定，给予国家工作人员以回扣、手续费，情节严重的行为。因此，成为单位行贿罪主体的，只能是给予了国家工作人员贿赂或者回扣、手续费的单位。

而本案中，收购国旅总社所持泰康公司股份的，是和康友联；支付收购资金的是和康友联；获得对应股份分红的，也是和康友联；付给赵某钱的，是卡斯特经济评价中心。收购粤财公司所持泰康公司股份的，是华美公司；支付收购资金的是华美公司；获得对应股份分红的，也是华美公司；给李某三公司账上汇款500万元的，是敬业和康。也就是说，本案中，无论是股权收购方，收购获益方，还是向有关人员付费方，均不是物美集团。

上述事实，有以下证据证明：

1. 书证2份。

（1）和康友联与国旅总社签订的《股权转让协议》。（2）保监会"保监变审〔2002〕109号"《关于泰康人寿保险股份有限公司股权转让的批复》。这两份书证证明国旅总社将其5000万股泰康公司的股份转让给了和康友联。

2. 书证2份。

（1）华美公司和粤财公司签订的《股权转让协议》。（2）保监会"保监〔2003〕100号"《关于泰康人寿保险股份有限公司股权转让的批复》。这两份书证证明粤财公司将其5000万股泰康公司股份转让给了华美公司。

3. 书证3份。

（1）华美公司2002年10月29日出具的《关于转让泰康股份的函》。（2）粤财公司投资部2002年11月5日给总经理的《签报》。（3）华美公司2002年11月25日出具的《关于接受转让泰康股份的函》。这些书证证明与粤财公司谈判转让股权的是华美公司，而不是物美集团。

4. 书证 5 份。

泰康公司《2008 年股东大会决议》、华美公司及和康友联《分红款支付指令》、泰康公司《付款回单》、银行《付款系统专用凭证》、华美公司及和康友联《记账凭证》。这些书证证明泰康公司 2008 年股东分红分别支付给了华美公司及和康友联。

5. 书证 1 份。

赵某在卡斯特经济评价中心报销的发票，该发票证明付款给赵某的是卡斯特经济评价中心，而不是物美集团。

6. 书证 1 份。

敬业和康向李某三的广州华艺广告公司、华艺文化有限公司的转账凭证，该凭证证明向李某三付款的是敬业和康，而不是物美集团。

既然物美集团既不是股权转让中的受让方，也不是获益方，尤为重要的是，其也不是涉案的 30 万元和 500 万元两笔资金的付款方，那么，认定物美集团为单位行贿的主体，显然与事实完全不符，明显不当。相应地，认定张文中为物美集团单位行贿罪的责任主体也是错误的。

三、关于挪用资金罪，我们的辩护意见是：涉案的 4000 万元资金完全是以单位的名义借出，由单位使用的，资金始终在单位和单位之间流转，没有经过任何个人账户，也没有给任何个人使用过，不具备挪用资金罪的构成要件，不构成犯罪

根据《刑法》第 272 条的规定，构成挪用资金罪必须是"挪用本单位资金归个人使用或者借贷给他人"。同时，根据 2000 年 7 月 27 日起施行的最高人民法院《关于如何理解〈刑法〉第 272 条规定的"挪用本单位资金归个人使用或者借贷给他人"问题的批复》，"挪用本单位资金归个人使用或者借贷给他人"是指"挪用本单位资金归本人或者其他自然人使用，

或者挪用人以个人名义将所挪用的资金借给其他自然人和单位"。基于《刑法》及有关司法解释的上述规定，发生在单位和单位之间的资金往来，不可能构成挪用资金罪。而本案现有证据能够充分证明，涉案的4000万元资金于1997年3月27日由泰康公司划转到卡斯特投资咨询中心，一直由卡斯特投资咨询中心使用，于1997年8月19日由卡斯特投资咨询中心转回泰康公司，其出借、使用和归还完全发生在单位之间，不具备挪用资金罪的基本特征。

（一）涉案的4000万元资金于1997年3月27日由泰康公司划转到卡斯特投资咨询中心在北京证券交易中心开立的账户上，然后转到了国泰证券北京方庄营业部卡斯特投资咨询中心股票交易账上，没有经过任何个人账户，也没有给任何个人使用过，完全是单位借给单位，而且两个单位之间就资金使用和收益签订了委托协议

证明上述事实的证据有：

1. 书证3份。

（1）泰康公司2006年12月5日《关于与北京卡斯特投资咨询中心委托国债投资收益的情况说明》。（2）泰康公司与卡斯特投资咨询中心1997年3月27日签订的《委托投资国债协议》。（3）泰康公司与卡斯特投资咨询中心1997年3月27日签订的《抵押合同》。这3项书证均证明，涉案的4000万元资金的使用主体是两个公司，即泰康公司和卡斯特投资咨询中心双方，不存在"挪用本单位资金归本人或者其他自然人使用，或者挪用人以个人名义将所挪用的资金借给其他自然人和单位"的问题。

2. 书证4份。

（1）泰康公司支票请领单。（2）转账支票存根。（3）泰康公司转账支票。（4）泰康公司银行存款日记账以及记账凭证。这4份书证证明：涉案的4000万元资金是由泰康公司直接转出，并且由该公司财务人员在公司账目上作出了明确记载，该资金动用行为无疑属于单位行为。

3. 书证 3 份。

（1）1997 年 3 月 27 日北京证券交易中心进账单。（2）国泰证券北京方庄营业部客户存取款凭单。（3）泰康公司"泰康函（1997）003 号"《关于终止委托国债投资协议致北京卡斯特投资咨询中心的函》。这 3 份书证证明：涉案的 4000 万元资金直接转到了卡斯特投资咨询中心在北京证券交易中心开立的账户上，然后转到了国泰证券北京方庄营业部卡斯特投资咨询中心股票交易账上，没有经过任何个人账户，也没有给任何个人使用过。涉案的 4000 万元资金投资合作终止，也发生在泰康公司和卡斯特投资咨询中心两个公司之间。

（二）涉案的 4000 万元资金最后由卡斯特投资咨询中心流回了泰康公司，没有经过任何个人的账户，也没有任何个人使用过，仍然是单位对单位

证明上述事实的证据包括：

（1）书证：卡斯特投资咨询中心 1997 年 8 月 19 日在国泰证券北京方庄营业部取款凭单。

（2）书证：北京证券登记有限公司 1997 年 8 月 19 日《转账支票》。

（3）书证：泰康公司 1997 年 8 月 19 日中国工商银行《进账单》和《记账凭证》。

（4）书证：泰康公司 1997 年 8 月 19 日与卡斯特投资咨询中心《资金往来专用发票》。

这批书证发生的背景是，由于中国人民银行查账，泰康公司决定终止与卡斯特投资咨询中心的合作，将涉案的 4000 万元资金收回。

上述证据清楚地证明，经过卡斯特投资咨询中心、国泰证券北京方庄营业部、北京证券登记公司、泰康公司等单位之间的一系列资金流转，涉案的 4000 万元资金由卡斯特投资咨询中心流回了泰康公司，没有经过任何个人的账户，仍然是单位对单位。

（三）原审判决引用的陈某一、任某、李某四等证人证言根本无法证明涉案的4000万元资金被挪用"归个人使用或者借贷给他人"

原审判决采信了陈某一、田某一、张某一、李某四、任某、师某等一系列证人证言和张文中的讯问笔录，试图以这些言词证据来证明，涉案的4000万元资金是借给张某一个人使用，从而属于挪用资金归个人使用。这种思路是完全错误的。

1. 陈某一的证言证明资金是由泰康公司借出的。

陈某一的证言内容是：他"跟公司的常务副经理任某、财务部负责人李某四分别打了招呼"，"说张文中是公司的股东，公司想委托他理财，需要4000万元，让他们办一下"。（见陈某12006年12月9日《询问笔录》）既然是公司想委托理财，资金出借方当然是单位而不是个人。

2. 张文中的《讯问笔录》及《一审庭审笔录》，田某一、张某一、李某四、任某的证言均证明，涉案的4000万元资金是由泰康公司借出，而不是由陈某一个人或者由张文中伙同陈某一个人借出的。

张文中在讯问笔录中虽然说是他和陈某一、田某一三个人约定申购新股，但从未说过是以个人名义挪用泰康公司资金，而是明确说是泰康公司出钱（见张文中2006年12月10日《讯问笔录》）；在一审中则进一步明确指出申购新股是单位行为。田某一、张某一、李某四、任某的证言也证明涉案资金是由泰康公司借出。（见附件58，田某一于2006年12月28日所作《询问笔录》，证据材料第431页；附件59，张某一于2006年12月9日所作《询问笔录》，证据材料第437页；附件61，李某四于2006年12月1日所作《询问笔录》，证据材料第447页；附件62，任某于2006年12月6日所作《询问笔录》，证据材料第451页）

3. 张某一、吴某二的证言均证明，涉案的4000万元资金的收款方和使用者均为卡斯特投资咨询中心，后来也是卡斯特投资咨询中心归还的。

（见张某一于2006年12月9日所作《询问笔录》；吴某二于2006年12

月 4 日所作《讯问笔录》)

张某一的证言还证明，该笔资金放在以卡斯特投资咨询中心的名义开设的股票交易账户上用于申购新股了。

4. 张文中的辩解也证明，涉案的 4000 万元资金入了卡斯特投资咨询中心的股票账户，由张某一以卡斯特投资咨询中心的名义申购新股（见张文中 2006 年 12 月 10 日讯问笔录，以及一审《开庭笔录》），涉案的 4000 万元资金的真正收款人和使用人显然均为卡斯特投资咨询中心。

5. 李某四、任某、陈某一的有关证言内容不但自相矛盾，而且互相矛盾，不能采信。

李某四的证言虽然说张某一到泰康公司借过 4000 万元，并且说是陈某一告诉她泰康公司委托张某一做国债投资，需要给张某一 4000 万元，但该证言同时又说到在由李某四签批的领取人为张某一的支票请领单上载明，是给卡斯特投资咨询中心 4000 万元，而不是给张某一个人。可见，李某四在证言中所说的"给张某一 4000 万元"，实际上是给卡斯特投资咨询中心 4000 万元。任某的证言一方面说："陈某一对我说泰康人寿的董事张文中资金周转困难，需要向泰康人寿借一部分钱，让我给安排一下。"另一方面又说，泰康公司是借款给卡斯特投资咨询中心，借款给卡斯特投资咨询中心是陈某一决定的。即便按照陈某一回答控方询问的证言，他也只是说："我跟（泰康）公司的常务副总经理任某，财务部负责人李某四分别打了招呼，但我只说张文中是公司的股东，公司想委托他理财，需要 4000 万元，让他们办一下。"该证言的内容与李某四、任某的相关证言内容均矛盾。更何况，陈某一后来已经纠正了自己的说法，明确表示涉案的 4000 万元是企业对企业的委托理财关系。显然，李某四、任某、陈某一的有关证言内容存在自相矛盾和互相矛盾的问题，本身就不足采信，且他们的证言中本身也存在 4000 万元是借给卡斯特投资咨询中心的内容。

且不说此三人的证言内容与证明力更强的大量书证的内容明显不符，就是全面审查所有的证人证言和被告人《讯问笔录》，也只能得出涉案的 4000 万元资金的接受者和使用者均为卡斯特投资咨询中心，而不是张某一的结论。因此，李某四、任某、陈某一的有关证言当中所说是张某一或者张文中个人借款的内容是完全不能采信的，而其中关于借款人和使用人为卡斯特投资咨询中心的内容则与强有力的书证相符，应当认定属实。

综上所述，涉案的 4000 万元资金的借出方、使用方和归还方均为单位，无论在名义上还是实质上，都是单位对单位；而且，张文中仅仅是泰康公司的股东，没有在泰康公司担任任何职务，根本不具备挪用泰康公司资金的职务便利。因此，张文中的相关涉案行为根本不具备刑法规定的"利用职务便利，挪用本单位资金归个人使用或者借贷给他人"这一挪用资金罪的成立要件，不构成挪用资金罪。

（四）所谓用 4000 万元打新股所得收益由张文中等三人按比例分配的说法完全不能成立

虽然根据最高人民法院有关司法解释的规定，只要资金是在单位之间流转和使用，就不存在构成挪用资金归个人使用的可能，也就不存在构成挪用资金罪的可能，但是，为了全面澄清事实真相，还有必要指出，原审判决所认定的，4000 万元资金打新股所得收益在陈某一、张文中、田某一三人之间按 4：3：3 的比例分配的说法是完全不能成立的。

第一，在陈某一与张文中在 1997 年 3 月商议以及实际用泰康公司资金打新股的时候，田某一根本没有参与，而且完全不知情，如此又何来三人商议，田某一也分得收益的 30% 的说法？因此，三人商议涉案的 4000 万元资金打新股收益由三个人私分的说法显然是无法成立的。

第二，按照田某一的说法，他和陈某一、张文中商议打新股收益分成的事发生在 1997 年六七月，而此时，涉案的 4000 万元资金早已在卡斯特投资咨询中心账户上投资新股了，还谈何三人商议打新股？因此，此时即使三人真的有商议，也不可能是针对涉案的这 4000 万元资金。

第三，在出借4000万元资金时，泰康公司与卡斯特投资咨询中心之间签有委托理财协议和担保合同，卡斯特需要支付泰康固定的高额利息，如果把收益由三个人分了，给泰康公司的高额利息由谁来支付？从这一角度来看，三人私分收益的说法也是难以成立的。

第四，按照张文中的解释，即使存在所谓按4∶3∶3的比例分配利润，也是在借款后才提出的，而且是指在泰康公司、卡斯特投资咨询中心、中国国际期货有限公司三个公司之间分红，而不是在三人之间分红。

第五，涉案的4000万元打新股的收益案发前一直挂在卡斯特投资咨询中心的账上，并未分配，客观上根本不存在打新股收益归个人的事实。

四、对辩护意见的归纳

综上所述，我们将辩护要点归纳为：

1. 民营企业有资格申报2002年国债技术改造项目，物美集团作为大型连锁企业中排名靠前的优势企业，完全符合申报流通行业国债技改项目的条件，没有，也根本无须冒充国有企业进行申报。张文中在物美集团申报国债贴息的过程中，没有实施任何诈骗行为，也没有指使他人实施任何诈骗行为，因而根本不成立诈骗罪。

2. 给赵某的30万元属于其工作报酬，给李某三的500万元属于其中介费，均不是贿赂，且付款人不是物美集团，无论是从款项性质还是从行为主体来看，都不可能成立由物美集团实施的单位行贿罪。相应地，张文中也不可能成为单位行贿罪的责任主体。

3. 卡斯特投资咨询中心从泰康公司借出4000万元资金，属于单位与单位之间的资金拆借行为，不属于挪用资金归个人使用，不具备挪用资金罪的构成要件，不构成犯罪。

本案是在党中央高度重视依法保护产权工作，党中央、国务院频繁发文要求完善产权保护制度、依法保护产权，营造企业家健康成长环境，弘扬优秀企业家精神，更好发挥企业家作用的时代背景下启动的再审。我们注意到，最高人民法院罕见地直接提审本案，就本案成立了高规格的合议庭。在本案再审过程中，合议庭法官多次就案情约谈辩护人，认真听取辩护人的意见，充分保障辩护人和申诉人的合法权利。最高人民检察院也就本案成立了专门办案组，认真听取辩护人和当事人的意见。这充分体现了"两高"对依法保护产权的高度重视，展现了"两高"依法坚决纠正涉产权冤错案件的决心。我们对此高度赞赏并深感欣慰。

张文中是一位优秀的留学归国创业人员。在本案发生时，张文中担任全国政协委员、全国工商联常委、北京市工商联副主席、北京市人大代表等多项职务，受到有关方面的重点培养。他还多次获得北京市、全国工商联、中组部、中宣部、统战部等部委乃至国务院的表彰，被授予优秀中国特色社会主义事业建设者、全国留学归国人员先进个人、首都杰出人才、优秀青年企业家等许多荣誉和奖励。张文中坚持发展民族流通产业，带领物美集团发展成中国流通领域最有竞争力、成长最快的企业之一，自己也成为优秀企业家。本案的发生，给张文中本人、家庭、物美集团造成了巨大的负面影响。尽管如此，张文中仍然忍辱负重，继续尽力为中国民营经济和流通事业的发展贡献智慧和力量，并取得了许多新的业绩。

本案因受特殊个案波及而引发，事实已证明张文中与特殊个案没有任何关系，完全是被错误牵连并受到错误追诉，是典型的涉产权错案。依法纠正本案原审错误判决，宣告张文中无罪，对于依法加强产权保护，提振民营企业家的信心，实现司法公正的意义尤为重大。我们相信，这起冤案的彻底纠正，对张文中本人、对物美集团的发展，乃至对整个民营经济的发展，都将具有积极而深远的影响，将取得良好的法律效果和社会效果。我们期待着本案的彻底纠正！我们期待并相信，本案的依法彻底纠正将成为我国司法机关贯彻依法保护产权，维护民营企业和民营企业家权益的一个典范性刑事再审案件。

2018年5月30日，最高人民法院作出刑事判决改判张文中无罪，同时改判原审同案被告单位物美控股集团有限公司、原审同案被告人张伟春无罪。

法院再审中，最高人民检察院出庭检察员认为，原判适用法律错误，导致定罪量刑错误，建议依法改判原审被告人张文中、张伟春、原审被告单位物美集团无罪。主要理由为如下。

1. 原判认定物美集团不具有申报国债技改贴息资格依据不足；物美集团申报材料中的企业基本情况表和物流项目《可行性研究报告》均有不实内容，但该违规申报行为不是虚构事实、隐瞒真相的诈骗行为，更未因该不实申报行为使国家主管机关陷入错误认识；物美集团将3190万元国债技改贴息资金用于偿还其他贷款，违反了专款专用的规定，但在财务账目上一直将该笔资金列为"应付人民政府款项"，始终没有脱离国家机关的实际管控，物美集团并未非法占有该笔资金。故张文中、张伟春的行为不构成诈骗罪。

2. 物美集团是收购泰康公司股份的主体，涉案30万元、500万元分别系给予赵某、梁某的好处费，但物美集团在收购股份过程中未谋取不正当利益，赵某、梁某也没有为物美集团提供不正当帮助，故物美集团及张文中的行为不构成单位行贿罪。

3. 张文中与陈某一、田某一共谋从泰康公司挪用4000万元炒股牟利，并非单位行为，张文中的行为构成挪用资金罪，但已超过追诉期限。

一、关于诈骗罪

针对原审被告人张文中、张伟春及其辩护人关于诈骗罪的辩解、辩护意见和最高人民检察院出庭检察员的意见，根据再审查明的事实、证据，最高人民法院综合评判如下：

（一）物美集团作为民营企业具有申报国债技改项目的资格，其以诚通公司下属企业名义申报，并未使负责审批的主管部门产生错误认识

1. 相关政策性文件并未禁止民营企业参与申报国债技改贴息项目，且身为民营企业的物美集团于 2002 年申报国债技改项目，符合国家当时的国债技改贴息政策。原判认定物美集团作为民营企业不属于国债技改贴息资金支持范围，所依据的是原国家经贸委、原国家发展计划委、财政部、中国人民银行于 1999 年制定的《国家重点技术改造项目管理办法》《国家重点技术改造项目国债专项资金管理办法》等政策性文件，但上述文件均未明确禁止民营企业申报国家重点技改项目以获得国债技改贴息资金支持。

2001 年 12 月，我国正式加入了世界贸易组织，由于国有企业三年改革与脱困目标基本实现，国家调整了国债技改项目的投向和重点，在规定的范围、专题内，进一步明确了对各种所有制企业实行同等待遇，同时将物流配送中心建设、连锁企业信息化建设列入了国债贴息项目予以重点支持。原国家经贸委投资与规划司于 2002 年 2 月 27 日下发的《关于组织申报 2002 年国债技术改造项目的通知》附件《2002 年国债技术改造分行业投资重点》，国务院办公厅于 2002 年 9 月 27 日转发的原国务院体改办、原国家经贸委《关于促进连锁经营发展的若干意见》，以及原国家经贸委于 2002 年 10 月 16 日印发执行的《"十五"商品流通行业结构调整规划纲要》等，对此均有明确规定。

2002 年物美集团申报国债技改项目时，国家对民营企业的政策已发生变化，国债技改贴息政策已有所调整，物美集团所申报的物流项目和信息化项目属于国债技改贴息资金重点支持的项目范围。物美集团作为国内大型流通企业，积极申报以获取国债技改贴息资金对其物流和信息化建设的支持，符合当时国家经济发展形势和产业政策的要求。

2. 有证据证实，民营企业当时具有申报国债技改贴息项目的资格。

（1）一审期间，辩护人提交的中国新闻网2001年11月16日报道《中国国债技改贴息将对各所有制一视同仁》载明，时任原国家经贸委负责人公开表示，从2002年起，改革国债技改贴息办法，对各种所有制企业均实行同等待遇。（2）证人门某证实，2002年国家没有禁止国债技改贴息资金支持民营流通企业的规定，当时的第七、第八、第九批国家重点技术改造国债贴息项目中，确实有民营企业得到支持并拿到贴息。（3）辩护人提交的《2003年第二批国债专项资金国家重点技术改造项目投资计划表》和相关企业工商注册登记材料证实，在与物美集团同时获批的企业中，还有数家民营企业获得了国债技改贴息资金。（4）再审期间，证人甘某出具的《关于2002年国债技术改造项目相关情况的说明》证实，从2001年开始，部分民营企业进入国债技改贴息计划；证人黄某一出庭作证称，第八批国债技改贴息对企业的所有制性质没有限制性要求。上述证据足以证实2002年民营企业具有申报国债技改贴息项目的资格。

3. 物美集团通过诚通公司以真实企业名称申报国债技改项目，没有隐瞒其民营企业性质，也未使负责审批的主管部门产生错误认识。

（1）经查，根据财政部《关于同意中国诚通控股公司财务关系单列的通知》及附件《中国诚通控股公司所属成员单位名单》，物美集团确实不是诚通公司在财政部立户的所属成员单位，但物美集团以诚通公司下属企业名义申报国债技改贴息项目，获得了诚通公司同意，且物美集团在申报材料企业基本情况表中填报的是"北京物美综合超市有限公司"（后经原国家经贸委投资与规划司审批同意，项目承担单位调整为物美集团），其以企业真实名称申报，并未隐瞒。（2）证人黄某一的证言及原国内贸易部《关于确定全国第一批连锁经营定点联系企业的函》证实，物美集团是原国内贸易部及原国家经贸委贸易市场局的定点联系企业；证人李某二证实，在物美集团申报过程中，其曾听过张文中、张伟春等人的汇报，并考察了物美的超市和物流基地，参与了审批，经审查认为符合国债项目安排原则。可见，作为审批部门的原国家经贸委对物美集团的企业性质是清楚的。

张文中、张伟春将物美集团以诚通公司下属企业名义申报国债技改项目，并未使原国家经贸委负责审批工作的相关人员对其企业性质产生错误认识。

（二）物美集团申报的物流项目和信息化项目并非虚构

1. 物流项目并非虚构，项目获批后未按计划实施及未能贷款系客观原因所致，且已异地实施。

（1）物流项目本身并非虚构。2002年4月18日，物美集团在申报之后，与北京市通州区政府签署的《合作协议书》证实，物美集团积极参与通州区物流产业园区的建设，通州区政府将提供政策和资源支持，协助物美集团在通州建立大型现代化的物流中心；2002年9月，清华大学环境影响评价室出具的《北京市环保局建设项目环境影响评价报告表》证实，该室受物美集团委托，对其在通州区物流产业园区的物流项目进行了环境评估。可见，物美集团申报的物流项目并非虚构。（2）物流项目未能获得贷款和未按计划实施有其客观原因，且已异地实施。证人王某一、吴某一、于某一、李某五、许某、张某二、袁某、王某二等人的证言证实：物美集团在北京市通州区的物流项目起初因"非典"推迟，后来在土地出让方式方面，通州区物流产业园区要求购买，而物美集团原计划是租赁土地，因投资成本太高，双方未能达成一致。后物美集团在北京市百子湾等地建了物流中心。证人于某一在侦查阶段还证实，因无法提供用地及开工手续，在北京市通州区的物流项目不能取得银行贷款，后按要求办理异地实施项目的变更手续，但因故最终未能落实。可见，物美集团所申报的物流项目没能按计划在原址实施，未能申请到贷款，系因"非典"疫情及通州区物流产业园区土地由租改卖等客观原因造成。（3）物美集团报送的物流项目《可行性研究报告》虽有不实之处，但不足以否定该项目的可行性和真实性。物流项目《可行性研究报告》、北京市通州区规划局出具的规划意见书及证明等书证，证人张某一、于某二、孟某、李某六、张某二、刘某二、张某四等人的证言，以及原审被告人张伟春的供述等证据证实：物美集团在联系编制物流项目《可行性研究报告》过程中，副总裁张某一等人到物流项目所在地北京市通州区物流产业园区考察并要求出具相关土地证明，通州区规划局出具了盖有该局规划管理专用章的规划意见书，同意物美集团在通州区物流产业园区规划建设商业项目，物美集团在规划意见书后附加了拟建项目地理位置图、平面布置图，而非规范的土地地形图。上述规划意见书和附图虽不规范、不具有法定效力，但不能据此否定整个项目的可行性和真实性。

2. 原判认定物美集团申报虚假信息化项目，依据不足。

（1）物美集团申报的信息化项目主要内容包括：通过改造各业态店铺和总部计算机硬件以及对其软件系统升级改造，建立快速适应市场变化的经营组织及管理模式和运作方式，实施和完善网络支撑系统、现代物流系统、供需链管理系统、电子商务应用系统及经营决策支持系统等。经查，物美集团日常经营中在这些方面已有大量的资金投入。原判因物美集团将以信息化项目名义申请获得的贷款用于公司日常经营，即得出信息化项目完全没有实施的结论，依据不足。（2）物美集团虽然采用签订虚假合同等手段申请信息化项目贷款，但并不能据此认定信息化项目是虚假的。国家发放国债技改贴息的目的在于支持企业的技术改造项目，而物美集团申报的项目经相关部门审核属于政策支持范围。根据申报流程，物美集团申请银行贷款时，其国债技改贴息项目的申报已经获得审批通过。物美集团在此后采用签订虚假合同等手段申请信息化项目贷款，虽然违规，但并非是为骗取贴息资金而实施的诈骗行为，也不能据此得出信息化项目是虚构的结论。

（三）物美集团违规使用 3190 万元国债技改贴息资金不属于诈骗行为

物美集团在获得 3190 万元国债技改贴息资金后，将该款用于偿还公司其他贷款，但在财务账目上一直将其列为"应付人民政府款项"，并未采用欺骗手段予以隐瞒、侵吞，且物美集团具有随时归还该笔资金的能力。因此，物美集团的行为虽然违反了《国家重点技术改造项目国债专项资金管理办法》中关于国债专项资金应专款专用的规定，属于违规行为，但不应认定为非法占有贴息资金的诈骗行为。

综上，原审被告人张文中、张伟春及其辩护人所提物美集团作为民营企业有资格申报 2002 年国债技改贴息项目，张文中、张伟春没有实施骗取国债技改贴息资金行为，没有诈骗故意，不构成诈骗罪的辩解和辩护意见成立；最高人民检察院出庭检察员所提张文中、张伟春的行为不构成诈骗罪的意见成立，法院予以采纳。

二、关于单位行贿罪

针对原审被告人张文中及其辩护人、原审被告单位物美集团诉讼代表人关于单位行贿罪的辩解、辩护意见和最高人民检察院出庭检察员的意见，根据再审查明的事实、证据，最高人民法院综合评判如下：

（一）物美集团实施了给予赵某 30 万元和向李某三公司支付 500 万元的行为

原审被告人及其辩护人、原审被告单位诉讼代表人提出，给予赵某 30 万元和李某三公司 500 万元并非物美集团支付，经查与事实不符。

1. 和康友联公司、华美公司、卡斯特经济评价中心、敬业和康中心等均为物美集团的关联公司，由物美集团直接控制。

司法会计鉴定意见、物美集团关联公司关系图表、物美集团出具的情况说明，证人张某一、王某一、许某、张某五等人的证言，以及原审被告人张文中的供述等证据证实：张文中在物美集团注册资本中的投资比例为61.78%，且为和康友联公司、华美公司、卡斯特经济评价中心、敬业和康中心等企业的控股股东；物美集团与上述关联公司的资金由财务部在集团内部统一调度；这些关联公司的财务、记账工作均由物美集团财务人员负责兼职管理，并受物美集团主管财务的副总裁张某一直接领导。

2. 以关联公司名义收购股权的行为由物美集团董事会决定，费用由物美集团筹措，股权收购费等费用的支付均由张某一根据张文中的安排，亲自或指派集团的财务人员操办。物美集团出具的情况说明、泰康公司章程、转账支票、记账凭证等书证，证人陈某一、张某一、赵某、李某七、梁某、韩某等人的证言，以及张文中的供述等证据证实：国旅总社、粤财公司转让所持泰康公司股权时，是物美集团与国旅总社、粤财公司进行谈判并达成收购意向。因物美集团已持有一定比例泰康公司股份，为不违反泰康公司章程关于单一股东持股不允许超过10%的规定，物美集团董事会遂决定以其关联公司和康友联公司、华美公司的名义分别与国旅总社、粤财公司签订股权转让协议；收购款由物美集团内部调度给和康友联公司、华美公司支付。物美集团给予赵某的30万元和向李某三公司支付的500万元，分别由物美集团关联公司卡斯特经济评价中心、敬业和康中心支付，其中的500万元系物美集团转至敬业和康中心。

（二）物美集团支付给赵某30万元好处费的行为，依法不构成单位行贿罪

在案的转账支票、赵某报销会议费及装修材料费的发票等书证，证人赵某、张某一、陈某一、孙某、黄某二、田某二、潘某、刘某二、刘某四等人的证言及原审被告人张文中在侦查阶段的供述等证据相互印证，足以证实物美集团支付给赵某的30万元系好处费而非劳务报酬。张文中的辩护人再审期间向法庭提交新证据，用以证明赵某自2003年4月至2008年作为泰康公司监事、董事为物美集团的关联公司和康友联公司、华美公司提供了劳务。经查，物美集团给付赵某30万元的时间与赵某担任泰康公司监事、董事提供劳务的时间并不相符，二者之间缺乏关联性。

根据《刑法》第393条的规定，单位为牟取不正当利益而行贿，或者违反国家规定，给予国家工作人员以回扣、手续费，情节严重的，构成单位行贿罪。物美集团给予赵某30万元好处费，属于违反国家规定，在经济活动中账外给予国家工作人员手续费的情形。但根据国旅总社转让所持泰康公司股权情况、会议纪要、股权转让分析报告、股权转让协议等书证，证人赵某、李某七等人的证言以及原审被告人张文中的供述等证据，本起事实具有以下情节：

（1）国旅总社为缓解资金紧张意欲转让所持泰康公司股份，经泰康公司董事长陈某一沟通联系，物美集团决定收购并与国旅总社多次谈判后就股权转让达成一致，其间没有第三方参与股权收购，不存在排斥其他买家、取得竞争优势的情形，双方的交易没有违背公平原则。

（2）在没有第三方参与、双方自愿达成收购意向的情况下，物美集团承诺给予好处费并非为牟取不正当利益。

（3）国旅总社将其所持泰康公司股份转让给物美集团以及具体的转让价格等，均系国旅总社党政领导班子联席会议多次讨论研究决定，双方最终成交价格也在国旅总社预先确定的价格范围内，物美集团没有获得不正当利益，国旅总社的利益亦未受到损害。

（4）赵某作为国旅总社总经理办公室主任，其在股权交易过程中仅起到沟通联络作用，没有为物美集团牟取不正当利益。综合考虑上述情况，可以认定物美集团的行为尚不属于情节严重，依法不构成单位行贿罪。

（三）物美集团向李某三公司支付500万元的行为，依法不构成单位行贿罪

1. 在粤财公司意欲转让股份的情况下，陈某一向梁某提出由物美集团收购，并让张文中给梁500万元好处费，后又向张文中提出该要求。因此，股权转让前，给梁某好处费系陈某一提出，张文中只是被动接受了陈某一的要求。

2. 在案证据证实，梁某并没有同意物美集团提出的受让价格，且提议按高于该价格挂牌转让；物美集团与粤财公司最终的股权交易价格，是在粤财公司挂牌转让未果的情况下，经多次谈判而确定的，且高于物美集团提出的受让价格。因此，梁某在股权转让过程中没有为物美集团提供帮助，物美集团也没有因此获取任何不正当利益。

3. 在案证据证实，签订股权转让协议后，物美集团并没有向梁某支付500万元好处费，梁某也未提及此事。直至数月后，在梁某并不知情的情况下，李某三通过陈某一向张文中索要该500万元，张文中才安排张某一将款汇至李某三公司的账户。梁某事后得知，明确表示与其无关，并拒绝接受该笔款项。该款一直被李某三的公司占有。因此，股权转让后，物美集团支付500万元系被李某三索要，并没有为牟取不正当利益而行贿的主观故意。

综上，原审被告人张文中及其辩护人、原审被告单位物美集团诉讼代表人所提30万元系给赵某的劳务报酬、物美集团不是收购股份及支付款项主体的辩解及辩护意见，与再审查明的事实不符，法院不予采纳。最高人民检察院出庭检察员所提30万元系物美集团给予赵某的好处费，物美集团是收购泰康公司股份主体的意见成立，法院予以采纳。检辩双方所提物美集团、张文中的行为不构成单位行贿罪的意见成立，法院予以采纳。

三、关于挪用资金罪

1997年3月，张文中与泰康公司董事长陈某一、中期公司董事长田某一商定，用泰康公司的4000万元资金申购新股谋利。同年3月27日，泰康公司的4000万元资金转至物美集团关联公司卡斯特投资咨询中心在国泰证券公司北京方庄营业部开设的股票账户，张某一根据张文中的安排具体负责申购新股。为规避风险，泰康公司计财部与卡斯特投资咨询中心签订了委托投资国债协议及抵押合同。同年7月，因中国人民银行检查，张文中、陈某一与田某一商定，再从泰康公司转出5000万元至中期公司所兼管的河南国投公司。河南国投公司将 4000 万元转至卡斯特投资咨询中心账户，用于向泰康公司归还前次 4000 万元款项。同年 8 月 19 日，卡斯特投资咨询中心归还了泰康公司 4000 万元。同年 9 月 3 日、9 日，卡斯特投资咨询中心和河南国投公司又分两次共归还泰康公司 5000 万元。

上述事实，有一审及再审开庭审理中经质证确认的委托投资国债协议、抵押合同、转账支票、汇票、进账单、记账凭证、资金往来发票等书证，证人陈某一、田某一、张某一、李某四、吴某二、任某、师某等人的证言，以及原审被告人张文中的供述等证据证实。

针对原审被告人张文中及其辩护人关于挪用资金罪的辩解、辩护意见和最高人民检察院出庭检察员的意见，根据再审查明的事实、证据，最高人民法院综合评判如下：

原判认定张文中伙同他人共谋挪用泰康公司 4000 万元资金申购新股谋利，后又用 5000 万元过账还款予以掩盖的事实清楚，证据确实。但认定张文中伙同陈某一、田某一挪用泰康公司资金归个人使用、为个人谋利的事实不清、证据不足。

（一）在案书证显示，涉案资金均系在单位之间流转，反映的是单位之间的资金往来，无充分证据证实归个人使用

1. 相关转账支票、进账单、存取款凭单、记账凭证、资金往来发票等书证证实：涉案资金始终在单位之间的账上流转。

2. 在案的委托投资国债协议、抵押合同，也系泰康公司与卡斯特投资咨询中心两个单位之间签订，客观上成为泰康公司将 4000 万元借给卡斯特投资咨询中心的凭据。中国人民银行对泰康公司进行检查，发现该笔 4000 万元资金违规后，要求泰康公司尽快终止合同。泰康公司经总裁室研究决定，向卡斯特投资咨询中心出具了《关于终止委托国债投资协议致卡斯特投资咨询中心的函》，该行为亦是单位之间的行为。

3. 为掩盖 4000 万元资金的违规行为，泰康公司又转出 5000 万元资金，经河南国投公司过账，用以归还先前挪用的 4000 万元。该笔资金仍是在单位之间流转。

（二）无充分证据证实挪用资金为个人谋利

1. 原审被告人张文中及证人陈某一、田某一虽在侦查阶段承认，挪用资金申购新股的盈利由三人按比例分配，但张文中在审查起诉阶段、陈某一在一审阶段均推翻原供证，称申购新股是为了各自公司的利益，并非为个人谋利。供证前后不一。

2. 原判认定张文中等人挪用泰康公司的 4000 万元资金申购新股共盈利 1000 余万元与在案书证不符。国泰证券公司北京方庄营业部客户存取款凭单显示：卡斯特投资咨询中心于 1997 年 8 月 19 日支取第一笔 4000 万元时，余额为 9335 元；同年 9 月 3 日支取第二笔 4000 万元时，余额为 423 万余元。由于缺乏卡斯特投资咨询中心股票账户交易记录等证据，上述余额是否为申购新股所得盈利不清，且即便是盈利，也与原判认定的盈利数额存在较大出入。

3. 因无卡斯特投资咨询中心股票账户交易记录等证据在案，该账户上的具体交易情况及资金流向均不清楚，无证据证实张文中等人占有了申购新股所得盈利。

综上，原审被告人张文中及其辩护人所提张文中的行为不属于挪用资金归个人使用，不构成挪用资金罪的辩解和辩护意见成立，法院予以采纳。最高人民检察院出庭检察员所提张文中从泰康公司挪用 4000 万元炒股为个人谋利构成挪用资金罪，但已过追诉期限的意见不能成立，法院不予采纳。

法院认为，物美集团在申报国债技改贴息项目时，国债技改贴息政策已有所调整，民营企业具有申报资格，且物美集团所申报的物流项目和信息化项目均属于国债技改贴息重点支持对象，符合国家当时的经济发展形势和产业政策。原审被告人张文中、张伟春在物美集团申报项目过程中，虽然存在违规行为，但未实施虚构事实、隐瞒真相以骗取国债技改贴息资金的诈骗行为，并无非法占有3190万元国债技改贴息资金的主观故意，不符合诈骗罪的构成要件。故原判认定张文中、张伟春的行为构成诈骗罪，属于认定事实和适用法律错误，应当依法予以纠正。

原审被告单位物美集团在收购国旅总社所持泰康公司股份后，给予赵某30万元好处费的行为，并非为了牟取不正当利益，亦不属于情节严重，不符合单位行贿罪的构成要件；物美集团在收购粤财公司所持泰康公司股份后，向李某三公司支付500万元系被索要，且不具有为牟取不正当利益而行贿的主观故意，亦不符合单位行贿罪的构成要件，故物美集团的行为不构成单位行贿罪，张文中作为物美集团直接负责的主管人员，对其亦不应以单位行贿罪追究刑事责任。原判认定物美集团及张文中的行为构成单位行贿罪，属于认定事实和适用法律错误，应当依法予以纠正。

张文中与陈某一、田某一共谋，并利用陈某一职务上的便利，将陈某一所在泰康公司4000万元资金转至卡斯特投资咨询中心股票交易账户进行营利活动的事实清楚，证据确实。但原判认定张文中挪用资金归个人使用、为个人谋利的事实不清、证据不足。故原判认定张文中的行为构成挪用资金罪，属于认定事实和适用法律错误，应当依法予以纠正。

综上，原审被告人张文中、张伟春及其辩护人，原审被告单位物美集团诉讼代表人，最高人民检察院出庭检察员关于改判张文中、张伟春和物美集团无罪的意见成立，法院均予以采纳。经法院审判委员会讨论决定，判决如下：

1. 撤销河北省高级人民法院刑事判决和河北省衡水市中级人民法院刑事判决。

2. 原审被告人张文中无罪。

3. 原审被告人张伟春无罪。

4. 原审被告单位物美控股集团有限公司无罪。

5. 原审判决已执行的罚金及追缴的财产，依法予以返还。

本判决为终审判决。

✎ 律师手记

一桩标志性案件的重审

左坚卫

2016 年 8 月 30 日，习近平总书记主持召开中央全面深化改革领导小组第 27 次会议，会议审议通过了《关于完善产权保护制度依法保护产权的意见》，该意见明确规定："非公有制经济财产权同样不可侵犯"，"抓紧甄别纠正一批社会反映强烈的产权纠纷申诉案件，剖析一批侵害产权的案例"。

在这样的背景下，2017 年 12 月 28 日，最高人民法院公布将依法再审三起重大涉产权案件。物美控股集团有限公司董事长张文中诈骗、单位行贿、挪用资金案排在首位，由最高人民法院直接提审。2017 年 12 月 28 日，中央电视台新闻联播用两分半钟时间报道了这一消息。

2018 年 5 月 31 日，张文中申诉再审案在最高人民法院第一法庭公开宣判。法官当场宣布撤销原审判决，改判张文中无罪，同时改判同案原审被告人张伟春，原审被告单位物美控股集团有限公司无罪。

我和张文中的另一位辩护人，北京市中闻律师事务所兼职律师赵秉志教授跟踪了这个案件 11 年，参与了这起案件的一审、二审、申诉、再审。

由于张文中坚信自己和物美集团无罪，一审、二审判决是完全错误的，终有一天冤案能够得到彻底纠正，还他以清白，因此，在二审结束后，我们对案件资料进行了认真的整理、归档，并以二审辩护词为依据，进行了详细的证据收集、梳理工作，以备将来申诉之用。

这些工作为后来的申诉以及再审的启动奠定了坚实的事实和证据基础。我们在进行申诉时，随申诉书提交了厚厚的四大本配套证据材料，以证明我们的申诉意见和理由言之有据。

从案情本身来看，应当说这个案件有一定的疑难复杂性。

首先，本案涉及三个罪名，即诈骗罪、单位行贿罪、挪用资金罪，这些罪名在认定上的疑难问题较多，在司法实务中容易产生争议。

其次，被指控的三项犯罪都和企业经济活动有关，企业的经济活动往往是十分复杂烦琐的，这就决定了与经济活动交织在一起的犯罪案情往往比较复杂，梳理起来费劲。

最后，这个案件与国家在一定时期的国债贴息支持企业技术改造政策相关，而这方面的政策有一个调整过程，因此对如何理解和适用不同时期、不同阶段的相关国家政策，容易产生不同认识。

但是，在厘清全案事实之后，如果严格遵循刑事法治原则来分析涉案行为，不构成犯罪的结论应当是很明确的，不应当存在太大争议，因而也不好说是疑难复杂。

我们当年的辩护观点和理由与本案再审期间所陈述的观点和理由基本相同，甚至更加详细。我们提交的二审辩护词长达 8 万余字，几乎每一个辩护观点和事实陈述，都配备了充分的证据，进行了详细的分析论述。

只不过再审期间，我们又申请了新的重要证人出庭并得到了合议庭同意，还提交了若干份新的证据，进一步强化了对一审、二审辩护观点的论证。

但一审、二审却出现与最高法院截然相反的判决结果。我认为，造成这种情况的原因主要有两个：一是一审、二审合议庭对案件事实和相关政策、法律把握不准，以致对本案的事实认定和法律适用出现了错误；二是案件审理受到了案外因素的干扰，合议庭无法做到以事实为根据，以法律为准绳，客观公正地裁判案件。

张文中在其《给 40 年的信》的演讲中说："我相信，如果没有对司法公正的干预和影响，在正常情况下，公检法任何一个机构都不会作出对我的原审判决，不会形成这样一个非法律人士都可以看出错误的重大冤案。"他的这番话很值得深思，这可能是中国刑事司法长期以来的难言之隐和切肤之痛。

判决结果对民营经济发展具有积极意义。张文中再审案的判决结果，以及最高人民法院在本案审理和判决中对罪刑法定、疑罪从无等刑事法治原则的坚守，使其成为人民法院落实党中央产权保护和企业家合法权益保护政策的"标杆"案件。

我理解，所谓"标杆"案件，就是具有标志性、示范性、引领性作用和地位的案件。张文中案能成为这样的案件，我认为主要有以下三方面的原因。

第一，从形式上看，张文中案是最高人民法院在本部提审的第一起涉产权刑事申诉案件，社会关注度高，影响重大，有标志性。张文中案的改判，是最高人民法院第一起全案纠正、宣告无罪的涉产权刑事申诉案件。

第二，最高法院对张文中案的改判，严格遵循了"罪刑法定"和"疑罪从无"等刑事法治原则，具有示范性。合议庭把案件事实查得清清楚楚，在陈述判决理由时没有长篇大论，而是言简意赅，说理透彻充分，严格贯彻以事实为根据、以法律为准绳的司法原则和证据裁判规则，对证据的运用富有说服力。张文中案判决中体现的裁判原则、裁判理由、裁判标准，对各级人民法院审理涉产权申诉案件具有示范作用。

第三，最高法院在张文中案的改判中，彻底纠正了原判的错误，依法保护了企业家的合法权利，对涉产权错案的纠正工作具有引领性。张文中案的再审结果维护了公平正义，充分显示了最高法院依法纠正涉产权冤错案件，保护产权和企业家合法权益的决心和勇气，标志着人民法院纠正涉产权冤错案件进入一个新的阶段，即从政策制定和初步落实阶段进入全面审查和甄别纠正阶段。这对各级人民法院依法纠正涉产权冤错案件具有引领作用。

可以肯定的是，张文中案的再审及其判决结果，提振了民营企业家的信心，鼓舞了民营企业家的士气，对民营经济的发展具有积极意义。

正因为如此，张文中在其《给40年的信》中才说，案件的再审"已经不再仅仅是我张文中的事，故事的主角，是企业家和企业家精神！最高法院再审张文中案的意义，也不仅仅是案件本身，不仅仅是还我清白，而是党和国家对企业家群体的关注，对企业家精神的弘扬，对企业家创业环境的营造，是改革开放四十年来推进依法治国的又一个新起点"。这段话应该是对最高法院这次再审意义的准确、妥当的概括。

加强民营企业产权保护，依法纠正涉产权冤错案件，这不仅仅是立法完善和司法进步的体现，也是司法工作者观念转变的体现。

评议

本案再审改判无罪，进一步明确了民营企业及企业家相关犯罪的认定标准，促进司法机关以发展的眼光看待企业家在生产经营中的不规范行为。本案是极具里程碑意义的典型案件。

辩护律师进行了周严的辩护，包括三次请专家论证，多次收集新证据，对辩护词进行逐字推敲、逐项确认，仅二审辩护词就形成了 13 版，93 页，8 万多字。两位律师跟踪张文中案 11 年，凭着坚定的信念和锲而不舍的态度，全力以赴找到有效辩护的方案。

本案的辩护成功，彰显了两个司法原则。一是遵循"罪刑法定"原则，较为典型地体现在：严格按照刑法规定的诈骗罪的构成要件，来评判物美集团存在瑕疵的申报国债贴息技改项目以及实施相关项目的行为，明确肯定并充分论证了张文中没有实施骗取国债技改贴息资金行为，没有诈骗故意。二是恪守"疑罪从无"原则，较为典型地体现在：当在案证据不能证实张文中等人占有了申购新股所得盈利，关于挪用资金归个人使用的言辞证据供证不一、前后矛盾且与书证不符的情况下，明确认定挪用资金罪不成立。

张文中案的意义，不仅仅在于其个案正义的实现，更在于其所体现的对民营企业保护的理念，而这一理念在当前来说是符合政策导向的。其中所涉及的宏观方面的问题包括国企与民企的关系、营商环境、民营企业的合法权益等，从这个角度来说，张文中案无疑具有标杆意义。

古稀老人涉职务侵占被调查 9 年的背后

赵绍华

📽 回顾

黄家仁的案件,源于9年前汕头市龙湖区长江路上嘉逸大厦的房产销售。

2002 年,黄家仁从广东省国投汕头公司总经理的职位上退休,次年被返聘,61 岁的他成为汕头友信房地产开发有限公司的总经理。

2010 年 3 月 11 日,汕头市金平公安接到杨育城的报案,后以"职务侵占罪"将黄家仁刑事拘留。举报信称,"友信房地产的24套房产在2009 年底前均被出售",但"近千万元并未进入公司账户",而是被黄家仁等四人"占为己有"。

杨育城是友信房地产公司的监事陈莲卿的儿子,此时还任汕头市政协常委,其本人在公司没有股份。2006 年左右,杨育城曾表示要收购友邦贸易,想成为友信地产的大股东。当时年近 70 岁的黄家仁表示同意。但因杨育城只付了一半的钱款,无法完成整个收购,仅持有友邦贸易 50% 的股份,由其母亲陈莲卿作为受益人。

友信房地产有限公司的股份分为两部分:黄家仁作为总经理,代友信地产的老员工持有10%的股份,另外90%的股份属于汕头市友邦贸易有限公司。陈莲卿和温晋镁是友邦贸易的两位自然人股东,各持股50%。温晋镁是友邦贸易和友信地产的法定代表人,也是黄家仁的妻子。

✳ 案件

2016 年 12 月 15 日，黄家仁因涉嫌职务侵占罪被汕头市公安局龙湖分局刑事拘留，次日被汕头市公安局龙湖分局取保候审。2017 年 12 月 15 日被法院取保候审。

2018 年 5 月 18 日，汕头市龙湖区人民检察院向汕头市龙湖区人民法院提起公诉。起诉书指控：2006—2007 年期间，汕头市友信房地产开发有限公司总经理黄家仁及法定代表人温晋镁与杨育城经协商，达成汕头市友邦贸易有限公司股权转让协议，由杨育城出资人民币 1450 万元以其母陈莲卿的名义入股"友邦公司"，与该公司法定代表人温晋镁各占"友邦公司"50% 的股份。时"友邦公司"持有"友信公司"90% 的股份，故被告人黄家仁与被害人杨育城共同拥有"友信公司"名下尚未销售的上述嘉逸大厦 90% 的房产。

2008 年 1 月，被告人黄家仁注册成立了汕头市安立房地产经纪有限公司。以其女儿黄波为股东，注册成立了汕头市安立房地产经纪有限公司（下称"安立公司"，公司地址汕头市龙湖区长江路 98 号嘉逸大厦 403 房），该公司实际由被告人黄家仁控制。同年七八月份，"安立公司"分别注销了国税、地税登记，但银行账户及印章仍在继续使用。

2009 年 7 月至 2010 年 12 月，被告人黄家仁利用其担任"友信公司""友邦公司"总经理的职务便利，在未经控股公司"友邦公司"股东即被害人杨育城的同意或授权的情况下，擅自将"友信公司"名下拥有的汕头市龙湖区长江路 98 号嘉逸大厦 44 套房产予以销售或过户。并将"友信公司"银行账户中销售房产所得银行按揭款全部转入其实际控制的"安立公司"银行账户，以及将"友信公司"销售房产所得现金共计人民币 5 199 913.09 元占有，至今未归还"友信公司"，造成"友信公司"控股股东"友邦公司"及被害人杨育城巨额财产损失。

经广东大地司法会计鉴定所鉴定："友信公司"房产销售中的人民币

9 930 180.09 元被黄家仁以往来款名义转至"安立公司","安立公司"回付"友信公司"人民币 146.8 万元,"友信公司"净支付"安立公司"人民币 8 462 180.09 元。

2016 年 12 月 15 日,被告人黄家仁投案。

检察院认为,被告人黄家仁利用其担任公司总经理的职务上的便利,将本公司财物非法占为己有,数额巨大,应当以职务侵占罪追究其刑事责任。

广东匡鼎律师事务所赵绍华律师经过阅卷,多次与黄家仁会谈,并向相关知情人了解情况,对案件基本事实已经有了较全面的了解。结合法律的相关规定,辩护律师认为黄家仁的行为不构成职务侵占罪,本案依法应认定为民事经济纠纷。其无罪辩护理由如下。

黄家仁关于自己行为的辩解符合事实真相,辩护人恳请法院重视并采纳辩护意见,排除不必要的干扰,更不必受侦查、公诉机关追究案件成功率立场的影响,公正、依法审理本案,严守刑法定罪原则,维护刑法的谦抑性,维护市场经济条件下民商事主体私权自治的原则,并以此维护法治社会的公平正义!

一、本案事实不清、证据不足,达不到起诉的标准

《刑事诉讼法》第 172 条规定,人民检察院认为犯罪嫌疑人的犯罪事实已经查清,证据确实、充分,依法应当追究刑事责任的,应当作出起诉决定,按照审判管辖的规定,向人民法院提起公诉,并将案卷材料、证据移送人民法院。

从起诉书来看,公诉机关的指控明显事实不清、证据不足,无法确定是否应当追究被告人的刑事责任,属于应当决定不予起诉的案件。即使检察院起诉的,法院也应当根据《刑事诉讼法》第 195 条的相关规定,作出无罪判决。

无论是在第一次开庭中,公诉人多次对被告人犯罪数额、计算方法进

行变更——甚至打算采用辩护人的计算方法；还是在质证后，公诉人打算再次调整犯罪数额，以及发现把受害人的报案时间搞错了，这些都说明公诉机关起诉前对本案的事实没有搞清楚。

1. 公诉人指控被告人将本公司的财产非法占为己有，数额巨大，这个数额到底是多少？是 100 万元还是 1000 万元？依据是什么？

2. 公诉人将黄波名下五套物业作为被告人职务侵占的财产有什么依据？为什么登记在卢乐英名下的房产就可以不作为被告人侵占的依据？这些房屋何以登记在黄波、卢乐英的名下，现状如何，谁在控制？有没有人对这些物业主张产权？

3. 起诉书中写明的被告人将友信公司销售房产所得现金 5 189 912.69 元侵占，先不说公诉人在第一次开庭时更正了这个数额，质证后再次修改了这个数额——修改涉案财产数额的行为本身就证明了公诉机关对于事实认定的不清晰，达不到起诉的条件；更重要的是，这些钱属于谁有没有查清，花在哪里有没有查清，还剩下多少也没有查清。以及有没有人对安立公司账户的财产主张权利？

4. 友信公司从 2009 年 7 月 1 日到 2012 年 7 月 31 日的总收入是多少，总支出是多少，余款是多少，其他财产多少？公诉机关有没有查清？

二、本案作为刑事案件审理，严重违背刑法的谦抑性原则，如按照刑事指控的思路走下去，不但不能解决本案纠纷，相反会带来新的不安定因素

1. 本案作为刑事案件立案明显违背刑法的谦抑性原则。刑法的谦抑性原则，也称必要性原则，是指以最少量的刑罚获得最大的刑罚效果，即只有在没有其他可以替代的适当方式的前提下，才将某种危害法益的行为定为犯罪。该原则的适用程度决定着刑法的调整范围，也决定着哪些行为应定为犯罪，哪些行为不应被定为犯罪，而应由其他法律调整。刑法的谦抑

性原则蕴含着四个层次的价值：第一，刑法具有补充性，即只有在其他社会管理手段不能抑制违法行为时，才由刑法予以调整。第二，刑法的不完整性，是指刑法内容和效力具有限制性和不完整性。第三，刑法具有宽容性，刑罚应体现人道主义精神。第四，刑法具有经济性，国家司法也需要进行经济性的衡量，以最小的成本获取最大的效益。刑法与其他社会调整手段相比，需耗费的成本极大，从侦查、起诉，到审判、执行等，占用的人力、物力、财力远超民事、行政等其他调整方式。因此，刑法的谦抑性原则也可以解读为"慎刑"，即刑法（罚）应为对抗违法行为的最后一道防线，而不是在民事、行政等手段完全可以解决时冲在最前面，越俎代庖。动辄以刑罚的"大棒"干预民商事争议的做法已经越来越为全社会尤其是法律从业人员所摒弃！

结合本案，争议的起因是友信公司和友邦公司的股东围绕股权转让和管理权、分配权问题产生纠纷。期间历经多次谈判协商，不能达成一致，故陈莲卿一方选择刑事报案。她认为自己的权益被损害，并找到了本地有关主管领导签批立案。公安机关立案受理后也是久拖不决，在多次建议各方协商解决无果后，因案件出路问题，才移送起诉。

根据开庭查明的事实证据，完全可以得出这样一个结论：本案股东间的诸多争议是刑事手段所无法解决的，而在这些争议没有解决的情况下，就动用刑事程序定罪量刑的做法更是无源之水、无本之木！这也是辩护人认为本案必须先讨论刑法谦抑性原则的理据所在！

2. 读完起诉书，辩护人深感不安。在今天的法治环境下，侦查部门、审查起诉部门居然对民商法基本规则如此生疏，对侵犯财产案件的起诉标准的把握如此轻率！

本案起诉书的基本逻辑是：黄家仁和温晋镁是夫妻，大股东温晋镁没怎么管事，公司事务都是黄家仁管理，所以黄家仁是友信公司和友邦公司的实际控制人。又因为杨育城收购了友邦公司50%的股份并由其母亲陈莲卿持有，而友邦公司持有友信公司90%的股权，所以，杨育城或者陈莲卿就相当于持有了友信公司45%的股权。黄家仁出卖了友信公司的房子，账目又不清楚，甚至还让人代持了几套房产，故检察机关认定黄家仁利用总经理的职务之便侵占了公司资产，进而也侵占了控股股东的财产，于是套用职务侵占罪的罪名起诉黄家仁。

对此认定和指控的逻辑错误，辩护人认为首先须从法律常识上予以澄清和纠正。

（1）公诉机关对黄家仁为友信公司和友邦公司实际控制人的陈述违背本案事实，更违背法律的基本规定。法律是理性的，讲究的是事实和证据，而不是主观判断，起诉书使用如此感性的用语本身就极不严谨。黄家仁是友信公司的总经理，根据《公司法》的相关规定，股东会才是公司的最终决策层和最高权力机构。总经理有再大的授权，也不能取代股东，实际总经理也还是"打工者"。即使各个公司的管理模式各有不同，并导致总经理的权限范围有所区别，但这并不能改变前述《公司法》的规定。起诉书对黄家仁冠"实际控制人"的描述明显是为之后的有罪指控作铺垫。

（2）起诉书还称黄家仁卖房未经杨育城的同意或授权。公诉人该说法明显缺少公司法常识。首先，友信公司是独立法人，有独立的权利能力和行为能力，友邦公司即使作为友信公司90%的控股股东，也不能取代友信公司作出决策和行为。第二，黄家仁是友信公司的总经理，其受友信公司股东会议的委派担任总经理职务，其出售房产是职务代理行为，而不是个人行为。其工作内容即使要汇报，也应是向友信公司的股东和负责人汇报，而无须向杨育城汇报。且出纳蔡丽莉为杨育城挑选并安排在友信公司工作的，杨育城不可能不知道公司卖房一事。第三，杨育城本来打算收购友邦公司100%的股权，后因不想完全履行协议只付了一半款项，所以只成为友邦公司50%的股东，相应地间接持有友信公司45%的股权，其并非控股股东。第四，杨育城是通过其母亲陈莲卿持股，其本人并未出面，陈莲卿是友信公司的监事。换句话说，黄家仁的职务代理行为也部分来自于陈莲卿的授权。根据商事登记公示效力原则，陈莲卿的权利是显性的，该权利高于隐名股东杨育城的权利。所以，黄家仁卖房即使未征得杨育城的同意，也不违反《公司法》和公司章程。第五，友信公司本来就是房地产开发企业，建楼卖楼是该企业的主业，杨育城或陈莲卿的加入并未改变企业的经营模式。卖楼是企业的自主行为，不损害任何人（包括股东）的权益，公诉案卷已有材料证实，杨育城已经从售楼款中分配过 700 万多元的利益。他都参与利益分配了，又怎么能说他不同意卖楼呢？

（3）起诉书称黄家仁除侵占（没说如何侵占）了部分卖楼款外，还侵占了几套房子，但奇怪的是这几套房子都还在，既未使用，也未处分变现，只是分别登记在黄家仁、温晋镁的女儿黄波和友信公司员工卢乐英、苏银德名下，而这几位借名登记的人都说房子不是自己的，而是代公司登记持有的，原因是"怕被查封"。

辩护人从业近 20 年，第一次听说被侵占的财物还安然无恙地待在该在的地方并且空置至今！但公诉人在庭上称：卢乐英代持的两套房子可不视为侵占，因为她到案做了笔录，其他人未到庭做笔录，故即使有被告提交的证言也不予采信，仍应视为侵占。面对这样的说辞，辩护人只能耐心地普法：第一，房屋属于不动产，法律判断其权属有两个方面的依据：一是登记，登记在谁名下算谁的，二是协议，即登记人可能只是代持，权利人另有其人。第二，如果公诉人采信登记说，那就应该追加起诉黄波、卢乐英和苏银德，但本案又不能追加，因为该三人都说自己不是产权人，未出过钱，只是代表登记，为的是不让别人查封公司名下的房子。第三，如果公诉人采信代表登记说，那么本案就必须弄清楚黄波、卢乐英、苏银德代表登记的房子到底属于谁。是属于黄家仁、温晋镁、陈莲卿、10% 的小股东？还是属于友信公司的？第四，虽然黄家仁认为，与杨育城商议将几套房进行代表登记，既有防范查封的意思，也有分配的意思，并且黄家仁单方认为确实已经分配了，但这并不影响房屋目前仍属于友信公司的性质。原因在于，关于 10% 的股东利益分配尚未达成一致，杨育城反对给 10% 的股东分房子或其他利益，这就意味着目前代持的几套房子需在 10% 股权争议解决后才能处理，而本案作为刑事案件是无法处理这一问题的。

（4）最令辩护人吃惊的是，一直到本案法庭辩论时，公诉人仍坚持黄家仁侵占了五套房子，但对黄家仁如何通过侵占该五套房屋获取利益、获取了多大的利益（或者损害了公司多大数额的经济利益）仍然不置可否，说还要尊重被害人意见按现值去评估。职务侵占属侵财案件，被告人的犯罪所得或受害人受损利益的价值数额是指控犯罪的基本要件，如该要件不清楚，即证明案件尚不具备起诉条件。

辩护人认为，既然公诉人说的五套房子都还在，黄家仁一未变现处置获得款项，二未出租获利，三未用房子抵押借款供自己或他人使用，那他到底非法占有了什么？公诉人关于侵占住房的指控明显是不成立的。

三、本案明显为民商事纠纷，且只能通过民商事法律途径才能解决，在这些问题解决前，不存在刑事指控的基础。故本案公诉人指控黄家仁犯职务侵占罪不仅没有事实证据的支撑，也不符合职务侵占罪的主客观要件

1. 根据我国《刑法》第 271 条的规定，职务侵占罪是指公司、企业或者其他单位的人员，利用职务上的便利，将本单位财物非法占为己有，数额较大的行为。职务侵占罪在主观方面只能是直接故意，即行为人利用职务便利将单位财物非法占为己有的行为，才构成职务侵占罪。结合法庭调查，可以认定黄家仁并无职务侵占的故意；从客观方面看，本案也没有证据证明黄家仁非法占有了几套房屋或者侵吞了多少钱款。公诉人关于黄家仁犯职务侵占罪的指控不仅没有证据证实，相反还证明其并不了解或者不想去了解本案股东之间真正的分歧所在。

（1）公诉机关指控黄家仁侵占了几套房屋，但本案大量证据证实：这几套房子属于代持，是为了避免公司财产被查封。对此，有卢乐英、邱映贞、苏银德、黄波、温晋镁以及友信公司、友邦公司的证言证实，也有

相关法院的司法文书、杨育城提供的其妻子李咏仪的证件以及杨育城就10%股权多次与友信公司股东进行交涉的文件等书证佐证，这些书证证实当时客观上存在司法查封风险，在杨育城未能及时交来其妻子证件的情况下，公司为避免风险将房屋暂时登记在几人名下的事实；也证实因10%股权分歧问题，股东未就剩余房产分配达成最后的分配意见，故目前由人代持的几套房屋仍处于空置及等候处理的状态。黄家仁并未从该批空置房中谋取任何利益，更无变现处分的行为。至于公诉人认为来说明了情况的（如卢乐英）就可认定为代持，未来说明情况的就认定为黄家仁侵占的观点，完全违背刑事证据规则：证明被告人有罪自然是控方举证，被告人没有义务自证无罪。法律还规定，控方不仅要搜集证明被告人有罪和罪重的证据，也要搜集证明被告人无罪和罪轻的证据，仅以证人未能来作证，就作出对被告人不利的认定，这是典型的有罪推定。而且，案件有未查明的疑点时，应作对被告人有利的解释，此即"疑点利益归于被告"的原则。

根据辩护人了解，侦查机关并未如实移交全部材料给公诉机关或法院。公安机关曾给苏银德户籍所在地派出所发过调查函，该所也有回函，内容与被告人提交给侦查机关的一致，苏银德承认是代持。但辩护人未在案卷中发现此材料。

（2）友信公司客观上确实存在10%的小股东，但杨育城和陈莲卿不承认该事实，他们认为自己应持有友信公司50%的股权，但通过工商登记信息查询可知，友信公司从广东省信托投资汕头房地产开发公司转变而来，原股东为汕头市友邦贸易有限公司（友邦公司，法定代表人温晋镁，占90%的股份）、广东诚峰经济发展有限公司（诚峰公司，法定代表人周抗儿，占10%的股份）。2006年3月起，诚峰公司的股份由卢乐英代持。2007年1月，杨育城与温晋镁以及原来诚峰公司的一批小股东签署《股权转让协议》，杨育城欲收购友邦公司100%的股权，但后来仅支付一半款项，故变更为收购友邦公司50%的股权。杨育城安排其母陈莲卿持股，故陈莲卿间接持有友信公司45%的股权。2007年4月，卢乐英将代持的

10%的股份转让给黄家仁代持。之后，因为黄家仁曾被金平区公安局拘押一事，杨育城称可以帮忙，但向温晋镁提出要平分该10%股份，即杨育城占有了友信公司50%的股份。当时，温晋镁为了救人被迫同意，但后来认为其属被骗，不再同意。杨育城对此颇有怨言，这也是后来多次股东会议谈判未能达成一致的重要原因。经手处理争议的几任律师都建议杨育城或温晋镁等人可走民事诉讼途径解决该争议，但杨育城坚持认为只有先追究了黄家仁的刑事责任，黄、温才肯跟他妥协谈判这10%的股权问题。所以辩护人认为，该10%股权争议的存在，决定了友信公司的股东争议不可能通过刑事途径解决，因为刑事手段不可能取代当事人的意思自治去解决股权转让的范围及履行等问题。

（3）友信公司作为黄家仁的所在单位，友邦公司作为友信公司90%的大股东，均不认为黄家仁有非法侵占的行为。杨育城作为友邦公司的50%隐名股东，认为黄家仁侵占了友信公司的资产，从而损害了其分红利益，该意见不能超越或取代友信公司的意见，更不能取代友邦公司的意见。职务侵占罪属诉告才处理的案件，涉案公司单位不认为是犯罪，也未举报，公诉机关仅依据案外人杨育城一方的报案就认定黄家仁涉嫌职务侵占罪，不仅违背事实，违背刑事程序，也有失公正。

2. 公诉机关可能认为，即使房屋被侵占的事实不成立，那么黄家仁在其管理友信公司期间，将房产销售款转入自己控制的安立公司账户后，差额款518多万元去向不明总算是职务侵占了吧。虽然公诉人在庭上对这些数据并无把握，称还得进一步核实，但其用意很明显，就是不论多少，黄家仁总有收入对不上开支的问题，所以，职务侵占罪是推脱不掉的，区别仅在数额上。辩护人认为，公诉人不仅存在指控证据不足的问题，更存在严重的认识错误。本案所谓的审计报告依法并不能作为支持指控的证据使用。

（1）友信公司之前委托过其他会计师所对其账目做过审计，也委托过他人代记账，期间该账册经公安机关之手曾流入杨育城之手。杨育城为本案报案人，持有账册一段时间后再将账册交回侦查机关，该账册便已丧失原始性和可信性，故审计所依据的凭证已经失去完整性和真实性。如同被污染的水源不能饮用一样，依据被污染、损毁的账册所作的审计自然也不能采信为证据，尤其是定罪量刑的证据。

（2）公诉机关对于友信公司利用安立公司账户转款、开支和维持友信公司运营的真实原因是十分清楚的，即友信公司的账户已经被司法查封，本案案卷中对此已有大量证据证实，公诉人却故意避而不提，反而认为这是黄家仁侵占的手段之一，但公诉机关在起诉书中却根本无法说明黄家仁非法占有的财产数额。

（3）审计结论并未真实反映友信公司实际财务支出情况，公司实际支出远大于审计结论。仅举一例：从审计内容看，公司有十几位保安，还有清洁工，但审计材料中却无这些人的工资支出，足见审计所述开支并未反映真实情况。根据黄家仁本人在公安侦查期间的陈述，其经手的一些零开支加起来有300多万元，当时没按正规手续要发票，但事项的真实性不容否认。根据龙湖法院原先审理过邱映贞涉嫌隐匿毁损会计凭证罪（后检察院作不起诉处理）的案卷，邱映贞、卢乐英的多份笔录都提到：友信公司账户不能用，所以转到安立公司，从安立账上提现金使用的情形也很多，因为不能停止友信公司的运营。关于做账的问题，他们也说，当时因为是从安立提钱，有些账是补做，账目自然不全。后来委托盛天税务师事务所做账，有了票据给他们，有时是他们派人来取，肯定就不太及时，所以一些财务资料不全，这是不可避免的。因此，结合本案，不应采信这份依据残缺资料作出来的所谓审计报告。

（4）由于鉴定机构不了解情况，其所出具的审计报告不仅未能反映前款所述的一些隐性开支，甚至对一些显性数据也存在计算归类错误，比如对一些2009年7月1日以前的售房收入未作扣除，导致结论明显不实。

3.本案出现的一些争议和疑点，应当从合同法和公司法的角度进行审视，并结合考虑股权转让协议签订及履行前后的事实，而不能径行据此对被告人作有罪推定。

（1）卢乐英转让 10% 的股份给黄家仁是按照法定流程进行的，且之前诚峰公司持股 10% 和卢乐英代持该 10% 股份都发生在杨育城加入前，故该股份不存在任何虚假因素。杨育城对此问题的质疑不能采信。

（2）黄家仁代表公司销售部分房屋并收款的行为合理合法，分配给股东的房屋虽然是为防范风险，但也属于单位行为，不存在黄家仁个人侵占的问题。杨育城对售楼和收款行为的质疑显属无理。

（3）黄家仁作为友信公司的总经理，在友信账户被查封后利用安立公司账户进行款项往来及业务开支，是履行职务的正常表现，是公司行为，是为了维持了公司正常运营，其行为的动机和结果都是合法的，而非利用职务便利谋求个人私利。杨育城认为设立安立公司就是为了转款侵占的猜疑毫无依据。

（4）杨育城称公司资产被侵占，其首先必须举证有损失，所谓损失也必须经过对账确认才能成立。法律不可能去保护一种尚不能确定的权利。本案绝不能孤立地审查几笔销售款收入和开支，二者对不上就认为公司资产被黄家仁侵占了，这是典型的"只见树木不见森林"的教条主义。公司的内部成本未做账不等于未开支，更不能直接认定为被侵占。法律强调重事实证据，司法机关显然不能依据举报人一面之词就对被举报人定罪，否则有违罪刑法定原则。

（5）本案中物业转名代持、避免被查封的决定，是股东的意见，杨育城也参与了决策，不应单纯归咎于黄家仁，而且如此操作，股东都是受益人，怎么能说黄家仁非法占有了呢？

四、关于本案处理和争议解决的建议

1. 对于刑事指控案件，辩护人坚定地认为，本案必须依法作出黄家仁无罪的判决。理由如上所述。

2. 本案争议属于民商法领域的股权转让纠纷，是平等民事主体间完全可以通过协商或民事诉讼解决的私法问题。本案中即使杨育城认为其权益受到侵犯，也有合法途径得以救济。首先，其可以就10%股权的分割问题提出民事诉讼，无论法院怎么决定，至少也可以结束数年来无谓的争议。其次，关于物业分配，解决了股权分配争议，这一问题自然也迎刃而解了，至于朝向楼层等不涉及原则的细节性问题，完全可以协商解决。再次，关于2009年7月到2012年7月已售房屋所得款的分配问题，也可以通过民事诉讼解决，诉讼中各方根据证据规则举证，也可以由法院民事审判部门委托鉴定，根据"谁主张谁举证"的原则进行责任分配，无法举证则承担相应的后果。在民事诉讼中，公民权益更容易得到实现和保护。而且民事诉讼澄清了案件疑点后，如果任何一方触犯刑法的，并不影响另一方行使刑事举报权。甚至此时还有清晰的民事证据可为佐证。但反过来却不行，如果本案基本的事实证据未查清、争议事实未经民事判决确定，刑事程序是无法对民事行为的效力进行确认或者对债权债务关系进行判决处理的。

3. 杨育城对涉案两家公司股东和经理的举报，不仅损害了公司的利益，导致两家公司名存实亡，事实上也损害了自己的权益，明显是得不偿失的。对此，辩护人深表遗憾。也希望各方能够摒弃前嫌，坐下来认真协商解决问题，避免更大损失。

4. 黄家仁的管理风格是否粗暴简单或有其他问题，属社会评价，不涉及法律评价，更不能牵强附会为犯罪。从庭审可以看出，黄家仁、温晋镁与杨育城之间存在巨大的情绪对立。辩护人不希望公诉人是圣人，也不相信黄家仁是圣人，相反黄家仁是一个较难"伺候"的人，辩护人已经有所领教。指控犯罪是理性的评价过程，是适用刑法的过程，不能认为这老头偏，谈不拢就诉诸刑事，就可以无视争议的民事法律属性。更重要的是，侦查、公诉机关作为公权力部门，不宜也不应当卷入股东之间的民事利益之争，这不仅有失公允，更违背司法公正的属性。

综上意见，公诉机关指控黄家仁犯职务侵占罪没有事实和法律依据，本案纯属民事经济纠纷，应引导当事人循民事法律途径解决争议。至于友信公司和友邦公司的股东争议，应建议其自行协商解决或循民商事诉讼途径解决！如此，则不仅是年逾古稀的黄家仁之幸，也是陷于争议僵局中的公司企业和其他股东之幸！

2018 年 12 月 30 日，汕头市龙湖区人民法院作出判决，判决黄家仁无罪。

综合证据，法院作如下评析。

第一，现有证据不足以认定被告人黄家仁实施了侵占友信公司 6 套房产的行为。

公诉机关指控被告人黄家仁侵占友信公司 6 套房产，将嘉逸大厦 201、301、1306、1508 号房登记在其女儿黄波名下，将嘉逸大厦 202、302 号房登记在卢乐英名下，且上述房产均由被告人黄家仁实际控制。

现在在案证据有：（1）被告人黄家仁的供述，反映登记在黄波名下的房产是友信公司分配给股东温晋镁并应温晋镁的要求登记在其女儿黄波名下的，登记在卢乐英名下的房产则是分配给陈莲卿的，也即是杨育城所有。（2）证人卢乐英的证言，反映为了防止公司财产损失而由其代友信公司持有相关房产，其名下的相关房产属友信公司财产，其无权处置。（3）证人杨育城的证言，反映其对于被告人黄家仁所说情况其并不知情。（4）书证，反映了上述 6 套房产权属人分别为黄波、卢乐英，友信公司收到相关售房款。

虽然《物权法》（现为《民法典》所吸收）规定不动产物权登记是物权转移的标志，根据相关书证反映，上述 6 套房产的产权人分别是黄波、卢乐英，但上述证据中，被告人黄家仁的供述、证人杨育城、卢乐英的证言关于涉案 6 套房产真正由谁所有的反映均不一致，而黄波、温晋镁则尚未到庭反映相关情况，现有证据不足以证明上述 6 套房产由被告人黄家仁实际占有。

第二，现有证据不足以认定友信公司财产被侵占的数额。

公诉机关依据司法会计鉴定意见指控被告人黄家仁侵占友信公司资金

5 189 912.69 元及房产 6 套，因被告人黄家仁提交了 190 份单据、凭证以证明友信公司的开支，广东大地司法会计鉴定所对上述单据、凭证进行形式审查后，确认属于合理费用支出的仅为人民币 6504.85 元，并提出上述鉴定意见并非表明被告人黄家仁提交的其他单据、凭证所载内容不是友信公司的经营支出，如有证据或第三方证实这些单据凭证确是友信公司经营支出，或经股东会同意，这些单据、凭证所列明的费用也应列入友信公司的经营支出。由上述鉴定意见可见，友信公司的收入、支出尚没有进行最后确认及结算，故现有证据尚不足以认定友信公司财产被侵占的数额。

法院认为，公诉机关指控被告人黄家仁犯职务侵占罪的事实不清、证据不足，指控的犯罪不能成立。对于被告人黄家仁提出的辩解意见及其辩护人提出的辩护意见，经查，司法会计鉴定机构依据相关会计凭证及单据作出的鉴定意见客观真实，辩护人关于该意见不能作为证据使用的辩护意见缺乏法律依据，法院不予采纳；被告人黄家仁在友信公司账户被查封后为规避法律而将友信公司资金转入安立公司账户，上述行为违反了相关法律法规，辩护人关于被告人黄家仁的上述行为是正常行使公司职务行为的辩护意见，法院不予采纳；其余辩解意见及辩护意见有事实依据部分，法院可予采纳。

对于杨育城的诉讼代理人提出的代理意见，经查，现有证据尚不足以认定被告人黄家仁构成职务侵占罪，诉讼代理人关于杨育城是被害人、被告人黄家仁构成职务侵占罪的代理意见，法院不予采纳。

综上，本案经法院审判委员会讨论决定，法院判决被告人黄家仁无罪。

一审判决后，杨育城于 2018 年 12 月 31 日向龙湖区检察院申请，要求检察院对无罪判决进行抗诉。抗诉生效，二审于 2019 年 6 月 12 日在汕头中院开庭。2019 年 8 月 5 日，黄家仁因病去世，终年 77 岁。汕头市中院认为，因黄家仁死亡，本案应终止审理。2019 年 10 月 30 日汕头市中院二审宣判。二审法院认定，黄家仁犯罪事实不清，证据不足，被指控的犯罪不能成立。

① 律师手记

侦查7年多的"人情案"

赵绍华

汕头友信公司是一家房地产开发企业，有两个股东，法人股东友邦公司占股90%，自然人股东黄家仁占股10%。友邦公司有两个自然人股东，分别是黄家仁的妻子和杨育城的母亲，二人各占股50%，两个公司的法定代表人都是黄家仁的妻子温晋镁。2010年4月，杨育城向龙湖公安分局报案，在时任领导的批示下，公安局强行立案。同年6月，友信公司的银行账号被冻结，名下几千平方米物业被查封。龙湖分局强行将法院拍卖友信公司物业剩余款项1000余万元划到分局账号。

经过7年的侦查，2017年年底，案件被移送到龙湖区检察院审查起诉，又经过两次退回补充侦查，于2018年5月29日向法院提起公诉，经过两次开庭审理，龙湖法院判决黄家仁无罪。

黄家仁职务侵占案是一起典型的领导干涉导致公安机关违法插手经济纠纷的人情案，公安机关侦查7年多，只是形成了一堆零乱的卷宗，起诉意见书也没有定下职务侵占的数额和事实证据。这7年多来，分局的各位领导都是要求黄家仁妥协，让给杨育城一点利益，但这个空军转业、在公安战线工作了30多年的倔强的老人家宁死不屈。在法院第一次开庭时，公诉人和被告人、辩护人一起修改、确定指控侵占的数额，这是我近20年的执业生涯中从未遇到过的情景。有一次开完庭后，我们与公诉人乘同一部电梯出去，在电梯中大家聊了几句，公诉人直抱怨：分到这个案子真倒霉！然后大家一起笑。

本案中龙湖法院能够判决黄家仁无罪，应当是顶住了巨大的压力。当然，律师接手本案后，除了在案件审查起诉阶段和审判阶段多次写书面材料，在法庭上与公诉人斗智斗勇、依法约见公诉人和审判人员阐明黄家仁无罪意见外，还向各个公安机关、检察部门、纪委、人大等机关控告龙湖区分局的违法办案行为，黄家仁本人也通过各种方式实名举报杨育城及其后台领导，这些可能对案件的发展带来了一定的影响。

评议

本案是典型的以刑事手段介入民商事纠纷，涉及公司的股权、管理权以及利润诸多问题，此间所掺杂的纠纷理当从民商事途径处理。刑法作为发动国家刑罚权的手段，在其他部门法无法解决的情况下才应启动，这一方面保证了刑法的权威性与保障性；另一方面也体现了刑法的谦抑性。如果只要出现难以解决的问题就诉诸刑法，就会出现刑法越界干涉私法自治的问题。就本案而言，之所以出现如前述事实无法查清的问题，原因也在于民商事案件自身所具备的复杂性，尤其是在涉及多个关联公司以及账户的情况下，企图通过刑法手段处理本案便成了有些人的不二之选。

合理界分民商事案件与刑事案件，不同的案件应分别通过不同的途径解决。动辄将民商事纠纷上升到刑事领域的现象，实在值得思考，其利益的背后经受考验的是人心。之所以在很多案件出现二者混淆的情况，大多在于都存在利益缺口，既得利益者的权益受到了侵犯，但这并非认定涉案行为构成刑事犯罪的依据。"罪刑法定"原则是刑法最基本的原则，一个行为是否构成犯罪，构成何罪，都要依据刑法进行认定。在存在疑点的地方，要根据保障人权的理念，依据"存疑有利于被告人"的原则进行无罪推定，而非先入为主地从有罪结论出发，从结论的需要寻找有罪证据进行印证，这种思路很容易倾向性地忽略对被告人有利的罪轻、无罪的情节。

回过来想想，本案事实如此不清，在经历了7年侦查后提起公诉，最终取得了一审判决无罪的结果也是情理之中的。面对这样一起公安机关违法插手经济纠纷的案件，法院能够正面案件事实，公正司法，始终坚持"以事实为依据，以法律为准绳"，也说明了司法的公正，正义是看得见的！

承兑汇票贴现背后的合谋"吃票"

胡常龙　姜远军

回顾

　　承兑汇票贴现是银行的一项正常业务,担任民生银行杭州分行企业金融部总经理的徐晓由于其所在银行的贴现额度不够,于是介绍老客户黄俊到光大银行办理业务。

　　而黄俊则是为了帮助浙江商人曹云福缓解资金困难。曹云福是浙江省格鲁斯新材料有限公司的副总经理。2013 年 11 月初,因公司需进一批新产品,暂缺资金,曹云福向老熟人童克借款,童克给他出主意,建议他尝试"承兑汇票贴现"。

　　2013 年 11 月 12 日至 15 日,在曹云福、童克、吕雄军、吕敏的安排策划下,由吕敏、吕雄军、陈兵作为中介,黄俊、杜根友依托富阳公司作为包装公司,曹云福所在的浙江格鲁斯公司作为第三方,参与并相互配合,促使赵虎、杨向波将面额共计人民币 1.2 亿元的承兑汇票在中国光大银行杭州分行进行贴现。

　　后在几人的相互配合之下,曹云福截留了 7306.138 万元贴现款用于归还个人借款、公司贷款及本次贴现的好处费。

　　本案发生在 2013 年 11 月 14 日下午,11 月 15 日广饶公安就已立案侦查,这使曹云福失去了筹钱还款的机会。

老客户等人合谋"吃票"被捕，徐晓也被指控涉嫌诈骗罪。

※ 案件

2015 年 5 月 22 日，徐晓因涉嫌诈骗罪被广饶县公安局刑事拘留，经广饶县人民检察院批准，于 2015 年 6 月 25 日被广饶县公安局执行逮捕。

2015 年 8 月 22 日，山东省东营市人民检察院向东营市中级人民法院提起公诉。起诉书指控，在曹云福、童克、吕敏的安排策划下，黄俊、吕雄军、陈兵、杜根友虚构了低于银行贴现利率的事实，促使山东宇通燃气有限公司工作人员赵虎、杨向波将面额共计人民币 1.2 亿元的承兑汇票进行贴现。期间，被告人黄俊、吕雄军、陈兵、杜根友均参与并分别实施了办理银行贴现手续的具体过程，徐晓积极联系银行进行贴现，提供帮助。黄俊、吕雄军、陈兵、杜根友向赵虎、杨向波提供了虚假银行账户，隐瞒了贴现银行系光大银行杭州分行的事实，在完成银行贴现后，为达到骗取贴现款的目的，将赵虎、杨向波支开后各自逃匿，骗取山东宇通燃气有限公司贴现款共计人民币 7366.138 万元。

检察院认为，被告人曹云福、童克、徐晓、吕雄军、陈兵、杜根友诈骗他人财物，数额特别巨大，应当以诈骗罪追究其刑事责任。

山东常春藤律师事务所、浙江智仁律师事务所接受徐晓妻子委托并经徐晓确认，分别指派胡常龙、姜远军担任徐晓一审辩护人。经过庭前会见徐晓、阅卷等辩护工作，辩护人认为徐晓的行为明显不构成诈骗罪。

一、根据本案现有的证据，从犯罪构成要件审视，徐晓主观方面明显没有诈骗的故意，也缺乏与格鲁斯公司的曹云福和富阳汇诚物资有限公司（以下简称汇诚公司）的黄俊等的"意思联络"

1. 根据我国《刑法》规定，诈骗罪主观方面的一个基本特征是行为人必须"以非法占有为目的"。而综合本案现有的证据看，能够证明徐晓具有"非法占有目的"的主要证据有黄俊、杜根友、吕雄军的供述以及陈蓉的证言，但根据上述言词证据，仅仅能够证明徐晓基于黄俊、杜根友的请求，因为其所在的民生银行授信额度不足，不能办理该笔 1.2 亿元银行承兑汇票贴现业务，而将该笔业务介绍给其朋友陈蓉所在的光大银行杭州分行钱江支行来具体办理。徐晓之所以给汇诚公司联系贴现业务，仅仅是因为汇诚公司的杜根友是他曾经工作银行的一个老客户，为了维护客户关系，才帮助汇诚公司联系汇票贴现业务。而汇票贴现业务对于银行而言，完全是一项正常、合法的普通业务。

仅根据现有的证据，从主观方面看，根本无法得出徐晓具有非法占有贴现款的主观故意。并且自始至终，徐晓没有任何个人利益在里面，更谈不上"以非法占有的目的"。假如认定徐晓的行为构成诈骗犯罪，那犯罪的对象当然是承兑汇票贴现后的贴现款。但根据陈蓉、黄俊、杜根友等人的证言，徐晓介绍黄俊等人到了杭州市光大银行钱江支行后，不长时间就离开了。徐晓根本没有参与贴现业务办理的过程，该业务完全是黄俊等人根据陈蓉行长的安排，由具体办理承兑汇票贴现业务的光大银行钱江支行业务经理胡昊杰具体办理的。贴现款直接打到了汇诚公司的账户，徐晓中间并没有经手该笔款项，也没有从中得到任何好处。曹云福串通黄俊等人预谋中间"吃票"，没有任何人告诉过徐晓，也没有任何证据证明徐晓知道此事。纵观全案，徐晓所起的作用仅仅是帮助老客户杜根友和黄俊介绍了一家承兑汇票贴现银行。

至于公诉人所称的黄俊曾经供述事后送给徐晓 60 万元的问题，根据本案现有的证据，明显不能认定。（1）黄俊的供述与徐晓的供述互相矛盾，徐晓供述其没有收过黄俊的钱。（2）黄俊的供述本身也前后矛盾。黄俊于 2013 年 12 月 17 日在回答"你给徐行长好处了吗？"这一问题时，明确回答"没有"。并且明确供述了她从吕敏处所得的好处费 270 多万元的去向。"我因为 2013 年 8 月份给湖北的一个票子贴现的时候，'吃票'500 多万元钱。对方的中介刘凯急着让我还款，我就把其中的 150 万元钱打给刘凯给我提供的银行账号上了。将近 100 万元还给了我在富阳借的高利贷，其他的 20 多万元用来支付我日常的费用了。"据此，黄俊因为串通曹云福"吃票"所获得的好处费 270 万元的去向非常清楚。黄俊供述前后矛盾。（3）黄俊的供述与杜根友的供述也互相矛盾。杜根友两次庭审供述都明确地讲道，"没有听黄俊说过送给徐晓钱的事"。（4）徐晓对自己 2013 年 11 月 15 日存款 49 万元的事实作出了合理的说明和解释，有据可查，真实可信。根据徐晓的辩解意见，"2013 年年初，我加入了中国收藏家协会，于是在桐庐桐君街道滨江路 1729—1731 号开了个字画古董店，店名'醉墨轩'，这家店应算是桐庐最好最大的店面，定位中高档藏品。营业执照没办，店和字画现在应该都还在，钥匙在我老婆手上。开业后交易比较频繁。我记得最清楚的是卖了一个康熙款的香炉 25 万元，一幅清代奚冈的山水画大概 10 万元。店里还有几百万元的藏品。2013 年 11 月中旬，我刚好在办从民生到恒丰的工作交接手续，在清理民生的办公室，又刚好要还信用卡和贷款，所以将办公室的交易款和平时放车上的现金存入了常用的账号。为什么有这么多现金呢？主要我们这个行当都是以现金交易为主，我平时白天上班店里没人，主要是晚上和节假日开，所以交易款都放在身边。15 日可能刚好赶巧是周五，应该是这样，那两天特别忙，周六周日又要去经营画廊，所以没时间存的。"另外徐晓还证实："也可通过以往的存款记录证实，2012 年二三月份，我存了字画款一百多万元，八九月份存了六七十万元，2013 年因为上半年装修店没存，2013 年下半年共存了六七十万元，2014 年五一前后分两三次存了五六十万元，2014 年九十月份存了四五十万元，后面也都分上下半年整存的。这个账面上应该都有，请检察院、法院查明。"根据徐晓的辩解意见，该49万元是徐晓平时放在办公室和车上用于经营书画生意的，而不是黄俊所送。徐晓的辩解真实可信，完全可以通过查询银行交易记录核实。（5）人民币属于种类物，公诉人仅仅根据徐晓2013年11月15日存款49万元的事实就机械地认定该49万元就是黄俊声称的送给徐晓的钱，明显依据不足，属主观臆断。（6）从诉讼心理分析，黄俊存在着害怕被追究余罪，害怕被押解到山东省广饶县异地受审加重刑罚的恐惧心理，因此可能曲解检察机关的意思，从而歪曲事实，故意编造送给徐晓60万元。综上，根据本案现有的证据，显然无法得出徐晓收受黄俊60万元的结论，也就是说，只能依法认定徐晓没有收受黄俊60万元。

可见，根据本案的证据足以认定，徐晓没有诈骗的主观故意，也不具有"非法占有他人财物"的目的，因而也就不构成诈骗犯罪。

2. 如果认定格鲁斯公司的曹云福和汇诚公司的黄俊等人的行为构成诈骗犯罪，假如认定徐晓构成共同犯罪，那徐晓的行为只能是一种帮助行为，是曹云福、黄俊等人诈骗犯罪的帮助犯。根据刑法理论，从主观方面，徐晓必须与曹云福、黄俊等人存在"意思联络"，即徐晓知道或者应当知道曹云福、黄俊等人存在通过贴现汇票"吃票"诈骗他人财物的故意，而积极、主动地帮助他们实施诈骗犯罪。但在本案中，没有任何证据证明徐晓与曹云福、黄俊等人存在诈骗犯罪的"意思联络"，徐晓不认识包括曹云福在内的格鲁斯公司的任何人，也从来没有与格鲁斯公司和曹云福打过交道。汇诚公司的黄俊也仅仅是电话联系徐晓介绍汇票贴现的事，具体的贴现事宜并没有告诉徐晓。根据曹云福和黄俊等人的供述，他们从来没有将预谋"吃票"的计划告诉过徐晓。也即，徐晓根本不认识曹云福、吕雄军、童克，更也无从知晓他们预谋"吃票"。由于徐晓主观上缺乏与曹云福、黄俊、吕雄军等人在"吃票"问题上的"意思联络"，因此也就缺乏共同犯罪必须的基本主观要件，当然不构成诈骗共同犯罪的共犯。

需要强调的是，假如曹云福和黄俊等人存在诈骗故意和行为，从常识上讲，知道的人越少越安全，如果徐晓知道他们串通"吃票"行为，面对数额如此巨大的一笔贴现款可能带来的巨大风险，在个人没有任何利益且面临牢狱之灾的情况下，是不可能为他们联系票据贴现的。合理的解释只能是徐晓对曹云福串通黄俊等人通过"吃票"形式截留贴现款的行为毫不知情。

二、从犯罪的客观方面看，徐晓的行为显然也不符合诈骗罪的客观行为特征，即徐晓没有采取"虚构事实、隐瞒真相的手段"，骗取他人财物的客观行为

诈骗罪的基本行为特征是行为人"采取虚构事实、隐瞒真相的手段，骗取数额较大的公私财物"，而"虚构事实、隐瞒真相"的目的在于"骗取数额较大的公私财物"。从徐晓的行为来看，因为其所在的民生银行的贴现额度不够，为了维护客户关系，将黄俊介绍来的贴现业务介绍给杭州光大银行钱江支行，并不存在"虚构事实、隐瞒真相"的行为，更不是为了"骗取数额较大的公私财物"。徐晓的行为显然不符合诈骗罪的行为特征，当然也就不构成诈骗犯罪。

至于黄俊、杜根友、吕雄军所供述的徐晓指导吕雄军制作虚假的增值税专用发票复印件，从现有的证据看，徐晓从来没有讲过，徐晓始终供述他仅仅是在黄俊等人到民生银行办理贴现一笔2000万元的承兑汇票时，指出黄俊等人提供的相关贴现资料不符合要求，并且要求他们重新提供，而这是徐晓职责所在，也是从银行专业角度提出的基本要求。

徐晓在2015年6月16日供述："我跟黄俊他们联系在光大银行这1.2亿元的银行承兑汇票贴现业务前，黄俊他们找我做过一笔银行承兑汇票业务，具体金额我记不清了，不是1000万元就是2000万元，当时他们想通过民生银行贴现，他们给我看了贸易合同和增值税专用发票复印件等相关

贴现资料以后，我把其中不符合规定的地方告诉他们，让他们按照要求重新提供相关贴现资料。""当时我给他们打电话，告诉他们哪些地方不对，但是具体打给谁的我记不清了，他们有没有改我不知道，他们没有再找我做这笔业务。"但徐晓从来没有供述过在黄俊他们办理这1.2亿元银行承兑汇票过程中指导过他人制作增值税发票复印件。黄俊、吕雄军的供述很大程度上也可以印证徐晓的供述。

黄俊供述说："因为在做这笔贴现生意之前的一个月，我们也联系了一张2000万元左右的银行承兑汇票贴现业务，当时通过徐晓联系民生银行贴现。杜根友负责弄到了相应金额的假增值税发票复印件，把所有的贴现资料交给徐晓以后，徐晓说我们提供的假增值税发票复印件不符合要求，这笔业务就没有做成。"

吕雄军的供述证实："我之前帮黄俊做的贴票业务提供过一次假的增值税专用发票复印件，但是黄俊后来告诉我说徐行长看了我提供的发票复印件认为不行。"根据吕雄军的供述，黄俊仅仅告诉他，徐行长认为"提供的发票复印件不行"，而没有说"太假"。可见，黄俊和吕雄军的供述也互相矛盾。

在黄俊等人办理山东宇通公司承兑汇票贴现过程中，本案证据足以证实，徐晓并没有看过这些承兑汇票和增值税发票复印件，也没有机会接触到这些增值税发票复印件，并且光大银行钱江支行也没有对当事人提供的增值税发票复印件提出过异议。既然徐晓没有接触过、没有看到过这些增值税发票复印件，光大银行也从来没有对这些增值税发票复印件提出过异议，吕雄军等人也就没有必要再找他人指导制作发票。且吕雄军长期从事汇票贴现业务，长期制作增值税发票复印件，经验远比徐晓丰富，徐晓从来没有制作假的增值税发票复印件，很显然，徐晓既无必要也无能力指导吕雄军制作假的增值税发票复印件。况且，吕雄军和黄俊在庭审过程中都供述互不认识，没有通过电话。在曹云福、黄俊和吕雄军等人操作山东宇通公司票据贴现过程中，也没有证据证明徐晓与吕雄军通过电话。

因此，检察机关指控徐晓在职期间指导吕雄军制作假的增值税发票复印件明显证据不足，也不符合本案的客观实际情况。

三、刑法学上因果关系的成立应当具有逻辑上的必然性、合理性、充分性，不能胡乱联系。徐晓为黄俊等人介绍承兑汇票贴现业务办理银行的行为与曹云福、黄俊、吕雄军等人的串通"吃票"行为之间没有必然联系。起诉书指控徐晓构成诈骗罪明显属于客观归罪，不符合刑法定罪的主客观相统一原则的要求

就徐晓的行为而言，其为汇诚公司介绍贴现银行贴现承兑汇票的行为与曹云福、黄俊等人擅自截留贴现款"吃票"的行为没有必然的因果关系。徐晓介绍该笔业务的基本目的在于维护与老客户汇诚公司的良好关系，同时也为自己原来所在的杭州光大银行老朋友陈蓉介绍了一笔业务，不具有任何违法性目的。根据徐晓的银行从业经验和票据贴现的基本常识，票据贴现后的贴现款都会正常回到持票人或者出票人手里，投入正常经营中。徐晓介绍汇诚公司到杭州光大银行办理汇票贴现业务过程中，是不可能预见到该笔贴现款会被曹云福等人截留私用的，徐晓介绍客户到其他银行贴现票据的行为与曹云福等人截留贴现款私用的行为是两个独立的行为，两者不具有刑法学上因果关系的必然性、充分性，即徐晓介绍黄俊等人到杭州光大银行办理贴现业务与格鲁斯公司曹云福等人截留贴现款之间客观上没有必然联系，主观上徐晓与曹云福等人又缺乏"意思联络"，徐晓对曹云福、黄俊等人预谋意图截留贴现款的行为一无所知。因此，根据刑法犯罪构成理论和因果关系理论，徐晓的行为明显不构成诈骗罪。

可见，无论是从主观方面还是客观方面，徐晓的行为都明显不符合诈骗罪的构成要件，当然也就不构成诈骗罪。

四、证据裁判是现代刑事诉讼的基本原则，其要求是："有证据始得认定案件事实，无证据不得认定案件事实"。且对于案件事实的认定要求达到法定的证明标准，事实不清、证据不足的案件只能依法得出有利于被告人的结论

就该案而言，检察机关的多处指控都存在着事实不清、证据不足问题。（1）检察机关指控"徐晓与黄俊就帮忙办理贴现业务约定了高额好处费"，对于该指控只有黄俊的证言，徐晓始终否认两人有此约定，从证据的角度而言，黄俊一个人的证言显然属于孤证，"孤证不能定案"，当然不足以认定两人有此约定。（2）公诉意见提到"徐晓还通过电话指导吕雄军伪造了增值税发票复印件"，根据本案现有的证据，如前所述，显然也不能认定。（3）关于黄俊证实曾经送给徐晓60万元的问题，根据本案的证据，如前所述，证据矛盾重重，漏洞百出，依法同样不能认定。可见，根据证据裁判原则，本案检察机关起诉书和公诉意见中所提到的多处所谓事实明显证据不足，且不符合本案的客观实际情况，依法当然不能认定。

五、大力防范冤假错案是我国全面推进依法治国的基本要求，也是中央政法委、最高人民法院、最高人民检察院、公安部领导多次强调和高度重视的基本司法目标，同样也是习近平总书记提出的"保证人民群众在每一个司法案件中都能感受到公平正义"的应有之义

为了防范冤假错案，中央政法委2013年下发了《关于切实防范冤假错案的规定》，最高人民法院同年下发了《关于建立健全防范刑事冤假错案工作机制的意见》，两个文件都强调要坚持"证据裁判"原则，对于"定罪证据不足的案件，应当坚持疑罪从无原则，依法宣告被告人无罪，不得降格作出'留有余地'的判决"。就徐晓的行为而言，如前所述，其既无诈骗犯罪的主观故意，又无诈骗犯罪的客观行为，且徐晓介绍黄俊到光大银行办理贴现业务的行为与曹云福等人的"吃票"行为缺乏刑法学意义上的因果关系，根据本案现有的证据，明显不应当认定为犯罪。

六、刑罚谦抑是现代刑事法治的基本价值追求，也是当代各国刑罚适用的基本取向

刑罚的手段应当慎用，可以通过民事诉讼、行政诉讼解决的问题尽量不要通过刑罚手段解决，坚决杜绝和克服通过刑罚手段解决民事纠纷、行政纠纷，坚决克服公安司法机关插手经济纠纷现象。在该案中，徐晓的行为明显不符合任何犯罪构成，依据"罪刑法定"原则应依法宣告其无罪。如果某一利益集团为了追求民事诉讼胜诉，而不当地影响公安司法机关随意启动刑事诉讼程序为民事诉讼收集证据，追诉无辜，其不仅严重违背刑法谦抑精神和罪刑法定原则，更为严重是，该行为严重践踏人权，与全面推进依法治国精神背道而驰。刑事诉讼专门机关不应当成为某一利益集团或者个人实现个人利益和单位利益的工具，而应是所有公民合法权益的守护者。

2018年2月13日，山东省东营市中级人民法院作出徐晓无罪的判决。

关于被告人徐晓是否构成诈骗罪的问题，法院审理认为，指控徐晓在明知曹云福等人预谋"吃票"的情况下仍帮助进行贴现并获取好处费的事实不清，证据不足。

一是证实徐晓明知曹云福等人预谋截留贴现款的证据不足。从主观方面看，黄俊的证言仅能证实宁波银行拒绝贴现后，他找徐晓帮忙联系其他银行进行承兑汇票贴现的事实。黄俊没有告知徐晓该承兑汇票的来源及贴现款的处理，其目的是利用徐晓系银行从业人员的身份联系银行将承兑汇票贴现。证人陈蓉的证言及黄俊、徐晓供述相互印证证实，陈蓉告知徐晓贴现款未打入持票人提供的账户上，徐晓才得知贴现款被截留。故黄俊的

证言无法证实徐晓对于预谋"吃票"的事情是明知的，在案的其他证据也不能证实徐晓与曹云福、黄俊等人有共同诈骗的意思联络。

二是从客观行为看，徐晓并未向被害单位实施虚构事实，隐瞒真相的行为，其只是受黄俊之托帮助联系了贴现银行，且徐晓并非光大银行员工，引荐光大银行的陈蓉行长之后就离开了，并没有参与贴现业务的办理。尽管吕雄军、黄俊的证言，能够证实徐晓电话指导吕雄军制作了假的增值税专用发票复印件，但不排除违规的汇票贴现业务（背书没有真实贸易往来）也需要向银行提供假发票，是为了能够顺利贴现承兑汇票，徐晓对违规贴现的行为是明知的，但没有证据证实徐晓参与截留贴现款的行为和主观故意。造成本案被害单位经济损失的原因是曹云福等人在票据贴现后截留贴现款行为，徐晓违规帮助贴现的行为与被害单位被骗无必然因果关系。

三是关于徐晓的"得赃"，只有黄俊证实给了徐晓 60 万元，杜根友的证言属于传来证据，其证实只是听黄俊说给过徐晓钱，但不知道具体数额和给钱的时间，银行交易明细只能证实杜根友、黄成义取款、徐晓存款的客观事实，二者并不能完全对应，且徐晓自始至终否认收到过黄俊的 60 万元，现有证据不能充分证实徐晓存入的款项来源于黄俊给其的 60 万元。根据徐晓的辩解、辩护人提供的证据及辩护意见，徐晓存入银行的现金系个人自有资金的合理怀疑无法排除，证实徐晓获得好处费的证据不充分，上述证据不能形成完整的证据链条，不足以认定徐晓构成诈骗罪的共犯。故公诉机关指控徐晓犯诈骗罪的证据不足，不予支持。被告人及辩护人的辩解及辩护意见成立，予以采纳。

法院认为，公诉机关指控被告人徐晓犯诈骗罪的事实不清，证据不能达到确实、充分的法定证明标准，不能认定被告人徐晓有罪。判决同案其他五人犯诈骗罪，被告人徐晓无罪。

📝 律师手记

凭空而来的诈骗犯罪

胡长龙

2018 年 2 月 13 日，东营市中级人民 法院对徐晓等人涉嫌诈骗案开庭进行了宣判，合议庭认为指控徐晓在明知曹云福等人预谋"吃票"的情况下仍帮助其进行贴现并获取好处费的事实不清、证据不足，因此判决徐晓无罪。

由于曹云福等同案被告提出了上诉，在一审判决尚未生效的情况下，徐晓被变更强制措施为取保候审，这距离他 2015 年 5 月 22 日被广饶县公安局刑事拘留已经过去了 2 年零 8 个月，共计 998 天。2 年零 8 个月的羁押，不仅给他造成了巨额的经济损失，其身心也受到了极大的摧残和伤害。

被抓前，徐晓供职于恒丰银行杭州分行，是上海业务部负责人，由于工作能力出色，徐晓的薪酬待遇颇丰，而且还有良好的事业发展前景和职业晋升空间。不仅如此，徐晓对艺术品收藏还颇有研究。2013 年 6 月，他加入了中国收藏家协会，还参与编写了《中国当代书画艺术家年鉴》等书，并在浙江桐庐开了家字画古董店，利用周末假日等闲暇时间经营。可以说，被抓前的徐晓拥有令人歆羡的职业和收入，在社会上也享有良好的名望和声誉。但是，本案的发生几乎毁掉了他的一切。徐晓也没有想到自己所遭受的一切只是源于其出于好意为自己在银行的顾客介绍承兑汇票的贴现。

整个案子还得从 2013 年说起。

2013 年 11 月 12 日，山东宇通燃气有限公司以向第三方支付货款为由在建设银行广饶支行申请开具了 1000 万元的承兑汇票 12 张（共计 1.2 亿元）。取得承兑汇票后，宇通公司又取消了与第三方的交易，但并没有将该 1.2 亿元承兑汇票退还开票行，而是通过网络找到了曹云福的格鲁斯公司和黄俊担任董事长的汇诚公司进行承兑汇票贴现。徐晓当时在民生银行工作，由于汇诚公司是徐晓的客户，黄俊和杜根友就电话联系了徐晓，询问其所在的民生银行能否贴现，徐晓答复说当时他们银行的额度只有3000万元。黄俊就问他能否帮忙介绍一下其他银行帮助贴现，徐晓随后联系了杭州光大银行钱江支行的行长陈蓉，陈蓉答复说可以做该笔业务，只不过贴现材料的审核需要通过杭州分行。因为汇诚公司的人与陈蓉不熟悉，徐晓就与黄俊等人约好，在光大银行钱江支行的大厅会面，徐晓将黄俊和同来的两位宇通公司工作人员介绍给陈蓉随后离开。具体业务办理过程，徐晓并没有参与。

这样，以汇诚公司作为包装公司，格鲁斯公司作为第三方，黄俊等人成功在光大银行贴现，光大银行杭州分行于14日12时29分许，将贴现款115 777 996元打入汇诚公司账号，同日13时30分后，黄俊分批将贴现款打入格鲁斯公司建设银行永康支行账户中，曹云福将本次贴现的中介费1251万元打入陈信良账户后，黄俊将全部贴现款1.157 413 8亿元打入格鲁斯公司建设银行永康支行账户中。随后，曹云福陆续将4268万元汇入宇通公司，截留贴现款共计人民币7306.138万元，主要用于归还个人借款、公司贷款及本次贴现的好处费，这也导致宇通公司未能收回全部贴现款，造成了7000万元的损失，于是宇通公司向公安机关报案。

2014年，东营市人民检察院将格鲁斯公司和汇诚公司的相关人员移送法院起诉，因事实证据问题检察院后来撤回了起诉。2015年，广饶县公安局又抓捕多人，其中就包括将该笔业务介绍给光大银行的徐晓，而当时徐晓正在上海出差。

徐晓被抓后，其妻子联系到我，希望我能为徐晓辩护，在向她大致了解案情后，我感觉这很有可能是一起冤案，便决定接受委托。接案后的第二天，我就放下手中的工作，赶赴广饶看守所会见了徐晓，详细询问他了案件的基本情况。在会见过程中徐晓坚称其对于曹云福串通黄俊等人预谋中间"吃票"一事并不知情，也并未因介绍业务而接受黄俊等人的任何好处，自己是被冤枉的。这也证实了我的推断，也坚定了我对徐晓作无罪辩护的信念。

会见完后，我当即向本案的侦查机关递交了取保候审申请书，与案件承办人员就徐晓是否构成诈骗罪进行了深入沟通，遗憾的是，对方并没有接受我们的意见，取保候审的申请也没有被批准。

案件移送检察机关审查起诉后，我在第一时间复制了全部的卷宗材料，并形成了系统详尽的书面辩护意见，积极与公诉人进行沟通，但是本案最后还是被起诉到了法院。

第一次开庭，我与浙江智霖律师事务所的姜远军律师搭档，就案件的事实、证据和法律问题与公诉人进行了激烈的交锋，充分发表了我方的辩护观点，显然公诉方的证据并不足以指控徐晓构成诈骗罪。所以在第一庭审结束后，检察机关就徐晓成罪问题分三次向法庭补充提交了证据，包括黄俊等人讯问笔录、徐晓的银行流水等，用以证明徐晓在介绍完成业务后收受了黄俊60万元好处费，从而得出徐晓事前知道黄俊等人的诈骗意图的结论。东营中院也组织了第二次开庭。

颇为蹊跷的是，黄俊之前在接受讯问时，在回答"你给徐行长好处了吗"时，他非常明确地回答"没有"。但这一次黄俊却供述了给徐晓好处，本次的讯问时间为2015年11月17日，而宇通公司起诉光大银行要求光大银行就本次贴现过程中宇通公司的损失承担赔偿责任的民事案件是在前一天，也就是在2015年11月16日开庭，且黄俊也没有因本案受到追诉。这不能不令人产生这样的怀疑：因黄俊、曹云福等人的行为给宇通公司造成的损失巨大，宇通公司要转移损失，光大银行是首选。光大银行是徐晓联系的贴现行，想抓住光大银行承担责任，转嫁损失，必须从徐晓处着手。这就可能出现民事案件开庭后，在庭审不利的情况下，有关部门或者人员通过对黄俊许以一定的优待而换取黄俊指正徐晓的证据，进而为民事案件的审判收集证据，达到转嫁损失、为当地企业服务的目的。当然这也仅是我作为徐晓辩护律师的一种揣测和推断。

2016年7月12日，东营中院判决认定徐晓构成诈骗罪，判处有期徒刑5年，徐晓当庭表示上诉。案件移送到山东省高级人民法院后，山东省人民检察院指派检察员进行了书面阅卷，检察员认为本案在涉及的徐晓是否成立诈骗犯罪方面，存在事实不清证据不足的问题，因此建议撤销原判、发回重审，所以本案被山东省高级人民法院裁定发回重审。发回重审后，东营中院另行组成合议重新开庭庭审理了此案，在法庭上，我们对徐晓不构成诈骗罪作了充分、透彻的说理和论证，虽然出庭检察员仍然坚持认为徐晓构成诈骗罪，但在论据和论证上，都遭到了我方强力的辩驳。

值得肯定的是，重审一审法官坚守住了法律的底线，判决徐晓无罪。徐晓也赶在了2018年春节前回到家，与离别多时的妻女团聚。

一审判决后，本案的其他被告人提出了上诉，2018年6月27日，山东省高级人民法院作出终审裁定：驳回上诉，维持原判。至此，徐晓终于沉冤昭雪，获得无罪之身。

徐晓能获得平反，确实应该为我国的法治进步、为东营中院的勇于纠错和敢于担当点赞，但我们也需要对本案的成因、教训作进一步总结、反思和检讨，以警示未来。

评议

本案涉及承兑汇票贴现业务，金额高达1.2亿元，地跨浙江和山东两省，共有6名被告人涉案，两位律师通力合作，从主观和客观两方面将当事人徐晓与其他5名被告的行为成功进行了切割，彰显了律师高超的辩护水平。

本案一共有6名被告人，其中部分被告人的供述内容存在差异，需要律师谨慎细微地梳理案件事实。根据卷宗材料，律师就被告人徐晓不构成诈骗罪发表了充分的辩护意见，从事实到法律，从案件到政策，从多个方面依据证据进行了辩护。

首先，律师从犯罪构成要件进行审视，通过对诈骗罪的构成要件以及徐晓在本案中的行为进行分析，从而坚持"罪刑法定"的原则进行无罪辩护。

认定犯罪必须坚持主客观相统一的原则，律师在论证徐晓不具备诈骗的主观故意后，进而论证其行为也不具备诈骗罪的客观行为特征，即"以虚构事实、隐瞒真相的手段，骗取数额较大的公私财物"。在分析客观行为时，关键点在于徐晓的行为是否属于"虚构事实、隐瞒真相"。在整个案件中，徐晓主要是介绍客户到光大银行贴现以及要求黄俊等被告人重新提供符合要求的贴现资料，就介绍行为而言不存在"虚构事实、隐瞒真相"，至于是否与其他被告人具有意思联络的问题，在主观故意的论证中已经说明徐晓对于预谋贴现诈骗的事实无从知晓；而要求重新提供贴现资料的行为也是一种基于专业角度的行为。单纯离开主观意图无法准确认定客观行为的性质。

其次，律师将证据裁判规则与本案事实结合说明，对于事实不清、证据不足的案件只能依法作出有利于被告人的结论。尤其是在针对徐晓收受好处费的问题上只有黄俊一人的证言，更应当严格坚持证据裁判规则。

最后，律师在案件事实之外，在政策性与刑法原则性方面也进行了充分的辩护。

武汉"摸狗命案"改判：哥哥正当防卫

雷　刚　李　伟

回顾

　　杨建伟和杨建平是亲兄弟。杨建伟是弟弟，杨建平是哥哥，两人住处相邻。2016年2月28日中午1时许，杨建伟、杨建平坐在杨建平家门前聊天，哥哥杨建平因摸了经过其身边的一条狼狗而遭到狼狗主人彭某某的指责，兄弟二人与彭某某发生口角。彭某某扬言要找人报复，杨建伟即回应："那你来打啊！"后彭某某离开。杨建伟返回住所将一把单刃尖刀、一把折叠刀藏于身上。

　　约十分钟后，彭某某返回上述地点，其邀约的黄某、熊某某、王某持洋镐把跟在身后十余米。彭某某手指坐在自家门口的杨建平，杨建平未予理睬。彭某某接着走向杨建伟家门口，击打杨建伟面部一拳，杨建伟即持单刃尖刀刺向彭某某的胸、腹部，黄某、熊某某、王某见状持洋镐把冲过去对杨建伟进行围殴，彭某某从熊某某处夺过洋镐把对杨建伟进行殴打，双方打斗至杨建伟家门外的马路边。熊某某拳击，彭某某、黄某、王某持洋镐把，四人继续围殴杨建伟，致其头部流血倒地。彭某某持洋镐把殴打杨建伟，洋镐把被打断，彭某某失去平衡倒地。

　　杨建平见杨建伟被打倒在地，便从家中取来一把双刃尖刀，冲向刚从地上站起来的彭某某，朝其胸部捅刺。杨建平刺第二刀时，彭某某用左臂抵挡。后彭某某受伤逃离，杨建平持刀追撵并将刀扔向彭某某，未中，该刀掉落在地。黄某、熊某某、王某持洋镐把追打杨建平，杨建平捡起该刀边退边还击，杨建伟亦持随身携带的一把折叠刀参与还击。随后黄某、熊某某、王某逃离现场。经法医鉴定，被害人彭某某身有七处刀伤，且系被他人以单刃锐器刺伤胸腹部造成胃破裂、肝破裂、血气胸致急性失血性休克死亡。另杨建伟、黄某、熊某某均受轻微伤。

✳ 案件

案发后，群众及杨建平分别报警，公安民警随即赶至现场。

2016年2月29日，杨建平因涉嫌故意伤害罪被武汉市公安局武昌区分局刑事拘留，同年4月7日被逮捕。2016年9月1日，湖北省武汉市武昌区人民检察院向湖北省武汉市武昌区人民法院提起公诉。

起诉书指控：被告人杨建伟、杨建平于2016年2月28日13时许，在本市武昌区杨园街四十八栋2-31号其住所门前，遇彭某某遛狗路过，因被告人杨建平触摸了彭某某所牵的狗，双方为此发生口角。彭某某当即扬言去找人报复。被告人杨建伟、杨建平闻言便返回家中将尖刀藏在身上。当日14时许，彭某某邀约黄某、熊某某等人持洋镐把至上述地点寻被告人杨建伟、杨建平报复，双方相遇发生打斗。其间，被告人杨建伟、杨建平分别持尖刀朝彭某某的胸腹部猛刺数刀，致使彭某某因失血过多而死亡；并将黄某、熊某某刺伤。经鉴定：彭某某系被他人以单刃锐器刺伤胸腹部造成胃破裂、肝破裂、血气胸致急性失血性休克而死亡；黄某左肩部软组织挫裂伤，损伤程度为轻微伤；熊某某头皮、左肩背部、左手指软组织挫裂伤，损伤程度为轻微伤。被告人杨建伟、杨建平后被公安机关查获归案。

检察院认为，被告人杨建伟、杨建平持刀故意伤害他人身体，致人死亡，应当以故意伤害罪追究其刑事责任。

2017年2月7日，湖北省武汉市武昌区人民法院作出判决，认定杨建伟、杨建平二人均构成故意伤害罪，分别判处有期徒刑15年和11年，并赔偿附带民事诉讼原告人经济损失56万元。原审附带民事诉讼原告人彭某斌、胡某梅，原审被告人杨建平、杨建伟均提出上诉。武汉市中级人民法院发回重审后，湖北省武汉市武昌区人民法院另行组成合议庭，于2018年5月8日判决被告人杨建平犯故意伤害罪，判处有期徒刑9年；杨建平、杨建伟不服，均提出上诉。

2018年，湖北省武汉市中级人民法院依法组成合议庭，公开开庭对此案进行二审审理，湖北省武汉市人民检察院指派检察员依法出庭履行职务，并当庭发表如下检察意见：

1. 上诉人杨建伟、杨建平与彭某某发生口角后，好勇斗狠形成共同的意思联络，并持刀故意伤害他人身体致人死亡的行为，构成故意伤害罪，不符合正当防卫的构成要件。

2. 鉴定人及鉴定机构的鉴定资质有效，鉴定程序合法，鉴定意见客观真实，应当予以采信。

3. 一审认定杨建伟自首，但其在二审开庭中否认持刀伤人的事实，不符合自首的构成要件，鉴于上诉不加刑原则，建议二审法院维持量刑。

综上，原审认定的事实清楚，证据确实、充分，定罪准确，量刑适当，审判程序合法，建议二审法院驳回上诉，维持原判。

湖北中和信律师事务所接受被告人杨建平之委托，指派雷刚、李伟律师担任其涉嫌故意伤害一案的二审辩护人。辩护人自接受委托以来，历经近3年辩护、5次开庭审理，现更加坚信：杨建平挽救弟弟于危难之时，事先无合谋，其行为属于依法行使无限防卫权，应当宣告无罪。

本案辩护过程中，正值中央大力推动"以审判为中心的刑事诉讼制度改革"。继而，最高人民法院于2017年2月17日发布《最高人民法院关于全面推进以审判为中心的刑事诉讼制度改革的实施意见》，其中第4条明确要求："坚持程序公正原则，通过法庭审判的程序公正实现案件裁判的实体公正。发挥庭审在查明事实、认定证据、保护诉权、公正裁判中的决定性作用，确保诉讼证据出示在法庭、案件事实查明在法庭、诉辩意见发表在法庭、裁判结果形成在法庭。"我们对司法改革充满期待。

辩护人在本案二审开庭（2018 年 8 月 7 日）前提出关于法庭审理过程在互联网上直播的申请，合议庭同意并付诸实施；庭审直播也吸引了广大民众对本案以及本案涉及正当防卫制度的高度关注，为广大民众奉献了一场"法治公开课"。辩护人对此感到十分欣慰。此举正是人民法院贯彻程序公开、推动以审判为中心的刑事诉讼制度改革的重大举措。

不过，辩护人在二审开庭时也有些许遗憾，比如未能在 2018 年 8 月 7 日庭审中充分、全面地发表辩护意见。广大观众来信也表示，未能通过庭审直播看到辩护律师全面发表的结案陈词而略有遗憾。

鉴于本案审理历时长久，也为弥补庭审发言受限之不足，辩护人特整理辩护意见形成书面陈词，呈交二审法官阅读、评判和参考，期以程序公正实现实体公正。

第一篇　对武昌法院一审判决错误之处的辩驳

辩护人针对武昌区人民法院在本案发回重审后作出的（2017）鄂 0106 刑初 804 号刑事判决书中的错误之处进行辩驳，以便合议庭全面掌握案件事实。

一、一审判决第 6 页认定杨建平与彭某某"好勇斗狠"严重错误

"期间彭某某对杨建伟进行言语威胁并扬言随后要找人报复杨建伟，杨建伟当即回称'那你来打啊'，双方此时呈现好勇斗狠状态。"如果只从这一句话分析，主体为彭某某和杨建伟。但是，结合前句"杨建伟见状上前参与争吵，与彭某某发生口角"可知，一审判决该处的"双方"所指

代的真正主体为彭某某、被告人杨建伟和杨建平。该严重错误在于一审法院凭空、强行给杨建平冠以"与彭某某好勇斗狠"子虚乌有的事实。实际上，根据本案现有证据，杨建平根本没有与彭某某"好勇斗狠"。

一审法院错误认定该事实，直接导致了其在此后的"事实和证据评判"及"法律适用"两大部分均存在严重错误——先入为主地认定杨建平与彭某某好勇斗狠。基于此，杨建平的行为自然不会被认定为正当防卫。

驳斥理由及依据如下。

1.根据案发现场监控记录，杨建平自始至终没有与彭某某"好勇斗狠"（见案发现场监控2016年2月28日13:17:43—13:18:05），即便其在遭受彭某某多次辱骂、极端死亡威胁后，杨建平仍然没有与其对骂、斗狠等行为。

2.根据杨建平2016年2月28日在公安机关的供述"彭某某对我说'你个××想死吧'，我就说你是怎么说话的，他又说'你个××邪完了，老子分分钟把你个××打死'！该笔录中也未见杨建平与彭某某对骂、好勇斗狠的任何证据。（根据一审笔录第42页之记载，因控辩双方对杨建平该供述均无异议，合议庭已当庭确认该供述的证据效力）

3.结合彭某某返回现场后的表现来看，彭某某路过坐在沙发上的杨建平时，虽有肢体语言威胁行为，但其并未攻击杨建平，而是直接攻击杨建伟。（见案发现场监控2016年2月28日13:27:52—13:27:55）视频监控中的内容也证明杨建平没有与彭某某"好勇斗狠"。一审法院得出杨建平与彭某某"好勇斗狠"的结论显然与本案案发现场监控相矛盾，更与其查明的"彭某某行至杨建平家门口，手指杨建平"的事实相互矛盾。

二、一审判决第6页之"挑衅"认定错误，实为持械报复

"挑衅"的本义是"企图引起争端"。而结合案发现场监控，彭某某返回现场后，所邀约人员均持洋镐把，事前有预谋，因此，该行为不属于"挑衅"，而是有预谋、有组织的持械报复行为。

三、一审判决第 6 页"手指杨建平"后遗漏重要事实

根据案发现场监控显示，彭某某手指杨建平，并且再次骂了杨建平"看着你不老实，信不信把你柜台都砸了"！杨建平对此并没有回嘴。故一审法院遗漏彭某某返回现场后辱骂杨建平，杨建平没有回嘴的事实。

四、一审判决第 6 页关于杨建平返回家中取刀的情节遗漏重要事实

1.2016 年 2 月 28 日案发现场监控显示，2016 年 2 月 28 日 13：27：54，彭某某消失于监控死角（监控死角为杨建伟住所及门前），开始对杨建伟进行殴打、报复；13：28：17，彭某某和杨建伟几乎同时从监控死角出现于监控视频中，即彭某某消失在监控视频中的时间累积达 23 秒。

2. 结合 2018 年 2 月 28 日案发后，侦查机关现场勘验后形成的《提取痕迹、物证登记表》《2016.2.28 杨园伤害致死现场平面示意图》（下称《示意图》），《示意图》中标记为"2-30"即为杨建伟住所，标记为⑧（屋门外滴落血 1）、⑨（屋门外滴落血 2）均位于杨建伟住所正前方，可进一步确认监控死角为杨建伟住所内及门前。

3. 结合武公物鉴（物）字〔2016〕615 号《物证鉴定书》"鉴定意见"之记载——a."在送检的标记'屋门外滴落血 2'检出人血痕，其 DNA 分型与标记彭某某的检材 DNA 分型均一致，在排除近亲与多胞胎的前提下，支持在上述检材中均检出彭某某的血痕"，据此，《示意图》中标记为⑧号的血迹为彭某某之血迹；b."在送检的标记'屋门外滴落血 1'检出人血痕，其 DNA 分型与标记杨建伟的检材 DNA 分型均一致，在排除近亲与多胞胎的前提下，支持在上述检材中均检出杨建伟的血痕"，据此，《示意图》中标记为⑨号的血迹为杨建伟之血迹。

4. 结合现场监控视频，黄某、熊某某、王某三人于 13：28：06 先后消失

于监控死角，13:28:17，黄某、熊某某、王某三人从监控死角出现于监控画面中，在此 11 秒内，三人加入彭某某共同围殴杨建伟的行动中，杨建伟由此前仅面对彭某某一人的殴打，瞬间变为遭四人围殴。

5. 结合前述 1、4 可确定，彭某某返回现场后，首先对杨建伟发难攻击，黄某、熊某某、王某等人随即立即加入围殴，杨建伟在监控死角一直处于被动挨打的状态。

6. 根据案发现场监控，13:28:05，杨建平消失于监控画面中，13:28:17，杨建平出现于监控视频中。根据上述 1、4、5 已知，杨建伟在此期间正被彭某某为首的团伙围殴；而杨建平消失于监控视频中的时点，正是彭某某殴打杨建伟已达十余秒、黄某等人正跑步加入围殴行动之时。此时杨建伟被围殴的力度瞬间加剧。

综上所述，一审判决该部分遗漏了下列事实——"2016 年 2 月 28 日 13:27:54，彭某某消失于监控死角（监控死角为杨建伟住所及门前），开始对杨建伟进行殴打、报复，彭某某、杨建伟均在杨建伟家门口滴落有血迹。13:28:06，黄某、熊某某、王某三人先后挥舞洋镐把消失于监控死角，加入彭某某围殴杨建伟的行动中；13:28:17，黄某、熊某某、王某三人挥舞洋镐把围殴杨建伟的画面出现于监控中，在此 11 秒内，杨建伟由遭受彭某某一人殴打变为遭四人围殴；13:28:05，杨建平从监控视频中消失，13:28:17，杨建平出现于监控视频中。因杨建平见杨建伟由彭某某一人殴打变为遭四人围殴，即转身返回家中取刀"。

五、一审判决第 7 页"单边开刃的尖刀"描述严重错误

1. 根据《扣押物品清单》对杨建平刀具特征的描述"双刃，铁制刀柄镶深棕色木柄"可知，杨建平的刀具为双刃，而非单刃。

2. 根据一审判决第 16 页"该军用刺刀双刃，刀的两边开有血槽，刀是其三十多年前从江边捡回的且一直收藏"之记载，该刀具也是双刃。

3. 而在同一份判决中，一审法院又认定"经本院当庭确认，根据该军用刺刀外观特征认定其有一面未开刃，确系单刃刀具"，该认定明显与在案上述证据①矛盾，也与判决中描述相悖。

4. 根据《公安部关于印发〈管制刀具认定标准〉的通知》（公通字〔2007〕2号，依据2018年5月4日公安部发布的《关于对公安部规章和规范性文件清理结果的公告》，该规范性文件仍现行有效）之规定，"刀刃（刃口）：是指刀身上用来切、削、砍的一边，一般情况下刃口厚度小于0.5毫米"，据此，是否为单刃刀具，应当依据相关技术标准进行认定，而一审法院根据法官主观认知进行判断，违背社会常理常识，显然于法无据。

六、一审判决第7页"杨建平向杨建伟高喊'把他捉到，搞死他'"遗漏重要事实

1. 根据案发现场监控，13:28:23，熊某某、王某、黄某三人先后开始追打杨建平，杨建平见状即往商店方向折返，熊某某、王某、黄某三人尾随。13:28:28，彭某某消失于监控视频中。13:28:39，熊某某拿过黄某手中的洋镐把，13:28:40，熊某某持洋镐把追打杨建平至"杨园街四十八栋"路牌旁，黄某、王某两人在熊某某身后不远处观望；13:28:43，熊某某持洋镐把殴打杨建平左臂；13:28:45，熊某某再次持洋镐把殴打杨建平左臂。杨建伟见状即从熊某某背后抱住熊某某，欲阻止熊某某对杨建平的殴打；与此同时，熊某某身旁的王某手持洋镐把、黄某拾起地上的板凳开始殴打杨建平，熊某某则与杨建伟纠缠在一起，直至13:28:51。因熊某某在彭某某离去后，仍然未放弃对杨建平、杨建伟的持械殴打，故杨建平向杨建伟高呼"把他捉到，搞死他"。该处的"他"并非指代彭某某，而是指代彭某某的同伙熊某某，因彭某某已经于2016年2月28日13:28:28消失于监控视频中。

2. 从现场监控看，13:28:45至13:28:50，黄某和王某两人殴打杨建平，13:28:51黄某和王某两人转身离开，同时，熊某某没有继续与杨建伟纠缠；

13:29:03，熊某某从监控视频中消失；即在此期间，黄某和王某围殴杨建平，熊某某则与杨建伟纠缠在一起，杨建平没有再与熊某某发生肢体接触。

3. 一审判决第 24 页中"其伤害他人的意图明显"，显然是一审法院张冠李戴，杨建平上述话语指代的对象系熊某某，而非已经先行离开的彭某某；从监控上看，杨建平说出上述话语直至熊某某从监控中消失，都没有与熊某某发生肢体接触，更没有伤害熊某某的行为；假设杨建平上述话语中有伤害熊某某的意图，也不能推断出杨建平具有伤害彭某某的意图。

4. 根据鄂诚信（2016）临鉴字第 330 号《法医学司法鉴定意见书》之记载，熊某某的损伤为轻微伤。据此，从结果上来看，熊某某的损伤也仅为轻微伤，反证杨建平没有故意伤害熊某某的行为。

综上，一审判决遗漏以下事实：

13:28:23，熊某某、王某、黄某三人先后开始追打杨建平，杨建平见状即往商店方向折返，熊某某、王某、黄某三人尾随。

13:28:28，彭某某消失于监控视频中。

13:28:39，熊某某拿过黄某手中的洋镐把，13:28:40，熊某某持洋镐把追打杨建平至"杨园街四十八栋"路牌旁，黄某、王某两人在熊某某身后不远处观望；13:28:43、13:28:45，熊某某两次持洋镐把殴打杨建平左臂；13:28:51，杨建伟见状与熊某某纠缠在一起。

13:28:45 至 13:28:51，黄某持地上的板凳、王某持洋镐把殴打杨建平。杨建平见熊某某在彭某某已经离开现场后，仍与杨建平、杨建伟纠缠不休，杨建平遂向杨建伟高喊"把他捉到，搞死他"。故杨建平只是用语言威胁侵害方，以达到防卫之目的。

七、一审判决第 8 页认定杨建平的军刺可以形成彭某某的致死创口没有依据

1. 根据案卷武公昌技法刑字（2016）第 02 号鉴定意见（下称尸检报告）

记载，侦查单位委托鉴定的事项为"死亡原因"，而非致伤（死）物认定之鉴定。

2. 认定杨建平所持刀具为单刃尖刀与现有证据不符，上文已论，不再赘述。

3. 2017 年 11 月 15 日的《情况说明》并不是鉴定意见，如果司法机关认为尸检报告不符合技术规范、法律规定，应当依法重新鉴定，司法机关要求鉴定机构出具《情况说明》没有法律依据。

4. 尸检报告上载明的鉴定人均未参加制作《情况说明》；《情况说明》没有记载得出"可以形成"结论的检查过程、技术规范依据等，不属于鉴定意见。

5. 从证明标准而言，杨建平的刀具能否形成彭某某致死创口，属于事关杨建平定罪和量刑的重要事实，但该事实显然没有达到事实清楚、证据确实充分的证明标准，不符合证据采信规则。

综上所述，武昌区人民法院一审判决存在多处事实认定错误，且多次遗漏重要事实，恳请二审法院予以纠正。

第二篇　对控方尸检鉴定意见、《情况说明》等的质证意见

一、对武公昌技法刑字（2016）02 号鉴定意见书的质证意见

辩护律师对该鉴定意见的合法性、关联性及证明目的均有异议，其多处违反《刑事诉讼法》关于鉴定意见的禁止性规定，建议法庭不予采信鉴定意见，具体理由如下：

1. 武昌公安分局不属于地市级以上公安机关，不能从事法医病理鉴定，其超越了法定许可的鉴定范围出具的鉴定意见，依法不应当采纳。

根据司法部《关于下发〈司法鉴定执业分类规定（试行）〉的通知》第 4 条、第 5 条之规定，法医病理鉴定和法医临床鉴定分别属于不同的鉴

定类别；本案二审出庭鉴定人亦当庭确认本案的死亡原因鉴定属于法医病理鉴定。根据《公安机关鉴定机构登记管理办法》第12条规定，地市级以上公安机关可申请登记包括法医临床学、法医病理学、法医物证学、法医人类学、法医毒理学等法医鉴定项目；根据《公安机关鉴定机构登记管理办法》第13条规定，县级公安机关可申请登记的项目仅限于法医临床和法医物证检验鉴定项目。根据本案的鉴定要求（死亡原因）和检验依据（法医病理学技术规范），可再次确认案卷中刑事鉴定意见属于法医病理学鉴定。本案公诉机关提交的鉴定单位2011年8月发证的资格证书上载明的鉴定项目虽有"法医病理检验鉴定"，但武昌区公安司法鉴定中心的鉴定范围明显违反《公安机关鉴定机构登记管理办法》关于鉴定机构鉴定范围的规定，故其2011年8月取得的司法鉴定许可证属于违法取得，且违法行为持续至本案鉴定意见出具之时，超越法定鉴定范围出具鉴定意见；同时违反《刑诉法司法解释》第85条第（1）项"超出鉴定机构业务范围"的禁止性规定，依法不应当采信（辩护律师特别提请法庭注意：公诉机关在本案中也提交了武昌公安司法鉴定中心2016年发证的鉴定机构的许可证书，其鉴定范围中已经没有法医病理鉴定项目）。

2. 鉴定机构在出具本案鉴定意见时，不具备法定的CMA资质证书。

全国人大《关于司法鉴定管理问题的决定》第5条规定："法人或者其他组织申请从事司法鉴定业务的，应当具备下列条件：（1）有明确的业务范围；（2）有在业务范围内进行司法鉴定所必需的仪器、设备；（3）有在业务范围内进行司法鉴定所必需的依法通过计量认证或者实验室认可的检测实验室；（4）每项司法鉴定业务有3名以上鉴定人。"该法条第3项即为鉴定机构应当取得计量认证或者实验室认可的法源，并且鉴定机构取得计量认证或者实验室认可是申请从事司法鉴定业务的前提条件。二审出庭检察员的逻辑错误在于，认为鉴定机构取得鉴定许可后，再取得计量认证证书（CMA证书）是合法行为。

《检验检测机构资质认定管理办法》第3条第（1）项规定："为司

法机关作出的裁决出具具有证明作用的数据、结果的，应当依法取得资质认定证书。"武昌区公安司法鉴定中心出具的鉴定意见，属于为司法机关裁决提供有证明作用的结果，其应当提交 CMA 资质认定证书，证明其经过了质量技术监督部门的行政许可，具有合法资质。同时，根据辩护人 2018 年 8 月 2 日在武汉市检察院阅卷时发现的武汉市武昌区公安司法鉴定中心检验检测机构资质认定证书，载明其 CMA 证书的取得时间为 2018 年 3 月 23 日，故鉴定机构在从事本案鉴定时并不具备《司法鉴定管理问题决定》等法律明确要求的资质证书。二审的出庭检察员亦认可鉴定机构在出具鉴定意见时并不具备 CMA 资质证书，但以公安部、国家认证认可监督管理委员会内部印发的《关于开展全国公安机关刑事技术机构资质认定工作的通知》[公刑（2015）1681 号文] 等为由，认为鉴定机构事后取得计量认证合法。辩护人需要指出的是，公刑（2015）1681 号文属于公安部的内部文件，且全国人大《关于司法鉴定管理问题的决定》的规定属于法律，法律位阶和效力均比公刑（2015）1681 号文高，时间也早于公刑（2015）1681 号文。全国人大制定的法律应当被不折不扣地执行，不能以公安部的内部文件为本案公安鉴定机构的违法行为开脱，进而由本案的被告人承受鉴定机构违法的不利法律后果。

据此，鉴定意见因违反《刑诉法司法解释》第 85 条第（1）项"鉴定机构不具备鉴定资质"的禁止性规定，依法不应当采纳。

3. 贾某、吕某某两位署名的法医不具备公安司法鉴定人的法定资质，鉴定意见依法不能采信。

《司法鉴定管理问题决定》第 4 条规定，"具备下列条件之一的人员，可以申请登记从事司法鉴定业务：（1）具有与所申请从事的司法鉴定业务相关的高级专业技术职称；（2）具有与所申请从事的司法鉴定业务相关的专业执业资格或者高等院校相关专业本科以上学历，从事相关工作 5 年以上；（3）具有与所申请从事的司法鉴定业务相关工作 10 年以上经历，具有较强的专业技能"。《公安机关鉴定人登记管理办法》（下称《管理办法》）

第9条规定，"（1）在职或者离退休的具有专门技术知识和技能的人民警察；（2）遵守国家法律、法规，具有人民警察职业道德；（3）具有与所申请从事鉴定业务相关的高级专业技术职务资格；或者具有与所申请从事鉴定业务相关的法医官、鉴定官专业技术职务执业资格或者高等院校相关专业本科以上学历，从事相关工作5年以上；或者具有与所申请从事鉴定业务相关工作10年以上经历和较强的专业技能；（4）所在机构已经取得或者正在申请《鉴定机构资格证书》；（5）身体状况良好，适应鉴定工作需要"。《管理办法》第9条第（3）项即为公安鉴定人的技术资格要求。

公安部、人事部2004年联合发布的《关于在全国公安机关刑事科学技术、技术侦察队伍试行专业技术职位任职制度的通知》附件5——《公安机关刑事科学技术、技术侦察队伍专业技术职位专业技术资格评价办法》第1条的规定，"工程系列和卫生系列专业技术资格均分为高级、中级、初级3个等级"，法医专业的技术职称为"高级专业技术资格：主任法医师、副主任法医师；中级专业技术资格：主检法医师；初级专业技术资格：法医师、法医士"。

根据公诉机关逾期提交的《关于贾某等四名同志获得初级专业技术资格的通知》[武公技任（2013）7号]记载："经武汉市公安机关刑事科学技术初级专业技术资格评审委员会评审和认定，贾某同志获得法医师资格，技术资格起算时间为2012年12月28日"，该文件的落款时间为2013年1月11日。据此，本案中的鉴定人贾某从2012年12月28日起的技术资格为法医师，且为初级技术专业资格；而根据《管理办法》第9条的规定，取得专业技术资格后，必须"从事相关工作5年以上"，才能依法申请公安司法鉴定人资格。贾某取得法医师后，如果连续5年都从事法医工作，则最早应当是2017年12月29日才具备公安司法鉴定人的申请资格。

根据公诉机关逾期提交的吕某某的职称证书，同样证明吕某某取得法医师职称的时间为2012年8月，其最早也只能在2017年8月才具备申请公安司法鉴定人的法定资格。

根据 2018 年 8 月 1 日武汉市武昌区公安司法鉴定中心提交的《情况说明》，载明"贾某、吕某某具有法医师专业技术资格，两人的法医类检验鉴定鉴定人资格证书正在办理"，据此，鉴定机构也自认在出具鉴定意见书时，贾某、吕某某两人均不具备鉴定人的法定资格。

本案中，根据公诉方补充提交的贾某的法医师资格任命文件、吕某某的法医师职称证书、鉴定机构 2018 年 8 月 1 日的情况说明，确认贾某、吕某某两人在出具鉴定意见时不具备鉴定人法定资格的证据确实充分，鉴定意见依法无效。

4. 黄某的鉴定人资格原始取得违法，且违法状态持续至今，应认定黄某不具备合法鉴定人资质。

2014 年 3 月 12 日，荆楚网发布过一篇名为《80 后女法医上演武汉版鉴证实录，让死者"说出"真相》的报道；2014 年 3 月 24 日，中央政法委主办的《中国长安网》刊登了一篇名为《湖北省武汉市公安局武昌分局民警黄某》的报道，两篇文章的主人公均为本案武昌公安司法鉴定中心的法医黄某。前述两篇报道均记载"23 岁时，黄某从同济医科大学法医系毕业，进入武昌区公安分局"。

辩护律师查阅到 2012 年 4 月第 28 卷第 2 期的《法医学杂志》上有一篇《老年女性杀人 1 例》的论文，论文的署名作者有黄某、李某五人，其中黄某、李某的工作单位是武汉市公安局武昌区分局（即本案的两名签名鉴定人），黄某的简介处记载"1984 年出生"。结合上述新闻报道中的信息，黄某毕业和进入武昌公安分局的时间均为 2007 年（1984+23）。根据公安部、人事部 2004 年联合发布《关于在全国公安机关刑事科学技术、技术侦察队伍试行专业技术职位任职制度的通知》（国人部发〔2004〕67 号）关于公安法医职称的规定，黄某最早只可能在 2008 年取得法医师初级技术职称（技术职称≠司法鉴定人资格）！

《司法鉴定管理问题决定》第 4 条第（2）项规定，鉴定人必须"具有与所申请从事的司法鉴定业务相关的专业执业资格或者高等院校相关专业本科以上学历，从事相关工作 5 年以上"；《管理办法》第 9 条第（3）项也规定"具有与所申请从事鉴定业务相关的高级专业技术职务资格；或者具有与所申请从事鉴定业务相关的法医官、鉴定官专业技术职务执业资格或者高等院校相关专业本科以上学历，从事相关工作 5 年以上；或者具有与所申请从事鉴定业务相关工作 10 年以上经历和较强的专业技能"。以上均为公安鉴定人的技术资格要求之一。据此，假设黄某进入武昌分局后一直从事法医工作，自其 2008 年取得法医师资格起，最早也只能在 2013 年具备鉴定人的申请资格。本案中黄某鉴定人资格的取得时间为 2011 年，严重违反《司法鉴定管理问题决定》等强制性要求，黄某的鉴定人资格原始取得违法，且违法状态持续至今。本案庭前会议中，辩护律师已申请法院调取全部鉴定人取得鉴定人资格时的原始登记档案材料。故恳请法院对该问题予以充分重视、查明。

5. 二审检察员关于"两名鉴定人具有资质，鉴定意见即合法有效"的辩解理由不能成立。

首先，办案单位委托进行鉴定，必须由具有司法鉴定人资格的鉴定人来实施。如上述，辩护律师已经提出本案中署名的"鉴定人"贾某、吕某某在实施鉴定时均不具备法定资质；黄某的鉴定人资质原始取得违法，故足以认定本案中三名署名的鉴定人均不具备法定资质。

其次，《司法鉴定管理问题决定》第 10 条规定："司法鉴定实行鉴定人负责制度。鉴定人应当独立进行鉴定，对鉴定意见负责并在鉴定书上签名或者盖章。多人参加的鉴定，对鉴定意见有不同意见的，应当注明。"据此，每一位签名的鉴定人均应当对鉴定意见承担法律责任，否则前述法律将形同虚设，而非出庭检察员所认为的部分鉴定人对鉴定意见负责、部分鉴定人有资质，则鉴定意见即有效。

最后，《刑诉法司法解释》第 85 条第（2）项明确规定："鉴定人不具备法定资质，鉴定意见不得作为定案根据。"该规定属于法律的强制性规定，必须不折不扣地执行。本案中三名鉴定人不具备法定资质，鉴定意见当然不应采信。

6. 鉴定人资格证书未加盖年度审验合格印章，更未载明鉴定人的专业技术职称。

根据《公安机关鉴定人登记管理办法》第 12 条、第 13 条规定，公安机关鉴定人每两年进行一次年度审验，审验合格的，加盖审核合格专用印章。根据《公安机关鉴定人登记管理办法》第 27 条规定，"未取得《鉴定人资格证书》、未通过年度审验，以及鉴定资格被注销的人员，不得从事鉴定工作"。因公安机关提交的鉴定人资格证书并无"年度审验合格专用印章"，故不能证明四名鉴定人可以依法从事鉴定工作。同时《刑诉法司法解释》第 85 条第（2）项规定，"鉴定人必须具备相关专业技术或者职称"，本案中鉴定意见书上没有载明四名鉴定人的相关专业技术或者职称，鉴定人许可证上更未载明鉴定人的相关专业技术、职称，公诉机关也未提交任何证据证明鉴定人具备相关专业技术或者职称，故依据前述规定，鉴定意见不应当采纳。

7. 尸检鉴定意见多处违反多个司法鉴定技术规范，依法不应当采信。

公安部 1997 年 5 月 15 日发布、1997 年 7 月 1 日开始实施的《机械性损伤尸体检验》第 2.2.1 条规定："本标准仅规定工作准则，未涉及各种机械性损伤鉴别及死亡原因的诊断标准。"第 3 条"任务"规定："机械性损伤尸体检验鉴别应回答下列问题：损伤数目及分布、位置、大小、深度。损伤种类（擦伤、挫伤、创、骨折、内脏破裂）。致伤物种类（钝器、锐器、枪弹或爆炸）。"第 7.3.4 条规定："对创应描述创口形状、创缘、创角、创壁、创腔及创底的情况；观察创壁间有无组织间桥，创腔内有无异物，创缘周围有无其余附着物的痕迹；用手指将两创缘合拢或用透明胶纸贴住后再观察创角及创缘的形状。"由以上规定可知，即便公安机关对死者彭某某进行机械性损伤鉴定，也只能根据损伤状态，判断其损伤系钝器伤、锐器伤、枪弹伤或爆炸伤，不能违反技术规定对具体器物能否形成损伤进行判断。本案重审开庭中，出庭鉴定人吕某某确认不知道《机械性损伤尸体检验》，且没有按照该技术规范"用手指将两创缘合拢或用透明胶纸贴住后再观察创角及创缘的形状"的要求观察创角、进行拍照固定。

司法部 2015 年 1 月 20 日发布的《法医学尸体解剖规范》（SF/ZJD 0101002—2015），该规范第 1 条明确："本技术规范适用于各级公安部门、检察机关及面向社会服务的司法鉴定机构进行法医学尸体检验、鉴定"，第 6.2 条尸体解剖报告内容要求明确"法医鉴定人的姓名、职称和资质"，本案现有鉴定意见中仅有鉴定者的姓名，均没有注明四名鉴定者的职称，违反技术规范。

8. 鉴定意见书没有鉴定机构授权签字人的签名。

《国家认监委、司法部关于印发〈司法鉴定机构资质认定评审准则〉的通知》第 5.8.4 条第 2 款明确规定："司法鉴定文书应当经授权签字人签发，并加盖司法鉴定专用章"，该鉴定意见书不符合上述要求，没有授权签字人的签名。

综上所述，因彭某某尸检报告的鉴定意见违反《刑诉法司法解释》第 85 条第（1）项"鉴定机构不具备法定资质，或者鉴定事项超出该鉴定机构业务范围、技术条件"、第（2）项"鉴定人不具备法定资质，不具有相关专业技术或者职称"、第（6）项"鉴定过程和方法不符合相关专业的规范要求"多个强制性、禁止性规定，鉴定意见依法不应当采信。

二、对 2017 年 11 月 15 日《情况说明》的质证意见

辩护人对《情况说明》的合法性、关联性及证明目的均有异议，建议法庭不予采信。

1. 从形式上看，该《情况说明》仅有鉴定机构的公章，没有出具该《情况说明》的任何经办人的签名，不符合《刑事诉讼法》及《刑诉法司法解释》第 101 条、第 108 条关于情况说明的形式要求，不得作为定案根据。

2. 从记载的内容上看，该《情况说明》其并非鉴定意见，既不是补充鉴定，更不是重新鉴定。《公安机关办理刑事案件程序规定》第245条、第246条分别规定了补充鉴定、重新鉴定的启动程序要求，本案的《情况说明》并非补充鉴定或重新鉴定。

3. 从结论上看，该《情况说明》明显是按照武昌区人民法院的侦查指示进行回复的，鉴定机构在作出尸检报告后，对办案单位委托鉴定的事项已经终结，此次未经过任何专业论证并轻率作出对被告人杨建平不利的回复，严重违反鉴定机构客观中立的基本要求，也不应当采信。

三、对2018年8月1日《情况说明》的质证意见

首先，辩护人对于《情况说明》中自认贾某、吕某某在出具武公昌技法刑字（2016）02号鉴定意见书时不具备法医类检验鉴定鉴定人资格证书的事实没有异议。

其次，辩护人对于《情况说明》中"根据《公安机关执法细则（第三版）》第23章关于确定鉴定人和鉴定机构的规定，人身伤情鉴定由县级以上公安机关鉴定机构二名以上鉴定人负责实施。据此，武昌区公安司法鉴定中心于2016年2月28日出具的武公昌技法刑字（2016）02号鉴定意见书武昌区公安司法鉴定中心法医学鉴定意见书具有法律效力"的结论的真实性、合法性、关联性、证明目的均有异议。

1. 从属性上看，《公安机关执法细则（第三版）》只是公安系统的内部管理信息，不是法律、行政法规、部门规章或者规范性文件。根据辩护律师李伟2016年11月28日从公安部获取的公安部2016年（答）312号政府信息公开答复书及公安部2016年第559号《公安部政府信息公开申请受理序号》记载，辩护律师李伟申请公开的"公安部关于印发《公安机关执法细则（第三版）》的通知（2016年7月5日，公通字（2016）18号）属于内部管理信息"，即鉴定机构引用的《公安机关执法细则（第三版）》

不是法律、行政法规或者部门规章，不具备依法制定的法律必须公开发布的基本要求，鉴定机构不能使用公安的内部管理信息来证明自身行为的合法性。

2. 从逻辑上看，本案的尸体解剖发生在前，《公安机关执法细则（第三版）》印发在后。

根据辩护律师调查了解，《公安机关执法细则（第三版）》由公安部于 2016 年 7 月 5 日向公安系统印发实施，本案的尸体解剖法医鉴定发生于 2016 年 2 月 28 日夜间 11：00，鉴定机构实施鉴定时，公安部还没有向公安系统印发《公安机关执法细则（第三版）》，武昌区公安司法鉴定中心不可能未卜先知提前获得该文件，其在案件审理过程中以鉴定终结后出现的内部管理信息来论证自己行为的合法性，显然犯了"以事后建立的规则来论证此前行为合法性"的逻辑错误。

3. 从适用范围上看，《公安机关执法细则（第三版）》不得在文书中引用。

《公安机关执法细则（第三版）》第 1—02 条明确提出："本细则是指引公安机关及其人民警察严格、准确、规范执行法律、行政法规、司法解释、部门规章规定的内部规范，仅限公安机关内部适用，不得在任何法律文书中引用，不得向外部单位、个人公开。"因此，鉴定机构在文书中引用明显违规。

4. 从鉴定性质上看，本案中的死亡原因鉴定属于法医病理学鉴定，不属于人身伤情鉴定；且情况说明也不是鉴定意见。

根据司法部《司法鉴定执业分类规定（试行）》（司发通〔2000〕159 号）第 5 条之规定，死亡原因鉴定属于法医病理学鉴定的子项之一；人身伤情鉴定通常指刑事案件中对损伤程度为轻微伤、轻伤还是重伤进行的鉴定，属于法医临床鉴定的子项之一。本案的尸检报告属于法医病理学中的死亡原因鉴定，而非法医临床学中的人身伤情鉴定；二审出庭鉴定人李某某当庭确认本案的尸体解剖属于法医病理学鉴定，也当庭确认《情况说明》不属于补充鉴定，故《情况说明》中引用的内容根本不能适用于本案的鉴定项目。

5. 从权限上看，鉴定机构本身无权对自己出具的鉴定意见是否有效进行法律评价。根据《刑事诉讼法》第48条之规定，鉴定意见属于刑事诉讼中的八类证据之一，必须依法经过举证、质证和认证程序。《刑诉法司法解释》第84条、第85条分别规定了鉴定意见的审查要点和无效情形。本案中，武昌区公安司法鉴定中心属于鉴定机构，出具的鉴定意见仍然要遵循《刑事诉讼法》的规定质证，证据的合法性、有效性需要经过控辩审三方的质证，鉴定机构自己确认诉讼中鉴定意见的效力，没有任何法律依据。

综上，请求法庭不予采信《情况说明》中关于"武昌区公安司法鉴定中心于2016年2月28日出具的武公昌技法刑字（2016）02号鉴定意见书武昌区公安司法鉴定中心法医学鉴定意见书具有法律效力"的结论，采信《情况说明》中贾某、吕某某两人不具备鉴定人资格的结论。

四、对出庭鉴定人言论的质证意见

辩护人认为，鉴定人贾某、吕某某当庭撒谎；李某某对多个问题回答错误，故其证言均不应采信。

1. 重审时出庭鉴定人贾某、吕某某当庭撒谎，建议法庭不予采纳其出庭证言。

本案发回重审时，一审法院通知"鉴定人"贾某、吕某某出庭，辩护律师根据公诉方提交的鉴定人资格证书，对出庭鉴定人的资格提出异议，并当庭指出"从鉴定证书颁发时间来看，都是2016年8月15日，2016年2月28日案发时，两位鉴定人从事鉴定时没有取得鉴定资质"；同时，审判长询问"两位鉴定人对被害人彭某某进行的死亡原因进行司法鉴定时，你们是否具备司法鉴定资质？"贾某和吕某某均回答"具备"。辩护律师需要指出的是，公诉方不仅没有在一审法院指定的期限内提交贾某、吕某某进行鉴定时取得鉴定资质的材料，而且其逾期举证的材料反而进一步证明该二人在实施鉴定时均无司法鉴定人的鉴定人资格证书。贾某、吕某某向法庭作虚假陈述，明显不具备《公安机关鉴定人登记管理办法》第9条第（2）项明确要求的"遵守国家法律、法规，具有人民警察职业道德"，其陈述不应采信。

2. 二审出庭鉴定人李某某并未实际参与鉴定，对多个专业问题回答错误，其当庭陈述亦不能采信。

本案二审开庭时，法院通知鉴定人李某某出庭。李某某对本案鉴定的具体实施时间、其本人鉴定人资格证书的换发时间、涉案刀具的数量等多个专业问题的回答均与《鉴定意见》记载内容不一致，是严重错误。这与其司法鉴定人的专业身份不匹配，故恳请二审法院不予采信其出庭陈述。

五、辩方专家辅助人刘良教授的专家意见

本案辩方的专家辅助人刘良教授发表了专业出庭意见，其要点如下：

1. 死者彭某某胸腹部5处创口及肝胃部多处创口系单刃锐器致伤，而杨建平所持为双刃锐器，故应排除杨建平所持双刃锐器致伤。

2. 原鉴定意见未按照机械性损伤尸体检验标准进行损伤检验。

3. 原鉴定意见未详细检查、记录拍照尸表损伤病变和剖验脏器的表面、切面的损伤和病变，未记录肝脏、膈肌及胃破裂的部位、数量、形态、大小、范围等，未对脏器进行现场提取及检查，严重违反《GA/T147—1996法医学尸体解剖》第3.3.5条、第3.3.6条，《GA/T148—1996法医病理学检材的提取、固定、包装及送检》第3.3条、第3.5.2条的相关规定，给致命伤及损伤的形成方式推断带来困难。

4. 鉴定意见及2017年11月15日出具的《情况说明》未将致伤物与创口进行对应说明，未区分致命创与非致命创。

5. 杨建平仅存在造成死者彭某某左胸锁关节下缘创口的可能性，其余

胸腹部 4 处创口及肝胃部多处创口均无法形成。

6. 死者彭某某左胸锁关节下缘的创口未伤及大血管，不会导致失血性休克，属非致命创（二审的出庭鉴定人李某某亦当庭确认"最致命的一刀就是肝脏那一刀，可以导致失血性休克死亡"，见二审开庭笔录第 22 页）。

7. 死者彭某某左胸锁关节下缘的创口与其死亡原因之间无直接因果关系，原因在于：彭某某血气胸主要因腹腔胃、肝破裂大量出血流入胸腔所致；彭某某血气胸系因胸腹部剑突下缘、左腹部创口及左胸部 2 处创口所致；左胸锁关节下缘创口，虽深达胸腔，但根据刀刃长度及创口解剖位置分析，该处创口不能也并未造成胃、肝破裂。

8. 左胸锁关节下缘的创口为轻伤二级，未危及生命。

补充说明：

本案于 2018 年 8 月 7 日开庭时，辩护律师根据《人民法院办理刑事案件第一审普通程序法庭调查规程（试行）》第 26 条 "有专门知识的人可以与鉴定人同时出庭，在鉴定人作证后向鉴定人发问，并对案件中的专门性问题提出意见"之规定，申请辩方专家辅助人与控方鉴定人当庭发问、对质，但合议庭未予准许，对此非常遗憾。

综合以上意见，辩护律师认为，本案中公诉方举证的尸检鉴定意见、两份《情况说明》、出庭鉴定人的当庭言辞均因严重违反《刑事诉讼法》《刑诉法司法解释》等法律关于证据认证的多项禁止性规定，不应当作为定案依据，请求法庭不予采纳。

第三篇 杨建平出手救弟弟是临时起意，而非事先共谋伤害

一、杨建平的口供确认没有与弟弟商议"共同故意伤害彭某某"

本案案发后，杨建平先后于 2016 年 2 月 28 日（一次）、2016 年 2 月 29 日（两次）、2016 年 4 月 7 日（一次）、2017 年 11 月 14 日（一次）

向公安机关就案件事实作过供述。

杨建平 2016 年 2 月 28 日的讯问笔录记载如下：

他就把那狗子带走了，往江边方向走了。过了大概五分钟，我坐在我副食店门前的沙发上，看到牵狗子那个人就冲到我的副食店隔壁我弟弟家里，紧接着又有三四个人拿着洋镐冲进我……

据此表明，杨建平在遭遇彭某某辱骂、指责、扬言威胁后，并没有与弟弟杨建伟协商共同故意伤害彭某某的行为。

本案经武汉中院发回武昌区人民法院重审补充侦查期间，公安机关于 2017 年 11 月 14 日提审杨建平时，有如下问答：

问：和对方争吵后，对方回去后，你和杨建伟有没有交流？
答：我和杨建伟没有说话。
问：对方来了之后做了些什么？
答：当时我在看后面还有没有对方的人来，我回头看的时候，对方已经把杨建伟打倒在地了，我就回去拿了一把军刺出来。

以上笔录明确证明，彭某某辱骂杨建平、扬言报复杨建伟并离开后，杨建平并没有与弟弟交流过共同伤害彭某某的事实。

二、杨建伟的口供证明杨建平没有与其商议"共同故意伤害彭某某"

杨建伟 2016 年 2 月 28 日的口供记载："事情是这样的，那个男人跟我们发生完口角后就离开了，大概过了不到十分钟的时间，我在自己家里坐着，我哥哥杨建平在小商店门口坐着……"据此表明，杨建平在遭遇彭某某辱骂、指责、扬言威胁离开后，坐在小商店的门口，该时间段内并没有与弟弟杨建伟协商共同故意伤害彭某某的行为。

本案 2018 年 2 月 1 日开庭时，辩护人曾向被告人杨建平发问，具体如下：

> 杨建平：我一句话都没有说。
> 辩护人：和对方争吵后，对方走后你和你弟弟是否曾就此有过交流？
> 杨建平：没有。

以上发问中，杨建平明确向法庭陈述，彭某某辱骂自己后，自己并没有就此和弟弟杨建伟进行过交流。

三、死者彭某某的父母庭审中对杨建平的口供无异议

本案 2018 年 2 月 1 日庭审时，公诉人举证了杨建平的口供笔录，彭某某的父母当庭表示对杨建平的笔录没有异议。

四、辩护人对公诉人举证的杨建平口供无异议

本案 2018 年 2 月 1 日重审开庭时，辩护人对公诉人举证的杨建平笔录没有异议。

五、公诉人对杨建平的口供无异议，当庭认可

本案 2018 年 2 月 1 日重审开庭时，公诉人对举证的杨建平笔录没有异议。

六、一审法院已当庭确认各方均无异议的杨建平口供的证据效力

2018年2月1日庭审时，一审法院鉴于各方对杨建平的口供均无异议，依法当庭确认杨建平口供的真实性、合法性、关联性之证据效力。

七、公诉人辩论时再次确认杨建平与杨建伟事先没有合谋故意伤害

一审（2018年2月1日）庭审辩论环节，公诉人再次明确表示"我们认可两被告人事先没有合谋"。

审判长：公诉人发表意见。

公诉人：我们认可两被告人事先没有合谋，但在打斗过程中，杨建平看见其弟弟被殴打，专门返回房间拿出军刺刀，冲出房间，从背后拉住彭某某，反手刺了彭某某，后又正面刺了一刀，从被害人彭某某的死亡结果来看，两人构成共犯。

八、一审法院审理时两被告人均再次确认"没有商量过"

一审（2018年2月1日）开庭时，主审法官就杨建平与杨建伟是否存在"共同故意伤害彭某某"再次询问，两被告人均否认事先共谋行为。

九、监控显示，杨建伟遭多人围殴后，杨建平临时起意进屋拿刀救人

案发现场监控显示——2016年2月28日13:27:52，彭某某返回

现场后手指杨建平，然后直接走向杨建伟。13:27:54，彭某某消失于监控死角（监控死角为杨建伟住所），开始对杨建伟进行殴打、报复；13:28:06，黄某、熊某某、王某三人先后挥舞洋镐把消失于监控死角，加入彭某某殴打杨建伟的行动中；13:28:17，黄某、熊某某、王某三人挥舞洋镐把围殴杨建伟的画面出现于监控中，在此11秒内，杨建伟由遭受彭某某一人殴打变为遭四人围殴；13:28:05，杨建平消失于监控画面中，13:28:17，杨建平出现于监控视频中。杨建平见杨建伟由彭某某一人殴打变为遭四人围殴，即转身返回家中取刀。据此，可以清楚证明，杨建平是在目睹弟弟杨建伟被彭某某等多人围殴后，临时起意回家拿刀，并非事先已就共同故意伤害彭某某与弟弟杨建伟达成意思联络。

十、证人邹双玲证明冲突双方是彭某某和杨建伟，而非彭某某和杨建平

邹双玲2016年2月29日的询问笔录记载："2016年2月28日下午1点多钟，我在那里做清洁，就听见有一个年轻人在与姓杨的小兄弟在争吵……"据此，现场证人邹双玲也证明，当时的言语争执双方是狗主人彭某某和杨建伟，而不是杨建平。

综上所述，辩护人认为，在公诉方已经认定杨建平、杨建伟事先没有合谋；在案其他证据也多次证明两被告人事先无合谋伤害的情况下，根据最高人民法院《关于全面推进以审判为中心的刑事诉讼制度改革的实施意见》第1条："坚持证据裁判原则，认定案件事实，必须以证据为根据。重证据，重调查研究，不轻信口供，没有证据不得认定案件事实"之规定，应当认定杨建平与杨建伟没有事先合谋伤害彭某某的主观故意。

第四篇　紧急时无法律，应认定杨建平的行为属于行使无限正当防卫权

辩护律师认为，根据本案已经查明的事实，足以认定被告人杨建平的行为属于依法行使无限正当防卫权，应宣告其无罪。具体理由如下。

一、彭某某等人正在对杨建伟行凶伤害，杨建平此时拥有无限防卫权

根据案卷材料，本案的起因是：彭某某因琐事为泄私愤，邀约、纠集黄某、熊某某、王某身强力壮之人，手持棍棒，光天化日之下闯入被告人杨建伟家中，对其进行围殴、报复。彭某某等人在对被告人杨建伟实施伤害时，暴力手段极其凶残，其猛击杨建伟头部、胸部等致命部位，四棍齐下，特别是彭某某行凶棍棒被折断在地，且受害人杨建伟滚地抱头、血流不止，生命危在旦夕！

法谚云"紧急时无法律"，彭某某等人的行凶行为已是严重暴力犯罪，在当时的紧迫情况下，杨建平难以从公安机关获得及时有效的帮助时，根据《刑法》第 20 条第 3 款之规定，上诉人杨建平、也包括不特定的社会公众此时拥有无限防卫权，以挽救杨建伟的生命。

二、杨建平的行为符合"正当防卫"中的"正当"

"正当防卫"的重点在于"正当"，而之所以"正当"，是因为防卫者的行为符合社会一般大众认可的伦理道德规范，是因为防卫者出于善的动机同恶的行为作斗争。本案中，上诉人杨建平系在看见胞弟杨建伟被四名壮汉持械围殴击打、头破血流、倒地不起的情况下实施的攻击驱赶、制止行为，是出于救人的善的动机，制止的是彭某某等人上门殴打、报复的

恶的行为，其行为符合社会一般大众认可的伦理道德规范，显然属于"正当防卫"中的"正当"。

三、杨建平案发时使用刀具具有合理性

根据案卷材料，案发时，被告人杨建平明显处于弱势地位。据案卷记载，行凶者中，彭某某当时44岁；黄某27岁，其身份为退伍军人；熊某某23岁，案发时系武汉市体育学院大三学生。几人均年轻力壮、训练有素，在围殴中明显具有压倒性优势，而被告人杨建平则已五十多岁，病残休养，行动迟缓；案发之前，彭某某等人有备而来，邀约他人积极准备洋镐把等作案工具，且行凶时手段残忍、不计后果、不择手段。

当时的情景是：胞弟杨建伟被他人持械围殴、多次被打倒在地、头破血流，作为胞兄的杨建平难道会置胞弟的生命安危于不顾吗？杨建平目睹胞弟杨建伟被故意伤害，基于人情、天理都会救护弟弟。鉴于对方人多势众、年富力强，而胞弟在被围殴中即将发生难以预料的后果，杨建平在自身腿部内固定钢板尚未取出、年迈力弱的情况下，选择刀具（这一比对方更为厉害的武器）驱逐彭某某等人具有情事正当性。反之，如果杨建平赤手空拳上前救助胞弟，不仅救不了胞弟，反而自己要遭受严重的生命威胁！

四、在当时的情形之下，鼓励无限防卫权具有现实意义

根据案卷材料，本案中逝者彭某某等人的故意伤害行为始于13:27:54，直至上诉人杨建平出手制止方才罢休，整个过程持续不到一分钟。从13:31路人的首次报警，到13:41杨建平再次报警，公安机关是经过四次报警之后，于13:39分抵达现场。

辩护律师认为，正因为彭某某等人的行凶手段极其凶残，短短几十秒内就有可能剥夺他人生命，时间紧迫，暴力强度又大，受害人杨建伟命悬

一线，在当时无法及时获得公力救济的情况下，上诉人杨建平当时行使无限防卫权具有现实性。

五、杨建平的行为符合天理、人情、道德、国法

1. 哥哥救弟弟，天经地义，不救天理不容！

（1）杨建平善意摸狗，反遭狗主人彭某某的辱骂"找死！"并被指责，弟弟杨建伟帮腔惨遭彭某某等人持械上门暴力殴打，作为哥哥的杨建平岂能坐视不管、置身事外，任由弟弟被人打死？

（2）俗话说"兄弟如手足"，"亲如兄弟，情同手足"，缺了手足，人非全人；"打虎亲兄弟，上阵父子兵"；面临生死攸关的大事时候，最可靠的担当者是自己的血亲；"亲情是性命成长的沃土"；兄弟之间互相扶持，安稳一生。这些约定俗成的谚语，是中国几千年来形成的道德观念，也是人们的习惯准则。哥哥杨建平有此观念，也如此遵守行事！

2. 被告人杨建平是人，不是神！面临弟弟生命危在旦夕那一刻所作出的应急反应——从惊吓、恐惧、愤怒到立即出手救助，是常人必然的、合乎情理的反应！

（1）杨建平目睹弟弟被多人持械围殴，耳闻"打死他，打死他！"之刺心声音，瞬间是杀气腾腾！他认识到弟弟杨建伟生命危在旦夕，对方四人，年轻力壮，手持洋镐把，下手不计后果！唯有拿起更强大、更快捷的武器巧击对方，方可阻止持续的伤害，挽救弟弟的生命。他这样做了，是合乎人之常情的。

（2）对方团伙多人实施伤害，巧击领头者（擒贼先擒王）才有可能击退和瓦解团伙势力，杨建平也是如此做的。在弟弟杨建伟被打得头破血流、倒地不起之际，他瞬时一刀刺向领头者彭某某，彭某某因此停止伤害杨建伟开始逃离，同时对方另外三人尚在继续围殴杨建伟，因此，继续追赶领头者彭某某就可以牵引另外三人的注意力，让他们停止伤害杨建伟。

事实正是如此，当杨建平继续追击领头者彭某某时，另外三人转向攻击杨建平，从而解救了杨建伟。这也合乎人之常理。

3. 同情死者是可以理解的，但本案是"以正对不正"。

2018年1月23日，郑州中院就"电梯劝烟案"对外宣示维护社会公共秩序和公共利益是每个公民的责任，司法机关永远是社会正能量的守护者！同时公众也希望司法机关不要和稀泥，要明断正与不正、善与恶！

本案是以彭某某为首的暴力团伙严重侵害弟弟杨建伟的生命在先，是恶的行为，是非正义的行为；而杨建平耳闻目睹弟弟杨建伟面临严重的生命危险，立即出手相助在后，是善的行为，是正义的行为。

4. 我国刑法并未将正当防卫规定为一种"不得已"的应急措施，并未要求防卫人穷尽一切手段才能实施正当防卫。相反，即使防卫人在有条件躲避不法侵害或者求助司法机关的情况下，仍然有权实施正当防卫。

六、杨建平面临的情势紧迫性更甚于"于欢案"，属于典型的正当防卫

《刑法》第20条规定，"为了使国家、公共利益、本人或者他人的人身、财产和其他权利免受正在进行的不法侵害，而采取的制止不法侵害的行为，对不法侵害人造成损害的，属于正当防卫，不负刑事责任。正当防卫明显超过必要限度造成重大损害的，应当负刑事责任，但是应当减轻或者免除处罚。对正在进行行凶、杀人、抢劫、强奸、绑架以及其他严重危及人身安全的暴力犯罪，采取防卫行为，造成不法侵害人伤亡的，不属于防卫过当，不负刑事责任"。

根据刑法理论，正当防卫中的"不法侵害"行为，既包括犯罪行为，也包括其他一般违法行为。具体到本案而言，杨建平为使胞弟杨建伟的人身权、生命权免受正在进行的不法侵害，而采取措施制止彭某某等人的继续施暴，属于依法行使防卫权。一审法院以"被告人杨建伟、杨建平因与

被害人彭某某发生口角争执后好勇斗狠，对相约打斗形成了共同的意思联络，存在共同伤害他人的故意"为由否定杨建平行为的防卫性质，明显是不当限制了《刑法》第 20 条的内涵，必然导致适用法律错误。

本案中杨建平正是因胞弟杨建伟被多人围殴而实施防卫行为，系"使他人的人身、财产或其他权利免受正在进行的不法侵害"的情形，属于典型的特殊防卫行为类型。

如果上诉人杨建平不当机立断、举刀攻击，那么倒下的可能就是本案的另一被告人杨建伟，流血流泪的也将是包括本案上诉人杨建平在内的大家庭，今天站在被告席上的将是彭某某等人，而不可能是杨建平兄弟两人！

第五篇　当前激活正当防卫制度十分必要

一、正当防卫鼓励公民在面对违法犯罪行为时进行私力救济

根据前述《刑法》第 20 条的规定，正当防卫制度在刑事法领域赋予了公民在面对违法犯罪行为时，可以进行私力救济的权利。正当防卫制度既蕴含有自然法的正义理论——以防卫的正当性来矫正不法侵害的非正当性；同时又包含价值衡量因素——防卫行为所保护的法益大于或等于防卫行为所侵害的法益。

二、当前《刑法》的"正当防卫"有沦为僵尸条款之虞

辩护律师以"正当防卫"作为关键词进行检索，在《最高人民法院公报》上仅检索到 3 起以正当防卫为由作无罪判决的案件，分别是《最高人民法院公报》1985 年 02 期刊登的孙明亮故意伤害案、《最高人民法院公报》1995 年 01 期刊登的朱晓红正当防卫案、《最高人民法院公报》2004

年 11 期刊登的北京市海淀区人民检察院诉吴金艳故意伤害案。

辩护律师注意到，前述三起公报案例中，公诉机关均以故意伤害罪（故意杀人罪）提起公诉，司法机关最终均以正当防卫制度作出无罪判决，司法机关正确适用正当防卫制度的行为值得肯定。但辩护律师同时注意到，前述三起公报案例中，仅有吴金艳故意伤害案是发生于 1997 年《刑法》修正后的无罪案例。

三、司法应当发挥弘扬正气、传播正能量的导向作用

党的十八大提出，倡导富强、民主、文明、和谐，倡导自由、平等、公正、法治，倡导爱国、敬业、诚信、友善，积极培育和践行社会主义核心价值观。其中，自由、平等、公正、法治是社会层面的价值取向。司法作为社会公平正义的最后一道防线，对社会的价值导向作用不可忽视，糟糕的司法判决会给社会造成长期的创伤；相反，良好的司法判决能引领社会风尚、弘扬社会正气。如数年前的"彭宇案"判决出现后，舆论哗然，甚至引发道德危机。

具体到本案而言，司法机关应当避免"唯结果论"，不能仅仅根据本案中彭某某的死亡结果来简单对杨建平的行为作出法律评价，而应当从正当防卫的立法目的即鼓励民众同违法犯罪作斗争来评价杨建平当场救人、反击不法侵害的行为。如学者所言，"法官在行使自由裁量权时，应当综合全案事实、证据、法律，并注意从其他社会规范中寻找裁判规范，特别是从伦理道德、社会习俗、团体规则中寻找'活法'，要使判决符合道德的要求，符合社会大众的心理期待，由此作出令人信服、经得起历史检验的判决！"

四、从个案到社会的共性问题呼吁激活正当防卫制度

当下见死不救、遇难不助的现象时有发生。见到老人摔倒，很多人不愿甚至不敢上前搀扶；见到有人正在行凶，很多人在围观而不上前见义勇为！

2016年2月29日晚上，北京市昌平区人民法院回龙观人民法庭的马彩云法官在居住小区内遭暴徒枪击身亡，殁年仅38岁；左右邻居目睹了马彩云法官的被害过程。

2017年2月5日中午，广西壮族自治区陆川县人民法院退休法官傅明生在家门口遭歹徒持刀杀害。

这是在光天化日、众目睽睽下发生的杀害法官案件！各位法官在审理本案时，有威武的法警作为卫士维持法庭秩序，但当你们脱下法袍，融入普通的生活时，也是普通人，都有被他人侵害的危险。如果任由《刑法》第20条第3款规定的无限正当防卫制度沦为僵尸条款，那当法官自己面临违法犯罪行为侵害时，是不是也要任由违法犯罪发生而坐以待毙呢？如果公民在预知自己的防卫行为可能承担刑事责任后，那我们这个社会还有谁敢对违法犯罪行为说"不"呢？如果大家都对违法犯罪行为视而不见、听之任之，那岂不是要变相放纵犯罪行为？血淋淋的行凶杀害事件一次又一次地告诉我们，民众需要行使正当防卫权利。法官也需要行使正当防卫权利，也更要鼓励围观的民众见义勇为，依法行使无限防卫权。

因此，我们不仅仅是为杨建平辩护，也是为我们自己、为每一位公民能有效行使正当防卫权利而辩护！

结束语

众所周知，山东"于欢案"是一个比较好的审判示范，二审改判不仅在法律上对于欢的行为进行了部分正面肯定性评价（二审判决肯定了"于

欢的目的在于制止不法侵害并离开接待室"），也给广大民众奉献了一次"法治公开课"。本案是继山东"于欢案"后，另一起因正当防卫制度而引起全民瞩目的案件，辩护律师恳请二审法院能够看到杨建平案件的法治教育意义，以个案判决回应社会对公民正当防卫权的关切，通过符合天理、人情、国法的无罪判决，激活《刑法》的正当防卫制度，让正当防卫权利成为每一位公民在面对违法犯罪时，可以大胆使用、看得见、拿得起的法律武器！

如果我们的辩护意见仍不能打动法官的内心，那么请尊敬的法官模拟杨建平所处情景，当您的亲人被人围殴，并被威胁"打死他，打死他！"之时，您会作出什么行为？

湖北省武汉市中级人民法院于 2018 年 12 月 19 日作出（2018）鄂 01 刑终 698 号刑事判决书，判决原审被告人杨建平无罪。

针对上诉人的上诉理由、辩护人的辩护意见、检察机关的出庭意见，法院根据查明的事实和证据，评判如下。

一、关于本案定性

1. 针对本案杨建伟的辩护人提出杨建伟的行为系防卫过当的辩护意见；检察机关提出上诉人杨建伟、杨建平与彭某某发生口角后，好勇斗狠形成共同的意思联络，并持刀故意伤害他人身体致人死亡的行为，属于故意伤害犯罪，杨建伟的行为不具有防卫性质的出庭意见，法院经查认为：（1）从案件起因看，彭某某与杨建伟兄弟二人并不相识，突发口角，彭某某扬言要找人报复时，杨建平回应"那你来打啊"，该回应不能认定杨建伟系与彭某某相约打斗。（2）从主观目的和客观行为看，没有证据证明杨建伟和杨建平具有合谋伤害彭某某的主观故意。杨建伟在彭某某出言挑衅，并扬言报复后，准备刀具系出于防卫目的。彭某某带人持械返回现场，杨建伟人身安全面临现实威胁。彭某某冲至杨建伟家门口首先拳击其面部，杨建伟才持刀刺向彭某某胸腹部，该行为是为了制止正在进行的不法侵害的防卫行为。（3）从损害后果看，彭某某空手击打杨建伟面部，杨建伟此时并非面临严重的不法侵害，却持刀捅刺彭某某胸、腹部等要害部位。彭某某要害部位多处致命刀伤系杨建伟所致，是其死亡的主要原因，杨建伟的防卫行为明显超过必要限度造成重大损害，属于防卫过当，构成故意伤害罪。故杨建伟的辩护人提出的该辩护意见成立，检察机关提出杨建伟构成故意伤害罪的出庭意见成立，其他出庭意见不能成立。

2. 针对杨建平及其辩护人提出的杨建平系正当防卫的上诉理由和辩护意见，检察机关提出杨建平构成故意伤害罪，其行为不符合正当防卫构成要件的出庭意见，法院经查认为：（1）如前所述，没有证据证明杨建伟、杨建平具有合谋伤害彭某某的主观故意和意思联络。彭某某返回现场用手指向杨建平，面对挑衅，杨建平未予理会。彭某某与杨建伟发生打斗时，杨建平仍未参与。由此说明杨建平主观上没有伤害彭某某的故意。（2）杨建平的行为系正当防卫。彭某某等四人持洋镐把围殴杨建伟并将其打倒在地，致其头部流血，双方力量明显悬殊，此时杨建平持刀刺向彭某某。杨建平的行为是为了制止杨建伟正在遭受的严重不法侵害，符合正当防卫的法定构成要件。（3）彭某某被刺后逃离，黄某等人对杨建伟的攻击并未停止，实际威胁也并未消除，杨建平又对彭某某继续追赶的行为应认定是继续防卫。故杨建平的辩护人提出的该辩护意见成立，检察机关提出的该出庭意见不能成立。

二、关于本案量刑

针对杨建伟及其辩护人请求二审对其从轻处罚的上诉理由和辩护意见，以及检察机关提出杨建伟不构成自首，建议维持原判的出庭意见，法院经查认为：（1）杨建伟明知他人报警在案发现场等候，到案后能够如实供述主要犯罪事实，系自首。检察机关提出杨建伟在二审审理期间翻供，不能认定有自首情节的出庭意见，不符合法律规定，不能成立。（2）根据《刑法》规定，故意伤害致人死亡的，处 10 年以上有期徒刑、无期徒刑或者死刑；防卫过当的，应当减轻或者免除处罚。结合本案事实，杨建伟的行为明显超过必要限度，是造成一人死亡的主要原因，对其减轻处罚，应当在 3 年以上 10 年以下有期徒刑法定幅度内裁量刑罚。综合考虑本案的犯罪事实、性质、情节和危害后果，杨建伟及其辩护人请求对其从轻处罚的上诉理由和辩护意见成立。

法院认为，上诉人杨建伟持刀捅刺彭某某等人，属于制止正在进行的不法侵害，其行为具有防卫性质；其防卫行为是造成一人死亡、二人轻微伤的主要原因，明显超过必要限度造成重大损害，依法应负刑事责任，构成故意伤害罪。上诉人杨建平为了使他人的人身权利免受正在进行的不法侵害，而采取制止不法侵害的行为，对不法侵害人造成损害，属于正当防卫，不负刑事责任。杨建伟的行为系防卫过当，具有自首情节，依法应当减轻处罚。原审判决审判程序合法，认定基本事实清楚，对杨建伟定罪准确。但是，原审判决未认定杨建伟属于防卫过当、杨建平属于正当防卫，系适用法律错误，法院依法予以纠正。上诉人杨建伟的辩护人提出杨建伟的行为系防卫过当的辩护意见，上诉人杨建平及其辩护人提出杨建平系正当防卫的上诉理由及辩护意见，法院均予以采纳，其他上诉理由及辩护意见，法院均不予采纳。湖北省武汉市人民检察院提出杨建伟构成故意伤害罪，鉴定人及鉴定机构的鉴定资质有效，鉴定程序合法，鉴定意见客观真实的出庭意见，法院均予以采纳，其他出庭意见，法院均不予采纳。判决如下：

1. 撤销湖北省武汉市武昌区人民法院（2017）鄂 0106 刑初 804 号刑事判决。

2. 上诉人（原审被告人）杨建伟犯故意伤害罪，判处有期徒刑 4 年。

3. 上诉人（原审被告人）杨建平无罪。

4. 被扣押的木柄单刃尖刀一把、军用刺刀一把、折叠刀一把，予以没收。

2020年9月3日，最高人民法院发布《最高人民法院、最高人民检察院、公安部关于依法适用正当防卫制度的指导意见》及七个典型案例，该案例入选。

ⓘ 律师手记

激活正当防卫条款

李伟

2016年9月2日，杨建平家人就杨建平涉嫌故意伤害罪一案与湖北中和信律师事务所签订委托协议，由雷刚、李伟律师担任杨建平的辩护人。

我们接手后，立即安排会见，首次会见结束后，得知案件已经由检察院向武昌区人民法院提起公诉。经过阅卷、与承办法官交流、走访现场等一系列工作后，我们认真准备庭审。

2017年1月16日，本案在武昌区人民法院公开审理；2017年2月7日，本案作出一审判决，法院基本采纳了检察院的量刑建议，对两辩护人的辩护意见均未采纳，更未认定杨建平行为的正当防卫性质。一审以故意伤害罪判处被告人杨建平有期徒刑11年，同时判决被告人杨建平向死者赔付高额的刑事附带民事赔偿。

收到一审判决后，杨建平立即向武汉中院提起上诉。武汉中院受理后，先后于2017年4月5日、2017年5月26日两次公开开庭审理，辩护人在庭上坚持作无罪辩护。2017年7月，武汉市中级人民法院委托武昌区人民法院向辩护人及被告人送达文书，武汉中院以"事实不清，证据不足"为由，将案件发回武昌区人民法院重审。

发回重审后，武昌区人民法院由三名法官组成合议庭重审此案，2018年1月18日，本案召开庭前会议，辩护人申请刘良教授作为专家辅助人出庭，法庭准许，同时也提交了其他申请；2018年2月1日，本案重审的一审开庭，庭审中辩护人继续作无罪辩护，同时，刘良教授以其精湛的法医学知识向法庭发表专家意见——杨建平的行为与死者死亡之间不具有直接因果关系，仅能造成轻伤二级的损伤后果，尸检鉴定意见也多处违法。本次开庭后，案件延长审限。本案后经武昌区人民法院审判委员会讨论，再次认定被告人杨建平构成故意伤害罪，判处杨建平有期徒刑9年。法官未采纳辩护人关于杨建平行使无限防卫权、不构成犯罪的意见，并于2018年5月8日公开宣判，杨建平当庭上诉。

案件第二次上诉至武汉中院后，二审法院先于2018年7月25日召开庭前会议，辩护人提交了鉴定人出庭申请、庭审直播申请、现场模拟观察申请、专家辅助人出庭申请等多份申请，二审法院再次传唤控方鉴定人出庭，亦同意辩方专家辅助人刘良教授出庭。庭审中，控辩双方就杨建平有无与胞弟杨建伟合谋故意伤害死者、杨建平的行为是否属于正当防卫展开激辩。

2018年11月19日，本案二审第二次开庭，双方就检察院新补充的言辞证据进行质证，同时，法院对案件的一些核心问题再次调查。

2018年12月19日，本案二审公开宣判，经武汉市中级人民法院审判委员会讨论决定，认定被告人杨建平属于正当防卫，其行为无罪；胞弟杨建伟防卫过当，判处有期徒刑4年。

2018年12月20日晚，中央电视台13频道《新闻1＋1》栏目，围绕最高人民检察院发布正当防卫指导案例，以激活正当防卫为主题，将武汉"摸狗命案"作为典型案例进行专题报道，对雷刚律师进行了采访。此后，央视其他节目也对该案进行了报道。

本案的个案价值在某种程度上已经超越了山东"于欢案"、江苏昆山"于海明案"，理由在于，山东于欢案是于欢本人和母亲面临不法侵害，法院最终认定于欢购房防卫过当，未认定其为正当防卫；江苏昆山"于海明案"在侦查阶段检察院介入后，认定于海明的行为属于正当防卫，最终撤销刑事案件；而本案的办理，经历了完整的刑事诉讼程序，刑事立案、侦查、审查起诉、审判，经过6次公开开庭审理、近3年辩护，最终拿到武汉市中级人民法院的无罪判决书，这份无罪判决可谓弥足珍贵。

该案的价值已经不在于案件本身，而是激活了长期以来休眠的无限正当防卫权条款，为异化的正当防卫提供了鲜活的案例，更为广大民众提供了行为指引，鼓励民众敢于同不法犯罪行为作斗争，敢于行使无限正当防卫权！

评议

这是一起哥哥为救弟弟而实施正当防卫的案件，该案件完整经历了刑事立案、侦查、审查起诉、审判的刑事诉讼程序，对于正当防卫制度在我国司法实践中的运用起到了良好的促进效果。尤其是在当前建设法治国家的大背景下，依法治国与以德治国的结合更需要公众对于正当防卫制度有更为深入的认识。法律作为一种行为规范，其中也融入了公众对于人的行为的合理期待。当他人的生命、身体、财产等权利面临侵害时，我们是袖手旁观还是见义勇为？这不仅体现了个人的道德价值观，也体现了整个社会的价值取向。而司法机关对于案件的判决在很大程度上对于社会价值取向起着一种引导作用，本案重审二审对于杨建平正当防卫行为的认定实在大快人心，辩护律师赢得的不仅是一个案子，更是对于见义勇为的鼓励！

本案专家辅助人就伤口形成原因、鉴定意见的合法性以及杨建平所持致伤物对于伤口的形成可能性进行了专业的分析，进而说明杨建平对于被害人所造成的伤害与其死亡结果之间并不存在直接因果关系。

专家辅助人的专业意见对于律师的辩护具有重要作用，尤其是在案件事实存在模糊的情况下，专家辅助人运用自身的专业知识可以帮助律师更为准确地把握事实，也使得律师的辩护更具有说服力。

本案的庭审直播吸引了广大民众的关注。庭审直播对于审判来说，其重要性在于使得案件的审理经得起公众的监督，确保审判的公正与公开，同时也使得公众对于法律有进一步的了解。尤其是关于正当防卫的案件，近几年来成为公众关注的热点，这类案件本身即存在着法律与道德之间的角力。庭审直播的方式形象地表达了"正义不仅要实现，而且要以看得见的方式实现"。

化工老板两年三换罪名　因售甲苯被控售毒

朱明勇

回顾

江苏连大公司是一家成立于 2001 年 8 月 6 日的化工企业，工商登记营业范围为：燃料油、溶剂油、石脑油、石蜡油、甲苯、石油化工助剂、钻采化工助剂加工销售（仓储）。

2016 年 6 月 1 日，连大公司与常州某公司签订购销合同，订购甲苯 2000 吨，准备销往连云港。次日，这批货物在路过江苏张家港市高峰卡口时，被张家港市公安机关查扣。2016 年 8 月至 9 月，连大公司负责人陈教坤、连大公司员工赵存雨被张家港市警方以涉嫌非法买卖制毒物品罪刑事拘留，后被检方批捕。

实际负责人陈教坤被带走后，连大公司随即停摆，近百名员工被迫待业。

案件

公诉机关指控：2016 年 2 月至 6 月间，被告人陈教坤在担任连大公司实际负责人期间，在明知甲苯系国家管控的易制毒物品，买卖均需得到国

199

家许可、备案情况下，伙同他人从多家企业购买甲苯，安排他人在卸货前将送货单据上的物品名称"甲苯"更换为"芳烃"，并变更送货地。连大公司采用上述欺瞒的办法将购得的甲苯作为不受国家管控的芳烃销售给没有甲苯购买许可证的江苏新海石化有限公司（以下简称新海石化）及山东东明石化集团有限公司（以下简称东明石化），非法销售数量共 21 535 830千克。连大公司及其实际负责人陈教坤、赵存雨被指控非法买卖制毒物品罪。首次开庭后，检方出具了第一份《变更起诉决定书》，指控被告人擅自将"甲苯"标签更换为"芳烃"，涉嫌销售伪劣产品罪。

再次开庭后，2018 年 10 月 29 日，张家港市人民检察院再次出具《变更起诉决定书》。指控陈教坤作为连大公司直接负责的主管人员，违反国家规定，未经许可经营危险化学品甲苯，情节特别严重，其行为触犯《刑法》相关规定，犯罪事实清楚，证据确实充分，应当以非法经营罪追究其刑事责任。

2018 年 11 月 12 日，该案在张家港市法院进行了第三次庭审，检方撤回起诉并作出不起诉决定。

辩护律师针对三个不同的罪名，均做无罪辩护，其无罪辩护理由如下。

对于非法买卖制毒物品案，一审阶段辩护人的基本观点是：陈教坤及其所经营的连大公司不构成非法买卖制毒物品罪

事实和理由如下。

一、本案指控的主要事实不清、证据不足

本案指控各被告非法买卖 21 535 830 千克甲苯，但是现有证据除办案机关查扣的 29 460 千克甲苯外，其余 21 506 370 千克在用货单位东明石化和新海石化的收货"化验结果报告单"中检测未显示有甲苯。

从在卷证据上看，有部分证人证言和购货合同、提货单等显示连大公

司购买的是甲苯；另一方面又有证据显示上述连大公司购买的货物并不是"甲苯"。

东明石化、新海石化两家购买企业在收货时经专业技术人员用专业仪器设备进行检测，得出的报告结论为"芳烃"。需要注意的是，证明连大公司购买的货物为"甲苯"的证据的效力和证明能力，低于证明东明石化、新海石化两家公司收到的货物实为"芳烃"的证据的效力和证明能力。该案证明标的物为"甲苯"的证据只有证人证言和部分书证，而证明标的物为"芳烃"的证据不仅有证人证言、书证，还有检测报告，以及实际使用的后果也可以提供佐证。

故本案中指控的标的物中绝大部分究竟为何物事实不清、证据不足。

二、起诉书指控的"连大公司采用欺瞒的方法将购得的甲苯作为不受国家管控的芳烃销售给没有甲苯购买许可证的新海石化及东明石化"，这一情节并不是本案构成犯罪的必要条件

甲苯和芳烃的关系可以表述为：甲苯是一种产品，芳烃是一种类别。二者就像"苹果与水果的关系"一样，把苹果称为水果，并无不当。因此，连大公司把甲苯称为芳烃，并非错误，更不违法，也不属于"欺瞒"的行为。

三、连大公司销售甲苯属于合法经营，没有违反法律、法规

连大公司的"营业执照"上登记核准的范围有甲苯的销售。连大公司的"危险化学品经营许可证"上的许可范围也包括甲苯。在连大公司办理的"第二类、第三类易制毒化学品购买备案证明"中也明确显示有甲苯。该案的核心问题是连大公司有经营甲苯的许可证和备案证明，本质上不可能具有非法买卖甲苯的前提。

四、连大公司销售给新海石化及东明石化 21 535 830 千克甲苯的行为，不符合《刑法》第 350 条的罪状描述

该条规定的前提是"违反国家规定"，根据《刑法》第 96 条的规定，"违反国家规定"是指违反全国人民代表大会及其常务委员会制定的法律和决定，国务院制定的行政法规、规定的行政措施、发布的决定和命令。而相关国家规定对于经营甲苯这类物质所需要的是《危险化学品经营许可证》和《易制毒化学品备案证明》，连大公司有合法的营业执照和上述两证，故其经营活动就不属于《刑法》意义上"违反国家规定"的范畴。

五、连大公司在经营过程中存在的管理不规范的情况，可以通过引导加以规范，不宜以刑事犯罪论处

对于企业经营中的不规范行为，可以用民事、行政手段加以调节、引导的，就不宜动用最严厉的刑事手段。

六、东明石化和新海石化购买甲苯是用于合法生产，而非用于制毒或者再次倒卖

连大公司在公安机关核准的"第二类、第三类易制毒化学品购买备案证明"中备注的用途是"汽油添加剂"。所有证据也显示东明石化和新海石化购买甲苯也的确是用作汽油添加剂，而没有用于其他非法用途或者不明确用途，其行为属于司法解释所明示的出罪条款。

《最高人民法院关于审理毒品犯罪案件适用法律若干问题的解释》第 7 条第 3 款规定："易制毒化学品生产、经营、购买、运输单位或者个人未办理许可证明或者备案证明，生产、销售、购买运输易制毒化学品，确实用于合法生产、生活需要的，不以制毒物品犯罪论处。"该条规定的前

提其实指的是"未办理许可证明或者备案证明"而生产、经营、购买等行为，而本案连大公司是就有"许可证"和"备案证明"的企业。现有证据已经证实东明石化和新海石化购买的甲苯全部用于了汽油的生产，该两公司是合法的炼油企业。所以说即便连大公司没有"许可证明和备案证明"而将甲苯销售给东明石化公司和新海石化公司也不构成犯罪，何况连大公司在具有"许可证"和"备案证明"的情况下，将甲苯销售给东明石化和新海石化用于合法的炼油生产，就更不可能构成非法买卖制毒物品罪。

七、对易制毒物品是否构罪的问题，从相关司法解释的演变来看，连大公司及陈教坤也不构成犯罪

1. 2009年6月23日颁布的《最高人民法院、最高人民检察院、公安部关于办理制毒物品犯罪案件适用法律若干问题的意见》第1条第（3）项规定："易制毒化学品生产、经营、使用单位或者个人未办理许可证明或者备案证明，购买、销售易制毒化学品，如果有证据证明确实用于合法生产、生活需要，依法能够办理只是未及时办理许可证明或者备案证明，且未造成严重社会危害的，可不以非法买卖制毒物品罪论处。"

2. 2012年5月16日印发的《最高人民检察院、公安部关于公安机关管辖的刑事案件立案追诉标准的规定（三）》第6条第4款规定："易制毒化学品生产、经营、使用单位或者个人未办理许可证明或者备案证明，购买、销售易制毒化学品，如果有证据证明确实用于合法生产、生活需要，依法能够办理只是未及时办理许可证明或者备案证明，且未造成严重社会危害的，可不以非法买卖制毒物品罪立案追诉。"

3. 2016年4月11日起施行的《最高人民法院关于审理毒品犯罪案件适用法律若干问题的解释》第7条第3款规定："易制毒化学品生产、经营、购买、运输单位或者个人未办理许可证明或者备案证明，生产、销售、购买运输易制毒化学品，确实用于合法生产、生活需要的，不以制毒物品

犯罪论处。”

从上述规定来看，对于未办理“许可证明”和“备案证明”的生产、经营、购买、运输行为的入罪标准是有所变化的，即2016年的最高院司法解释去掉了“依法能够办理只是未及时办理许可证明或者备案证明，且未造成严重社会危害的”这一要求。从这一条的变化可以看出，能否定罪重点考察的是实际用途，而不再是强调是否有“许可证明”和“备案证明”以及是否“依法能够办理只是未及时办理许可证明或者备案证明”。

综合以上司法解释演变过程来看，本案即便在最早的司法解释条款约束下，也不构成犯罪。首先，在卷证据能够充分证实涉案的全部甲苯是用于了新海石化和东明石化的合法生产；其次，连大公司有相关许可证明和备案证明，对于具体的销售后的备案，也属于依法能够办理只是未及时办理的情形；最后，没有造成任何社会危害的结果，更没有“严重社会危害”。而根据删除了“依法能够办理只是未及时办理许可证明或者备案证明，且未造成严重社会危害的”条款的现行司法解释，本案中连大公司和被告人陈教坤的行为则完全不构成犯罪。

国务院第445号令颁布的并于2005年11月1日起施行的《易制毒化学品管理条例》第1条规定：“为了加强易制毒化学品管理，规范易制毒化学品的生产、经营、购买、运输和进口、出口行为，防止易制毒化学品被用于制造毒品，维护经济和社会秩序，制定本条例。”可见国家对易制毒化学品生产、经营、购买、运输和进口、出口行为的管理是出于防止易制毒化学品被用于制造毒品。而本案中，全部甲苯均用于石化企业的汽油添加剂，未流向制毒单位和个人，也没有流向不特定的社会对象，没有危害社会的风险。

本案的主要问题是连大公司将甲苯卖给了虽然是用于合法生产但是却没有办理购买备案证明的两家企业，而该行为是典型的一般性行政违章行为，对此行为按照公安部的《易制毒化学品购销办法》的规定给予罚款处罚即可。否则对于合法企业的正常生产经营，仅仅是由于存在一般性行政违章就一律按犯罪来处理，显然不利于社会主义市场经济的发展。

对于销售伪劣产品罪，辩护人观点如下

针对陈教坤销售伪劣产品罪指控，辩护人查阅了全部案卷材料，会见了被告人，并参加了庭审，对本案的案件事实有了充分的了解和全面的认识。综合全案情况，辩护人认为：被告人陈教坤及被告单位根据合同约定向合同相对方出售符合标准的化工产品，不构成公诉机关指控的销售伪劣产品罪。

一、本案审理的基础在于厘清甲苯与芳烃的概念及关系

起诉书指控："被告人陈教坤在担任被告单位连大公司实际负责人期间，从多家公司购进甲苯后，安排被告人赵存雨及陈忠发（另案处理）等人在卸货之前把送货单据上的货品名称从甲苯更换为芳烃，将购得的甲苯作为芳烃销售……"公诉方的指控存在一个严重错误——甲苯作为一种物质，从属于芳烃这一类物质，甲苯即芳烃，芳烃包括甲苯。因此，芳烃不是几种物质混合起来的一个新物质，而是具有苯环结构的一类物质。所以，公诉方界定的概念发生了错误，从而对本案被告人及被告单位进行了错误的指控。

（一）中学、大学教材，专业著作与文献及国家官方文件等均可证实甲苯属于芳烃

1. 高中教材《有机化学》（人民教育出版社）第37页讲了什么是芳烃，即芳烃又叫芳香烃，包括甲苯；山东科技出版社的高中《化学》教材，第7页讲了甲苯与芳烃的概念及二者之间的关系。

2. 化学工业出版社出版的《有机化工原料大全》（1986年版）一书中，在芳香烃这一部分重点讲解了芳香烃，即芳香烃又叫芳烃，其中包括甲苯、乙苯，还包括异丙苯等，其用途是作为汽油掺合料、汽油添加剂。

化学工业出版社出版的《化工产品手册》，在第 8 页讲到了甲苯的用途：甲苯是基本的化工原料之一，大量用于提高辛烷值的汽油馏份和多用途的溶剂。第 9 页讲甲苯与乙苯的问题。

同样也是化学工业出版社出版的《石油化工手册（基础有机原料篇）》，书中有一章节名称为"石油芳烃——苯、甲苯、二甲苯"，即石油芳烃包括苯、甲苯，二甲苯，甲苯属于芳烃的一种。同时书中提到甲苯主要用作溶剂和辛烷值汽油的添加剂，日本在 20 世纪 70 年代就开始将甲苯用作汽油添加剂。

3. 武汉理工大学出版社出版的大学教材《有机化学》（2004 年版）讲到芳烃又叫芳香烃，是有苯环的碳氢化合物，包括甲苯、乙苯、正丙苯、异丙苯等，它们的共同特点是单环芳烃，用途是作为汽油添加剂。

4. 从国家数据库里检索的化工领域的最新的科研成果，以《广州化工》和《安徽化工》两本期刊为例，学者发表在上面的文章如《新型汽油抗爆剂发展研究》一文，写到芳烃类有机化合物是高效绿色环保抗爆剂的主要结构，提高汽油里的抗爆成分即提高其抗爆性要用芳烃。《中国新技术新产品》2012 年 11 期还有一篇题为《外购芳烃总分高标准提炼后的高变量可行性分析》的论文。

5. 财政部、国家税务总局《关于调整部分燃料油消费税政策的通知》（财税〔2010〕66 号）第 2 条明确规定："芳烃等化工产品具体是指苯、甲苯、二甲苯、重芳烃及混合芳烃等化工产品。"

（二）经申请有专门知识的人出庭作证，可进一步明确甲苯属于芳烃

经辩护人申请，毕业于中国石油大学（北京）化学工程与技术专业，现任教于常州大学化工专业的石建博士出庭就本案涉及的专业知识问题进行解释，常州大学是与中石油合作的具有石油化工特色的大学。

石建博士在法庭上讲得很清楚。

　　首先，从概念上来讲，甲苯特指某一种物质，是一个苯环加一个甲基；而芳烃是指一类物质，通常是指含有苯环的碳氢化合物组成的物质。判断一个物质是不是芳烃，主要有两个标准：一是否含有苯环，二是否由碳氢元素组成。甲苯都满足这两个条件，所以甲苯是芳烃。但甲苯是某一个物质的名称，而芳烃是一系列物质的名称，甲苯与芳烃是从属关系，即甲苯属于芳烃，但芳烃不一定是甲苯。

　　其次，从用途上来讲，甲苯作为一种添加剂添加到汽油当中，能够提高汽油的辛烷值，增加汽油的抗爆性，这是化工行业的一个共知。我国在2016年发布了车用汽油的国5标准，里面非常明确地提出芳烃的含量在汽油中不能超过40%，也就是说甲苯可以作为添加剂添加到汽油中，以提高汽油的性能，但是根据国家规定，不得超过芳烃的添加量。

　　综上，本案核心问题在于对基础概念"甲苯"与"芳烃"的界定，经列举中学、大学教材，专业著作与文献及国家官方文件等材料，申请有专门知识的人出庭作证，合议庭完全可以明确在化工领域，甲苯作为种概念，从属于芳烃这一类概念，即"甲苯是芳烃"这一论断完全成立。因此，明确这一基础问题，本案被告人陈教坤及被告单位将买进的"甲苯"作为"芳烃"销售是合情合理合法的，是完全正当的，不触犯任何法律，也不存在构成犯罪的问题。

二、本案不存在犯罪事实，被告人陈教坤不构成销售伪劣产品罪

　　起诉书指控："被告人陈教坤以假充真，以次充好，销售伪劣产品，其行为触犯了《刑法》第140条，应当以销售伪劣产品罪追究其刑事责任。"事实上，被告人陈教坤及被告单位将买进的"甲苯"作为"芳烃"销售是依据买卖双方合同约定，向对方交付符合其要求的化工产品，且经收货方检验合格，不符合销售伪劣产品罪的构成要件，也不具有社会危害性，故

本案不成立犯罪。

（一）被告人陈教坤的行为不符合销售伪劣产品罪构成要件

1. 本案不存在销售伪劣产品罪的四种法定情形——在产品中掺杂、掺假，以假充真，以次充好或者以不合格产品冒充合格产品。至于起诉书指控被告人陈教坤"以假充真、以次充好"，此前辩护人已证实甲苯属于芳烃的一种，产品本身就是真的甲苯，虽然销售合同上标记的是芳烃，但甲苯即芳烃，被告人及被告单位购头的是合格的甲苯，涉案产品经鉴定属合格产品，那么被告人销售的产品"假"在哪里？"次"在哪里？举个简单的例子，甲苯与芳烃就如同苹果与水果之间的关系，把购买来的甲苯当芳烃卖出，卖的时候说是芳烃，就跟拉了一车苹果来卖，卖的时候说是水果一样，难道这就成立销售伪劣产品罪吗？

2. 本案销售的化工产品并没有统一的合格标准，认定"伪劣产品"属事实不清、证据不足。

起诉书指控被告人陈教坤及被告单位销售伪劣产品，但公诉人并不能提供所销售产品的合格标准，即本案销售合同中销售的"芳烃"并没有统一的合格产品标准。就像刚才讲到的，国家也不可能有关于水果的产品标准，但可能会有苹果、橘子等具体水果种类的产品标准。因此，在无法举证销售产品的合格标准的情况下，指控被告人陈教坤及被告单位销售的产品不符合标准，这一指控逻辑不能成立。

公诉人以地沟油作比，但地沟油并没有标准，只有食用油有国家标准，且有很多种，可能有猪油、菜籽油、花生油或橄榄油多种不同标准，而地沟油经鉴定后无法符合任一种食用油的国家标准，才可以认定为假冒伪劣产品。但本案中，芳烃并没有统一的产品合格标准，无法进行同样的类比。这是由于概念的混淆导致的认识错误，是一个不适当的起诉。

3. 公诉人称被告人将购买的甲苯未经生产加工直接销售给下一买家，没有进行再生产，节约了成本，从而认定其构成销售伪劣产品罪属指控错误。

甲苯要通过怎样的再加工才能变成芳烃？这个问题全世界的相关技术人员也不可能解决。芳烃本身就是一个概念，而非某一种具体的产品，辩护人已反复论证甲苯属于芳烃的一种，又如何能通过再加工把甲苯变为芳烃呢？这在理论和实践层面都是不可能实现的，因此公诉人的指控逻辑完全错误。

4.关于公诉方对被告方买入甲苯后将票据内容换为芳烃再行出售的指控。

如果公诉人有基本的经济、财务常识，就不会提出这样的疑问。被告方是从上游买家处购买的甲苯，是上游买家给被告方公司开具了甲苯的票据。被告方要将其购买的甲苯卖给下游买家，就必须以被告方公司的名义向下游买家出具新的票据，这是一个必经的过程。至于"甲苯""芳烃"二者名称的改变，此前已论证过二者之间的关系，不再赘述。

（二）公诉方指控被告方卖出的甲苯被买方用于加入汽油的后续行为与本案无关联，不能作为认定本案成立犯罪的依据

公诉方指控时强调买家购买的是芳烃，因为被告方交付的是甲苯，致使买家在生产汽油的过程中添加入了高含量的甲苯，而不是加入了苯的混合物芳烃，从而造成一定的危害性。

首先，公诉人并未提出相关证据证实这一指控的真实性。芳烃作为生产汽油的重要添加物，汽油生产中对其中含有的苯和芳烃的含量有明确要求，但公诉人并未明确这个标准是哪一个标准，以及违反的具体情况，而买方是否将购得的产品加入汽油、汽油是否因此产生影响并导致危害均不得而知。

其次，本案的被告单位和被告人是卖甲苯的，不是卖汽油的，也更没有与买方公司合作加工汽油并销售，因此如果买方生产、销售的汽油出现质量问题，与被告人及被告公司没有任何关系。本案论证的问题在于卖方即被告方销售的产品是否合格，而购买甲苯的买方公司是否将其添加入汽油，加多加少，跟本案没有任何关联性。

（三）被告人陈教坤的行为不具有社会危害性

1. 本案被告人陈教坤及被告单位依据买卖双方合同约定，向买受产品的两家公司交付了符合其要求的化工产品，且经其检验合格入厂，不具备犯罪应具有的社会危害性。

本案买卖双方签订的芳烃买卖合同中明确约定了买家公司所要购买的芳烃的具体标准，作一简单类比，一个买家提出来要买水果，列举了水果中的水分、糖分、蛋白质、维生素、无机盐等具体含量标准，按照这一标准找到符合要求的水果是苹果，于是卖家向买家交付了符合其要求的水果即苹果，也经买家验收合格。难道因为买家要买的是水果，卖家给他的却是苹果，苹果就是一个"伪劣产品"？结合本案，买方公司在合同中向被告方提出了有具体质量标准的化学产品需求，被告方根据该标准去采购了符合买方要求的产品即甲苯，然后交付买方并经验收合格。这显然不具备社会危害性，不能成立犯罪。

2. 公诉人提出被告人及被告单位的行为破坏了社会主义市场经济秩序的指控不能成立。

从社会主义市场经济秩序层面来看，本案对社会经济产生的影响并非是被告方卖了大量的有毒混合物品给社会经济造成混乱、导致环境污染，反而是因为这个案件的查办，导致一个有营业执照和危险化工生产许可证、正常经营甲苯生产和销售的化工企业从负责人被抓直至今日庭审，一直处于停产停业状态，工厂职工下岗，这对张家港的经济没有任何好处。张家港是全国最大的化工产品集散地，本案的查处，使得本地想买甲苯的人无法购买，想把汽油调和到更高标号也不能实现。本案中被告方把甲苯写作芳烃卖给下游两家公司，并未造成任何社会危害，完全不具备社会危害性，公诉方认为其行为破坏了社会主义市场经济秩序的指控是凭猜测、想象出来的。这一指控不但没有相关证据支撑，反而有事实证明这个案件不正当的查处，对经济产生了相应的社会危害。

最高人民法院多次发文，强调保护企业家，保护企业合法利益并支持其合理诉求，而本案中，一个合法的企业和企业家，仅因为合同签订的文字习惯，把甲苯写成芳烃，就被认定成立犯罪并被判处 15 年有期徒刑。这是保护企业合法利益、保护企业家的表现吗？我们希望，在江苏这个相对比较发达的地方，能贯彻最高人民法院的司法精神。本案现有事实和证据不能证实犯罪成立，却致使一个普通的企业家无辜被追诉并被长期羁押，工厂停工、工人下岗，社会经济损失惨重，这不是司法应有的状态。

作为本案的辩护人，我们希望检察机关能够认识到，作出的指控如果没有充分的证据支持，不成立犯罪，就应当及时撤诉。同时，也非常希望合议庭能够实事求是，根据查明的事实和在案证据，该无罪的就作出无罪判决。

对于非法经营罪，辩护理由如下

对于公诉机关指控的非法经营罪，辩护人认为：本案指控被告单位连大公司、被告人陈教坤构成非法经营罪不能成立。

关于本案的案件背景

本案涉案单位连大公司在案发前是一个依法经营、照章纳税的企业，有工商营业执照，有危险化学品经营许可证，而且获得过地方政府机关及行业协会的认可和诸多相关奖项，从未受过任何行政处罚，更没有受到过刑事追诉。但是就是这样一家合法的民营企业经过张家港市公检法系统近三年的追诉，一而再再而三地变更罪名，从非法买卖制毒物品罪到销售伪劣产品罪，再到今天的非法经营罪，几年来企业负责人被长期羁押，且严重超过法定期限，到目前为止，这个连续多年产值达数亿元的企业沦落到年产值为零、税收为零的地步，大批员工失业，企业彻底倒闭。而这一切是习近平总书记在民营企业座谈会上发布加强对民企保护的重要讲话以及最高人民法院、最高人民检察院发布一系列加强对民营企业保护的重大决策之后所遭遇到的。

关于本案审理过程中存在的程序性问题

一、本案是否真的"事实清楚、证据确实充分"，达到提起公诉、进入审判阶段的标准

本案今天是第三次开庭，每一次开庭的时候公诉人都说本案事实清楚、证据确实充分，依法构成什么什么罪。但是第一次庭审结束后，公诉机关对其指控的"事实清楚、证据确实充分"的案件再次进行调查，补充材料后又变更了起诉罪名。变更罪名本身就说明指控的犯罪事实不清楚、证据不充分。第二次开庭公诉人依然说本案事实清楚、证据确实充分，依法构成所指控的犯罪，但庭审结束后又继续调查，又去补充材料变更起诉罪名。到今天第三次开庭，还是"犯罪事实清楚，证据确实、充分"，如此一而再再而三，公诉机关的"犯罪事实清楚，证据确实、充分"是不是确实如此？公诉机关一次又一次推翻了自己指控的"事实清楚，证据确实、充分"的案件，公诉的公信力何在？

二、公诉机关变更起诉罪名后，没有依法讯问被告人

公诉机关两次变更对被告人陈教坤的罪名指控，却没有依法讯问被告人，获取被告人对改变后罪名的意见，而直接将其起诉到法庭上接受审判，这是对被告人辩护权的侵犯。并且这种对被告人辩护权的侵犯是不可逆的，因为现在已经进入法庭审判，显然公诉机关是在审查起诉阶段剥夺了被告人的辩护权。

三、关于本案管辖权的问题

按照本案公诉机关的指控逻辑，被告人没有相关的经营许可证，其售卖产品构成非法经营罪，但被告人购买这个产品是经过公安机关批准的，购买的每一车产品都有批准手续，显然购买行为没有问题，被指控成立犯罪的行为是"卖"的行为。但本案中"卖"产品的行为发生在张家港吗？不在。所以即便本案构成公诉机关指控的犯罪，被告人的犯罪行为地也不在张家港，张家港司法机关对本案的管辖于法何据？本案侦查机关现场查获的那一车产品也是基于购买的行为，而不是卖的行为。即使说这一车产品是在犯罪准备途中，但这一车产品的所在地相对于2万吨来讲也不是主要犯罪地，因此本案犯罪地根本就不在张家港，但张家港公安司法机关对一个根本没有法定管辖权的案件，一而再再而三地变更罪名起诉、审判，并对被告人超期羁押，甚至没有任何的法定延期手续，这不就是变相的非法拘禁吗？

关于本案具体的案件事实和法律适用
第一部分　关于连大公司危险化学品经营许可证的问题

一、"未取得经营许可"并非成立非法经营罪的判断标准

本案公诉人指控的逻辑起点在于，是否取得经营许可证是判断本案罪与非罪的唯一标准。但辩护人提请合议庭注意，用这一标准作为罪与非罪的标准是完全错误的，这种错误是对《刑法》第225条的理解不正确所导致的。

从生效的判例来看，也足见是否获得经营许可证与是否成立非法经营罪根本无关。大家都应该知道2017年的一起无罪经典案例——内蒙古王力军贩卖玉米案。内蒙古的一个叫王力军的农民贩卖玉米，被当地法院一审判处有期徒刑1年，并缓期执行，当事人没有上诉，判决生效。但这个案件在2017年被最高人民法院指令再审，改判无罪了。一审法院判处王力军有罪的理由是他没有粮食经营许可证就去收购玉米，并且还进行了加工和销售，数额达到了追诉的标准，其行为构成非法经营罪。那么，最高

院为何要指令再审，再审法院为何改判他无罪？这一案例充分说明有没有经营许可证和非法经营罪之间没有必然的联系，即没有取得经营许可证不是判断成立该罪的唯一标准，甚至根本就不能以其作为标准。若以没有取得经营许可证作为定罪标准，那学校门口卖烤红薯的商贩有食品卫生许可证吗？有营业执照吗？家门口卖油漆的杂货店有危险化学品经营许可证吗？都没有。那么，是否也应该对这种长期无证经营的行为以非法经营罪追诉？显然不能！

所以辩护人认为公诉机关指控的逻辑起点，即没有经营许可证是判断是否构成非法经营犯罪的标准，这个前提是绝对错误的。

二、连大公司有合法、有效的危险化学品经营许可证

本案中的连大公司有危险化学品的经营许可证，这是没有争议的，但控辩双方的争议焦点在于该经营许可证是从 2016 年以后有甲苯的经营范围还是 2016 年以前就有。

第一，我们要明确的是，连大公司的危险化学品经营许可证最新版本是 2016 年颁发的，但是许可证上注明的有效期限是往前追溯到 2014 年。而这个经营许可证是国家安监局代表国家、依照国务院《危险化学品安全管理条例》颁发的行政许可证明，其有效期可以追溯至 2014 年，即连大公司的危险化学品经营许可证上明确写有 2014 年到 2017 年的有效期，且其许可范围里就包括了甲苯，还有粗苯。作为一个民营企业，依照国家机关颁发的许可证、在有效期内依法经营，怎么就变成非法经营犯罪了呢？法律不能强人所难，刑法更不能强人所难，这是刑法理论中的期待可能性。

第二，连大公司的危险化学品经营许可证证实国家许可它经营甲苯，2016 年之前的许可证上则有混合苯的经营许可，2016 年新版本的许可证上增加了甲苯，并延续了有效期自 2014 年开始。这是国家机关对连大公司依法经营甲苯的一种追认。而今天公诉人出示的是两份张家港安监局工

作人员所作的证言，仅仅是一个国家机关工作人员对与自己无任何隶属关系的另一国家机关已经生效且持续有效的具体行政行为的一种主观评价，这样的评价本身并不属于刑事诉讼中的法定证据种类之一，难道公诉机关可以据此给一个人、一个企业定罪？这显然是极端错误的，也完全不符合证据规则。

三、连大公司在本案审理过程中依法取得"甲苯"的单项经营许可

本案中不能忽略的一个问题是，连大公司已经申报增加单项甲苯的经营许可，且本案案发是在该申请审批的过程中，同时，审批期间的每一次经营业务，连大公司都依照相关规定向公安机关办理了购买的手续。

第一，我们应当据此对被告单位及被告人行为的主观恶性作一个准确的判断。

第二，在之前的经营业务中，公安机关要求连大公司对其购买甲苯的行为进行申请购买办证，连大公司每次都依规申报审批。后公安机关要求其单列甲苯的经营许可，连大公司即申请单列"甲苯"的经营许可，当地安监局对此知情并进行审查，最终作出行政许可决定。值得注意的是，在单列申请甲苯的审批过程中，任何机关均未对企业的相关经营行为进行任何形式的行政处罚。所以我们必须考虑行政法规在地方适用的一致性。

第三，连大公司在本案审理过程中、法院作出最终生效裁判前已经依法取得"甲苯"的单项经营许可。此处辩护人要结合一份指导案例予以阐释——吉林于润龙非法经营案二审改判无罪。于润龙于2002年8月至9月期间经营黄金，按照当时有效的《金银管理条例》等相关规定，其行为构成非法经营罪。但在一审法院审理期间，国务院发布国发〔2003〕5号文件，取消了中国人民银行关于黄金经营许可的规定，《金银管理条例》中与国发〔2003〕5号文件相冲突的规定自动失效，因此

经营黄金的行为不再属于于"未经许可经营法律、行政法规规定的专营、专卖物品或者其他限制买卖的物品"，于润龙不构成非法经营罪。本案中，连大公司同样是在案件审理过程中依法取得"甲苯"的单项经营许可，因此法院在对本案被告单位、被告人经营甲苯的行为是否构成刑事犯罪作出裁判前，应当慎重考虑。

第二部分　本案被告单位与被告人涉案行为的法律定性

一、关于本案的争议焦点"混合苯"的性质界定

什么是"混合苯"是本案的一个焦点，连大公司2014年的经营许可证上有混合苯的经营许可，如果不能明确什么是混合苯，就没有办法判断连大公司到底可以经营什么、不能经营什么。

首先我们明确，混合苯并不是一个对化学品的官方的、准确的定义，它是一种概念，是在一定领域中某种物质的别名而已。在化学界理论定义和官方颁发的化学品名录上，并没有把混合苯作为法定名称。混合苯的学术定义是指包含苯、甲苯和二甲苯等物质的混合物。2014年《危险化学品名录》中3000多种物质和物品里主要品名栏目里并没有混合苯这个名词，它只是标记在粗苯的别名中，粗苯别名又叫动力苯或混合苯，也就是说官方的《危险化学品名录》里是没有混合苯的法定地位的。本案中，2014年颁发的许可证中写的是"第3类第2项混合苯"，但我们经查询发现第3类第2项里没有"混合苯"，只有"粗苯的别名是混合苯"的提法。但这一标注与其在学术上的定义又不完全相同，因为粗苯是可以再分离出苯、甲苯和二甲苯的物质，而混合苯是已经分离出来之后再混合到一起的物质。为什么会出现这一偏差？因为混合苯本身就没有统一的界定和标准，直到今天为止都没有国家标准。这意味着到今天为止，谁都无法准确定义混合苯，只是学术上认为混合苯一般是包括了苯、甲苯、

二甲苯等主要苯类物质的一种混合物质，但这三类主要物质分别占多少比例没有国家标准，每个企业有自己的标准，且每个企业不同批次的标准还不一样。

其次，因为混合苯没有统一标准，其主要成分又是苯、甲苯和二甲苯的混合物，连大公司"第3类第2项混合苯"的许可证理应本着对企业有利生产、方便经营的原则来解释。也就是应理所为具有经营苯、甲苯和二甲苯的经营许可，否则没有苯，没有甲苯、二甲苯，那混合苯用什么混合出来呢？本案中，根据当地交易习惯，惯常将企业经营苯类物质，包括苯、甲苯、二甲苯等，写为混合苯。也正因为混合苯不是一个官方的、准确的用语，才出现这样特例。这就是最高检、最高法的领导反复强调的企业发展过程中的一些不规范的行为，不要轻易用刑事手段去追诉。但值得关注的是，本案这一不规范的行为并不是企业主动造成的，而是当地行政执法部门为了管理便利造成的。

最后，从社会危害性角度考虑，混合苯里有三种主要成分：苯、甲苯、二甲苯。其中，苯是一种公认的有毒物质，根据联合国公布的文件，苯是一类致癌物质，甲苯是三类致癌物质（还是未确定的一种可能），即甲苯有没有致癌的可能性还不确定。连大公司可以经营苯、甲苯、二甲苯，在这几个产品中显然苯的毒性更大，但被告单位经营的是毒性更小的甲苯。从公诉机关这一次变更起诉补充来的证据看，2014年与2016年相比，连大公司在长期经营甲苯的过程中并没有增加任何的硬件设备和技术条件，就通过了验收，说明连大公司一直以来就具备经营甲苯的条件，并非因为当时没有具备相应的条件而非要去经营甲苯，从而造成了社会危害性。

二、从混合苯和甲苯的危害性角度考察，本案涉案行为不构成犯罪

参考国家安监局《危险化学品目录》第49项苯、第167项粗苯以及

第 1014 项甲苯中的相关内容，苯、粗苯和甲苯均为 2 类易燃液体，其储运方式和防护设施均应一致。辩护人上面提到粗苯的别名又叫混合苯，即混合苯与粗苯被认为是同一物质。而在危险性类别这一栏显示，苯与粗苯的危险性类别完全一致，都有九项。再看甲苯，它比苯和粗苯即混合苯少了（包括降低危险等级）共四项危害性：粗苯和苯可致严重眼损伤／眼刺激类别 2，而甲苯没有；粗苯和苯的生殖毒性比甲苯大；粗苯和苯特异性靶器官毒性为类别 1 而甲苯为类别 2；粗苯和苯还具有致癌性类别为 1A，而甲苯没有致癌性。

通过比较上述三类苯的危险性类别，我们就会发现粗苯（混合苯）的危险性与大众所周知的苯的危险性一致，而且还远大于甲苯。管理部门所以要设置危险化学品的管理，不正是因为这些产品有危险才要加强管理吗？本案中连大公司 2014 年的危险化学品经营许可证上被允许经营的是一个可以有 9 项危险性的混合苯（粗苯），而其在本案中实际经营的是危害性显著更低的甲苯，那么，其经营甲苯的危险性在哪里？其行为的社会危害性又在哪里？在刑法理论中，行为的社会危害性是犯罪的基本特征之一，连大公司经营混合苯都是被许可、不构成犯罪的，举重以明轻，其经营甲苯为何会构成犯罪？

三、本案涉案行为的法律评价

本案中涉及两个国务院出台的条例，一个是《易制毒化学品管理条例》，另一个是《危险化学品安全管理条例》。根据《易制毒化学品管理条例》，易制毒化学品分为三类，第一类和第二类的经营需经许可，第三类是需备案，即不需要经营许可证，而甲苯属于第三类。同时甲苯又属于危险化学品，《危险化学品安全管理条例》要求经营甲苯需要办许可证，关于经营许可的问题此处不再赘述，这里阐述的重点是违反了上述具体规定有什么后果。本案中，被告人的行为违反了什么规定呢？其实按照最严格的文字的字面意思来解读，不过是超范围经营。根据《易制毒化学品管理条例》规定，超范围经营的行为后果是行政处罚，没有刑事责任，即使被告人的行为违法，其法律后果最多是行政处罚，而不应当受到刑事追诉。

但是，本案中，被告单位及被告人每一次业务都向公安机关办理了相关的手续，且每次都向公安机关提交完整的合同、营业执照和危险品经营许可证等备案材料。因此连大公司的经营行为显然还不属于超越经营范围，其至今从未受到过公安机关或安全生产管理机关的行政处罚。而无论是依据《易制毒化学品管理条例》还是《危险化学品安全管理条例》，连大公司的经营行为甚至都不构成行政违法的情况下，为什么到了张家港就变成了刑事犯罪？这是我们要反思的问题。

因此，如果一定要对本案中被告人的行为作出一个法律上的评价，最多是超出许可的品种经营。依据《危险化学品安全管理条例》，该行为并没有相应的法律后果，甚至连行政处罚都没有；依据《易制毒化学品管理条例》，超出许可的品种经营易制毒化学品的，予以行政处罚。因此本案显然不需要考虑予以刑事追诉。

第三部分　关于本案中的《刑法》适用问题

一、甲苯不属于《刑法》第225条第（1）项的"其他限制买卖的物品"

此次变更的起诉书里引用的是《刑法》第225条第（1）项，即"未经许可经营法律、行政法规规定的专营、专卖物品或者其他限制买卖的物品"。本案中的甲苯肯定不是专营、专卖物品，因为专营、专卖一般是指烟草专卖、食盐专营等由法律明文规定的，因此本案的核心在于甲苯是否属于国家限制买卖的物品。

首先一个前提，公诉机关必然认为甲苯是限制买卖的物品，否则不能适用这一条款。公诉机关既然认为甲苯属于限制买卖的物品，就必须对此举证证明，但公诉机关并未提交此部分的相关证据。

辩护人在1987年的《投机倒把行政处罚暂行条例》、1990年的《投机倒把行政处罚暂行条例施行细则》找到了"限制自由买卖的物品"的定义及范围，即"国家禁止或者限制自由买卖的物资、物品"包括：（1）指令性计划分配物资；（2）走私物品、特许减免税进口物品；（3）爆破器材、麻醉药品、毒性药品、精神药品或者放射性药品；（4）专营或者专卖物资、物品；（5）重要生产资料或者紧俏耐用消费品。显然本案中的甲苯并不属于上述五类物品，且1997年《刑法》已经取消了投机倒把罪，上述物品有些淡出历史舞台，有些被《刑法》所吸收，比如纳入走私犯罪的范畴，而专营、专卖物品属于国家垄断领域且有专项规定；剩下的"限制自由买卖物品"，就是指"爆破器材、麻醉药品、毒性药品、精神药品或者放射性药品"。因此现行《刑法》第225条第（1）项规定的"其他限制买卖物品"，主要包括：民用爆炸物品、剧毒化学品、易制爆危险化学品、精神药品与麻醉药品。而这五类物品跟甲苯也没有任何关系。

其次，从辩护人梳理的上述规定可以看出，限制自由买卖物品的本质特征，是对公共安全或社会秩序具有显著危险性的物品，国家如果不管控这类物品的数量、用途，往往容易造成较大的风险，因此才对其买卖加以限制。《危险化学品安全管理条例》里规定的有一般危险化学品和剧毒化学品、易制爆危险化学品，《易制毒化学品管理条例》也对易制毒化学品的生产、经营等分类管理和许可制度，第一类和第二类、第三类易制毒化学品分别实行许可和备案。但一直以来，限制买卖的物品是不包括一般的危险化学品的。

因此，甲苯不属于《刑法》第225条第（1）项中的"其他限制买卖的物品"，公诉机关以此条款指控被告单位及被告人经营甲苯的行为构成非法经营罪，不能成立。

二、本案连大公司经营甲苯的行为不属于第 225 条第（4）项的"其他严重扰乱市场秩序的非法经营行为"

《刑法》第 225 条规定的非法经营罪，第（4）项是本罪的"兜底条款"，对该条款的解释应坚持同类解释规则，即本罪中"其他严重扰乱市场秩序的非法经营行为"应和前 3 项"非法经营专营专卖物品、非法买卖经营许可证以及非法经营金融业务等"在行为性质特征、危害结果特征、行为与危害结果的关系特征等方面具有同质性。最高人民法院《关于准确理解和适用刑法中"国家规定"的有关问题的通知》（法发〔2011〕155号）第 3 条规定："各级人民法院审理非法经营犯罪案件，要依法严格把握《刑法》第 225 条第（4）项的适用范围。对被告人的行为是否属于《刑法》第 225 条第（4）项规定的'其他严重扰乱市场秩序的非法经营行为'，有关司法解释未作明确规定的，应当作为法律适用问题，逐级向最高人民法院请示。"

不仅如此，最高人民法院在指令内蒙古王力军非法经营案再审时也认为，《刑法》第 225 条第（4）项是在前三项规定明确列举的三类非法经营行为具体情形的基础上规定的一个兜底性条款，在司法实践中适用该项规定应当特别慎重，相关行为需有法律、司法解释的明确规定，且要具备与前三项规定行为相当的社会危害性和刑事处罚必要性，严格避免将一般的行政违法行为当作刑事犯罪来处理。"

很显然，通过辩护人此前的论述，本案中连大公司长期以来经营甲苯的行为未对市场秩序造成不利影响，完全不能被评价为与非法经营罪中"非法经营专营专卖物品、非法买卖经营许可证以及非法经营金融业务等"行为有相当的危害程度，因此也不能援引此条款指控被告单位、辩护人构成非法经营罪。

三、关于本案法律适用的问题

首先，对一个行为的法律评价，要注意区分它是法定犯还是自然犯。本案指控被告单位及被告人的行为显然是法定犯范畴，那么对法定犯行为的评价，刑法理论上有一个通说叫二次评价，即首先要对其行为进行行政法上的评价，看其是否违反行政法规，行政法规对该行为能不能规制和调整？如果行政法不能规制和调整，在迫不得已的情况下，才动用刑事法律。辩护人之前也论述过，本案公安机关每次都给连大公司的业务办理手续，安监局还给其追认颁发甲苯经营许可证，即行政机关对连大公司的经营行为从未作出行政违法的评价，张家港公检法为什么直接启动对其的刑事追诉？

其次，本案的刑事追诉是不合常理的。本案中连大公司的行为并不具有实质危害性。第一，它是一个化工企业；第二，它有营业执照、危险化学品经营许可证，也有混合苯的经营许可，且混合苯比甲苯更具有危险性，本案连大公司的经营行为不存在实质危害。在刑事司法实践中，不能够机械地适用法条，要能动司法，这也是最高院院长、最高检检察长反复强调的，而且最高司法机关领导特别强调司法人员要懂得刑法的谦抑性和司法的人文关怀。刑法的谦抑性原则要求，能不动用刑事手段去调整和规制的行为的，就尽可能不动用刑事手段。因为刑事手段是调整社会关系的最后手段、最后屏障。一旦适用，对人的财产、自由，乃至生命都会造成巨大的侵害，而且往往是难以挽回的侵害。所以我们也特别希望法庭能够考虑到本案的特殊情形和当前社会的司法背景，能够从刑法的谦抑性和基本的人文关怀出发，慎用刑事手段。

辩护人综合以上几点，想提请合议庭注意：第一，本案连大公司有危险化学品经营许可证；第二，该许可证自 2014 年有效，有效期至 2017 年；第三，本案涉案行为是 2016 年实施的，实施时连大公司具有混合苯经营许可；第四，行为实施后其经营甲苯的行为又被国家行政机关认可，并颁发新证；第五，案发前经营许可条件与案发后增补甲苯时的经营条件完全相同；等六，混合苯的危险性比甲苯更大。故综合多方面考察，就会得出本案涉案不成立犯罪的结论。同时，我们还应当准确理解《刑法》第225条第（1）项关于"其他限制买卖的物品"的定义，摒弃唯许可证论这种计划经济时代的思维，准确理解并谨慎适用非法经营罪这样一个被法律学者所广泛诟病的"口袋罪"，审慎司法。

✎ 律师手记

无罪辩护的颠覆性思维

朱明勇

这个案子原本是一位河南的律师请我帮忙协助的。当时我简单看了一下，也觉得没有辩护的空间。

但拿到案卷以后，我却认为这是可以作无罪辩护的。当时没有人相信，因为非法买卖制毒物品的数量非常大，达到 2 万多吨。

这是公安部交办下来的案件，根据刘整个案件背景的判断，我觉得这里面存在问题。涉案单位是一个民营化工企业，具有危险品经营许可证，也有销售所指控的标的物的类似手续。

经仔细研判，我发现连大公司运输买卖的所谓"制毒物品"是卖给一个化工企业也就是炼油厂的，之后炼油厂把甲苯作为添加剂加到汽油里面去卖掉，并非为了给别人制毒用的。

最高法院一个会议纪要提到，如果买卖非法的易制毒化学品，但是用于正常的生产生活，那就不能以毒品类犯罪来处理。这样一分析，检察院起诉的基础就荡然无存。

过了一段时间，检察院又变更起诉该企业销售伪劣产品。其逻辑是化工厂卖的是"甲苯"，开的发票上写的却是"芳烃"。销售伪劣产品罪看起来好像没有与毒品相关的案件罪名重，但比较量刑，非法买卖制毒物品最高刑是 7 年以上有期徒刑，而销售伪劣产品，量刑最低是 15 年，最高是无期徒刑。这下子，不仅没有搞轻反而搞重了。

在这样一种巨大的压力之下，我继续作无罪辩护，彻底抛开法律的规定，纯粹从专业的化工技术角度进行辩护。开庭的时候我拿了一摞化工教材，从高中教材到大学教材，再到一些专业的书籍和一些期刊的文章，我要证明甲苯就是芳烃。从专业的角度看，对化工领域的人而言，这些根本不需要去证明，但是作为辩护人，我们要告诉检察官，告诉法官，告诉所有关注这个案件的人：检察院认为把甲苯当成芳烃卖就是销售伪劣产品是错误的。

开庭的时候，我讲起高中化学教材里讲过甲苯是芳烃的一种，也就是含苯环的一类化学物质。所以这个问题就变得简单了。

如果说甲苯、芳烃、苯环结构这些化学知识有一点复杂，那我就以苹果和水果类比：甲苯就是苹果，芳烃就是水果，二者是种属关系。

这一次辩护又成功了，但是之后检察院又变更起诉了，变更成非法经营罪，非法经营罪被诟病为一个"口袋罪"。

最高法院对非法经营罪有很多司法解释，要求对非法经营罪认定不能扩大，必须要有司法解释规定的情形才可以定罪。所以公诉机关的指控变更为这个罪名的时候，我的辩护思维要马上跟着调整。

对于非法经营罪这个罪名，不能够单独地理解为"好像应该有许可证"，没有许可证就叫非法经营。在检索案件的时候，有 600 多起类似的案件都是判了有罪的，但我们还是要作无罪辩护。这时必须跳出传统的思维，不能按所谓的犯罪构成的理论去辩护，也不能去分解构成要件，什么情节轻微、后果不严重，这些对于这起案件而言都没有意义。

这时，我打算详细全面地解读《刑法》当中关于非法经营罪的界定，我发现其罪状描述里面提到了"限制"这个词。很多人没有注意到这个词，我们检索了大量的论文，发现原来有人做过相关研究，1987 年的《投机倒把行政处罚暂行条例》、1990 年的《投机倒把行政处罚暂行条例施行细则》

提到了"限制自由买卖的物品"的定义及范围。

我们找到了国务院的条例，找到了工商局打击投机倒把的实施细则，找到了限制物品的种类，再结合到《刑法》当中的吸收以及现行《刑法》关于非法经营罪的表述。我们发现，涉案物品不属于"限制流通"的范畴。

此外，我还去找了售卖哪些物品需要办许可证，而实践当中却没有办证，也没有定罪的情况。比如说张家港一个小学门口有位卖烤红薯的老人家，烤红薯是食品，根据国家规定，销售食品要办食品卫生许可证，如果按照定罪思维，所有没办许可证卖红薯的老人家都是有罪的，这就违背了常识。

评议

领导关注，2万多吨的天文数字，当事人被羁押两年多，换了三个罪名，三个起诉书，一个案子变成三个案子，最终全案撤诉——无罪辩护阻力之大可以想象。

三个罪名、三次公诉，公诉机关自己一次又一次地推翻了自己认为的"事实清楚，证据确实、充分"的定论，其公信力一次次降低。而在变更罪名时，甚至没有提审被告人，程序上严重违法。

现代刑法理论禁止"有罪推定"，公诉机关频繁更换罪名正是"有罪推定"的思路，不给当事人定个罪名不罢休，影响了民营企业的生存环境。

面对这样艰难、复杂的案件，乍看没有辩护空间。但律师还是尽全力开拓，甚至自己的思维，从常识性去考虑，从政策性去考虑，从专业技术去考虑，甚至从行政管理的规定去考虑，直到最终形成有效的辩护思路。

辩护律师找到这些突破点，不拘泥于案件本身，而是进行系统性辩护，运用颠覆性思维寻求最佳策略，用自己的一套证明体系去推翻公诉人的证明体系，从而得出当事人无罪的结论。

法官被控犯罪　律师全力辩护

李国利　裴仁奎

回顾

　　解冻瞬间钱被转走，这样蹊跷的事发生在沁阳市人民法院作出的一项民事判决的执行中，参与执行的法官聂肖琼因此惨遭牢狱之灾。

　　事情要从几年前的一桩执行案件说起。

　　2014年9月17日，沁阳市人民法院裁定冻结华荣公司及马义荣银行存款350万元。2014年9月24日，华荣公司向沁阳市人民法院提出执行异议。2014年12月26日，沁阳市人民法院以公证债权文书有重大争议为由对本案作出不予执行的裁定。2015年1月8日，范连启就本案向沁阳市人民法院西向法庭起诉。西向法庭当日予以受理，聂肖琼任审判长。

　　2015年1月9日，沁阳市人民法院作出冻结马义荣、华荣公司、慕鸿渊存款89万元的裁定。执行人员杨文元与聂肖琼、杨媛媛一起先到焦作，由杨文元对冻结的款解除冻结，聂肖琼与杨媛媛再予以冻结。在解冻与冻结的过程中，马义荣账户内钱款被转走。由于冻结期满未续冻，7月10日，华荣公司账户内钱款被转走。7月20日，范连启的代理人苟保公接聂肖琼通知后向西向法庭再次提出财产保全申请，要求对马义荣、慕鸿渊、华荣公司存款89万元冻结。21日及23日，沁阳市人民法院对上述冻结的账户予以冻结，各账户存款余额共为1740.65元。2015年8月6日，范连启收到沁阳市人民法院判决书，判决马义荣、华荣公司偿还范连启本金 1 733 764.72 元、利息 513 847.56 元等，慕鸿渊承担连带责任。至今范连启未得到马义荣、华荣公司及慕鸿渊的还款。

✳ 案件

2016 年 11 月 3 日，聂肖琼因涉嫌执行判决、裁定失职罪被温县人民检察院取保候审。

2016 年 12 月 21 日，河南省温县人民检察院向温县人民法院提起公诉。起诉书指控，被告人聂肖琼作为沁阳市人民法院西向法庭庭长，担任原告范连启诉被告马义荣等人的借款合同纠纷一案的审判长。2015 年 1 月 9 日，根据原告范连启的申请，西向法庭作出冻结马义荣账户、温县华荣包装有限公司（以下简称华荣公司）账户及慕鸿源账户的裁定，但该裁定并未及时送达给范连启一方。2015 年 1 月 9 日，被告人聂肖琼和审判员杨媛媛、沁阳市人民法院执行局副局长杨文元到银行办理对马义荣账户、华荣公司账户解冻、冻结过程中，未采取轮候冻结的方式导致被告马义荣账户内钱款被转走。2016 年 7 月 8 日冻结到期前，被告人聂肖琼没有及时通知范连启续冻，并且未按照规定依职权续行冻结，冻结逾期两天后，马义荣从其账户上转走钱款。

检察院认为，被告人聂肖琼作为司法工作人员，在执行裁定活动中，严重不负责任，不依法采取诉讼保全措施，不履行法定执行职责，致使当事人利益遭受重大损失，应当以执行判决、裁定失职罪追究其刑事责任。

2017 年 12 月 13 日，温县人民法院作出（2017）豫 0825 刑初 6 号的刑事判决书，判决聂肖琼无罪。

一审宣判后，温县人民检察院向河南省焦作市中级人民法院提出抗诉。经审查，河南省焦作市中级人民法院依法组成合议庭，于 2018 年 3 月 8 日公开开庭审理了本案。焦作市人民检察院检察员出庭履行职务，并当庭发表如下意见：

1. 聂肖琼在对第一轮冻结进行解冻、续冻时未采取轮候冻结，导致二笔款共计 420 000 元被恶意转走。

2. 冻结款项到期前，在当事人没有采取申请时，聂肖琼没有及时通知当事人续冻或依职权续冻，导致冻结逾期两天后三个账户上的 676 779 元被转走。

3. 聂肖琼没有书面告知当事人冻结到期的具体日期。聂肖琼作为原告范连启诉被告马义荣、慕鸿渊、华荣公司、第三人沁阳市连启钢构建安有限公司借款合同纠纷一案的审判长，在履行职责时一而再再而三的严重失职，导致被法院冻结的 1 096 779 元款项被恶意转走，其行为构成执行判决、裁定失职罪。

辩护律师认为聂肖琼不构成执行判决、裁定失职罪，为其作无罪辩护，发表辩护意见如下。

执行判决、裁定失职罪是指在执行判决、裁定活动中，严重不负责任或者滥用职权，不依法采取诉讼保全措施、不履行法定执行职责，或者违法采取诉讼保全措施、强制执行措施，致使当事人或者其他人的利益遭受重大损失的行为。

本案中，起诉书指控被告人聂肖琼构成执行判决、裁定失职罪，主要依据有四个方面：（1）未及时给范连启送达保全裁定；（2）在冻结时，未采取轮候冻结的方式导致马义荣将其账户上的钱转走，存在过错；（3）没有及时通知范连启续冻；（4）未依职权续行冻结。

执行判决、裁定失职罪，认定罪与非罪的关键点在"失"与"职"。"失"指的是主观过错与违法行为，"职"指的是法定职责。是否构成本罪必须看嫌疑人在履行法定职责过程中，客观上是否存在违反法定职责的行为，具体到本案中，就是客观上是否存在不依法采取诉讼保全措施和违法采取保全措施的行为，主观上是否存在过失。下面就执行判决、裁定失职罪的特征，结合相关法律规定与本案客观情况，对公诉机关指控的四个方面进行剖析。

一、关于"未及时给范连启送达保全裁定"的问题

起诉书中指控西向法庭没有及时给范连启送达保全裁定，是为了证明范连启及其代理人勾保公不知道保全的起始期限，因而无法计算保全期间，也就无法申请续冻，进而说明范连启没有申请续冻是没有责任的，所有的责任都在西向法庭。

辩护人认为，起诉书以"未及时给范连启送达保全裁定"来认定被告人聂肖琼存在失职行为无事实与法律依据。

首先：公诉机关提供的证据不能证明聂肖琼"未及时给范连启送达保全裁定"。

1. 从公诉机关提供的证据来看，勾保公说送达保全裁定的时间是2015年7月20日，杨媛媛说送达保全裁定的时间是保全行为作出后当天下午，也就是2015年1月9日。两人的陈述有矛盾之处，从勾保公与范红霞的对话可以看出，勾保公是在极力撇清自己的责任，把所有责任推到法院，因此其证言不能作为定案依据。杨媛媛说其当天下午到法院查看冻结的金额时让其在送达回证上签的字，其说法比较客观，可信度较高。

2. 对于勾保公签字的司法鉴定，该鉴定结论不具有客观性。温县人民检察院向鉴定机构提供的检材是2015年1月8日勾保公签的送达回证和2015年1月9日、2015年7月21日的沁阳市人民法院的《协助执行通知书》。送达回证的纸质明显与协助执行通知书的纸质不同，不具有可比性。如果的确需要鉴定，完全可以使用相同纸质的同期的送达回证上的签字进行对比。在民事案卷中，勾保公2015年1月8日领取受理案件通知书的送达回证，2015年7月21日沁阳市人民法院给相关银行送达保全裁定的送达回证都可以作为检材。因此，由于检材的差异，该鉴定结论不能作为定案依据。

3. 假使该鉴定结论不存在检材问题，该鉴定结论只能证明勾保公的签字在标称日期之后形成，不能证明具体的形成时间，更不能证明该送达回证如勾保公所说，是在2015年7月20日签的。

因此，辩护人认为，公诉机关提供的证据不能证明聂肖琼"未及时给范连启送达保全裁定"。

其次，无论保全裁定什么时候送达，是否送达，范连启及其代理人勾保公对保全裁定作出的时间、保全冻结行为实施的时间都是明知的。

综合全案证据，可以证明以下事实。

1. 2015年1月8日，范连启向沁阳市人民法院申请财产保全。

2. 2015年1月9日，聂肖琼与案件主办法官杨媛媛一起去相关银行办理保全手续，在保全前后，范连启的代理人勾保公都与聂肖琼有过沟通，特别是去实施保全行为时的车辆也是范连启提供的。

3. 保全结束，当天下午勾保公就到西向法院在沁阳法院的办公室查看冻结金额。

4. 范连启诉马义荣民事诉讼案卷显示，协助冻结存款通知书上明确裁明了冻结期限为6个月，自2015年1月9日起至2015年7月8日止。

以上证据足以证明，无论保全裁定什么时候送达，是否送达，范连启及其代理人勾保公对保全裁定作出的时间、保全冻结行为实施的时间都是明知的。勾保公1995年从事律师工作，作为一位资深律师，应对民事诉讼方面的基本法律知识烂熟于胸，对各类财产的保全期限以及保全到期后不续期所产生的法律后果更是清楚的。即使西向法庭"未及时给范连启送达保全裁定"，也不能造成范连启及其代理人不知道什么时候实施保全行为的后果，其没有及其申请续冻而产生的法律后果不能归咎于人民法院，更不能归咎于被告人聂肖琼。

二、关于"在冻结时，未采取轮候冻结的方式导致马义荣将其账户上的钱转走"的指控

对于这个问题，辩护人着重从以下四个方面进行剖析。

首先，西向法庭实施保全行为，没有和执行局工作人员一同前往相关

银行，并在办理解冻手续的同时办理保全手续的职责和义务。

截至目前，没有任何法律法规规定，人民法院采取冻结手续时，保全法官要和解除保全的法官一起履行职务。西向法庭和执行局，是沁阳市人民法院的两个部门，西向法庭实施保全行为，执行局解除冻结，依据的是两个不同的法律文书，在法律层面上两者没有任何关联性，是应各司其职的。是由于当事人的要求，将两个部门之间的执法行为关联了起来。

聂肖琼和杨媛媛没有和执行局工作人员同行、在办理解冻手续的同时办理保全手续的职责和义务，其二人完全可以不与执行局的人一起去办理手续，其之所以和执行局的人一起去办理手续，就是为了保证资金安全，努力做到解冻与保全的无缝连接。但资金安全的保障，不是聂肖琼和杨媛媛两个诉讼法官的法定义务，其只是在当事人的要求下，本着对当事人负责的态度，做的额外工作。试想，如果说西向法庭工作人员没有和执行局工作人员同行，期间款项被转走，也要把罪责强加在聂肖琼头上吗？辩护人认为，作为保全法官，只要在法定的时间内作出保全裁定并予以执行，就完成了自己的法定职责，并不能因为其与办理解冻手续的法官一起去办理解冻手续，就让其必须要保证资金安全，就一定要冻结住钱。

其次，西向法庭工作人员在实施保全行为时，没有任何过错。

根据庭审查明的事实，2015年1月9日上午，聂肖琼、杨媛媛、杨文元一行在焦作建设银行人民东路支行、中国银行塔南路支行办理解冻、冻结手续，冻结存款57万元。到第三个银行，工商银行焦作大学支行办理时，一起将解冻、冻结手续材料递进窗口，银行工作人员办理后告知该账户上存款301 000元已被转走。当时三位法官曾对此向相关银行提出质疑，认为解冻、冻结手续同时交给银行，就是要求银行工作人员对解冻、冻结手续办理的无缝对接，银行有义务、有责任保证资金安全，认为其工作人员可能存在与马义荣勾结的情况，其主管领导表示决不会存在这种情况，主管领导还与上级机构联系，称可能存在二级卡，即其卡上的钱可能被他人复制的卡（犯罪分子复制或其他方式制作的卡）取走。

当天下午，沁阳法院一行人到工商银行温县支行办理相关解冻、保全手续，鉴于上午在工商银行焦作大学支行出现的情况，法院工作人员要求该行办理解冻、冻结时注意方法，保证资金安全，不能再出现中午转移资金的情况。即便如此，该银行的 119 000 元存款也被以相同的方法转走。

马义荣笔录显示，该两笔款项之所以被转走，是因为其在工商银行焦作大学支行发现了沁阳市法院工作人员，便让其侄女马萍玉看着电脑，在法院解冻的一瞬间将款项转走的。

根据起诉书指控，工商银行焦作大学支行的 310 000 元是在解冻手续办理后 9 秒被转走的，工商银行温县支行的 119 000 元是在解冻手续办理后 15 秒被转走的。

聂肖琼和杨媛媛是人，是普通的法官，他们不是神，他们根本不可能预料解冻、保全手续同时递到银行窗口，有人会在这样一个间隙里把款转走。特别是最后一个银行，他们对上午出现的情况向银行工作人员进行了特别提醒，钱仍被转走，那就更不是他们的能力所能决定的了。

综上，对于后两笔款项在解冻与保全间隙被转走，不是嫌疑人聂肖琼及其一行的所有人能预料到的，与其法定职责无关。嫌疑人聂肖琼在履行保全职责过程中没有过错，更没有违法行为。

再次，执行局解冻和西向法庭查封，是基于同一债权，因而不适用轮候查封。

公诉机关指控的法律依据是《最高人民法院关于同一法院在不同案件中是否可以对同一财产采取轮候查封、扣押、冻结保全措施问题的答复》，该答复是这样规定的："设立轮候查封、扣押、冻结制度，目的是解决多个债权对同一执行标的物受偿的先后顺序问题。因此，根据最高人民法院《关于人民法院民事执行中查封、扣押、冻结财产的规定》第 28 条规定的精神，只要不是同一债权，不论是不是同一个债权人，受理案件的法院是不是同一个法院，都应当允许对已被查封、扣押、冻结的财产进行轮候查封、扣押、冻结；同一法院在不同案件中也可以对同一财产采取轮候查封、扣押、冻结保全措施。"

从以上批复可知，轮候制度是为了解决"多个债权对同一执行标的物"的受偿先后问题；上述批复从目的解释进行理解，实质是两句话，即：

（1）"只要不是同一债权，不论是不是同一个债权人，受理案件的法院是不是同一个法院，都应当允许对已被查封、扣押、冻结的财产进行轮候查封、扣押、冻结。"

（2）"只要不是同一债权，同一法院在不同案件中也可以对同一财产采取轮候查封、扣押、冻结保全措施。"

在本案中，执行案件和诉讼案件针对的均是同一债权，故在 2015 年 1 月 9 日的冻结中，不适用轮候冻结，因此，不应以该规定来认定聂肖琼存在违法采取保全措施的行为。

最后，如果西向法庭在执行局解除冻结前对相关银行账户实施了有效的保全冻结行为，那么就属于重复冻结，重复冻结是法律明文禁止的，如果西向法庭那样做了，就是典型的滥用职权。

根据公诉机关的逻辑，公诉机关在法庭上谈的所谓的轮候冻结，就是要求西向法庭在解除冻结前，对相关账户采取有效的保全冻结措施，也就是说，在原有的冻结上再冻结一次。殊不知，这样的在一个有效查封冻结的上面再加一个有效查封冻结的行为，在法律上叫重复冻结，是法律明文禁止的！

我国新旧《民事诉讼法》及其司法解释均明确规定：财产已被查封、冻结的，不得重复查封、冻结。由此可见，我国立法上采用的是不再查封主义，即否定重复查封，重复查封是法律明文禁止的，西向法庭在解封后对相关账户进行冻结，是严格依照法律规定行使自己的职权，无任何过错。

三、关于起诉书指控的"没有及时通知范连启续冻"的问题

关于通知当事人续冻的问题，在案发当时没有任何一部法律或司法解

释规定人民法院在保全到期前应通知申请保全人延长保全期限，也就是说，西向法庭没有职责与义务通知范连启续冻，起诉书的本项指控无法律依据。

四、关于起诉书指控的没有依职权续冻的问题

1. 人民法院没有法定职责在保全到期后延长保全期限。

《最高人民法院关于人民法院民事执行中查封、扣押、冻结财产的规定》第 29 条规定："人民法院冻结被执行人的银行存款及其他资金的期限不得超过 6 个月，查封、扣押动产的期限不得超过 1 年，查封不动产、冻结其他财产权的期限不得超过 2 年。法律、司法解释另有规定的除外。申请执行人申请延长期限的，人民法院应当在查封、扣押、冻结期限届满前办理续行查封、扣押、冻结手续，续行期限不得超过前款规定期限的 1/2。"

《民事诉讼法司法解释》第 487 条规定："……申请执行人申请延长期限的，人民法院应当在查封、扣押、冻结期限届满前办理续行查封、扣押、冻结手续，续行期限不得超过前款规定的期限。人民法院也可以依职权办理续行查封、扣押、冻结手续。"

从上述法律规定可以看出，本案案发当时，我国法律对续查封实施的是"依申请"启动的基本原则，"依职权"为补充，如未及时续封则初始查封效力自动消失，如权利人申请续封但法院没有依法办理则要承担责任。在司法实践中，依职权的情形主要有以下几个方面：若查封期限将至，如遇有申请人在外地、生病、下落不明等原因无法及时提出续封申请之紧急情形，或人民法院根据具体案情认为有必要主动续封，才可依职权启动续封。

本案中，查封即将到期时，范连启不存在在外地、生病、下落不明等原因无法及时提出续封申请之紧急情形，其没有申请续封，可以视为其对其诉讼权利的自由处置，人民法院没有必须依职权进行续冻的义务。

2. 保全到期后没有延长保全期限，是由当事人范连启及代理人勾保公自身失误造成的。

本案中，对银行账户所采取的保全措施为6个月，自2015年1月9日起至2015年7月8日止。对于保全的起止时间，作为原告的范连启及其代理人勾保公是清楚的，保全那天勾保公律师还与聂肖琼、杨媛媛进行沟通，并安排了车辆，保全过程中，聂肖琼还与其进行电话沟通，保全完成后，勾保公还到法院就保全金额进行了查询，沁阳市人民法院协助冻结存款通知书及相关银行出具的凭证上均显示冻结到期日为2015年7月8日，勾保公律师在查询保全金额时，对冻结到期日不应是视而不见的，况且主审法院杨媛媛在保全时就曾给勾保公说过保全期限。即使勾保公没有看到协助冻结存款通知书及相关银行出具的凭证上均显示冻结到期日、杨媛媛也没有给勾保公说过保全期限，其1995年从事律师工作，作为一位资深律师，应对民事诉讼方面的基本法律知识烂熟于胸，对各类财产的保全期限以及保全到期后不续期所产生的法律后果更是清楚的。

3. 即使保全到期后人民法院有法定职责延长保全期限，被告人不是主审法官，也不应承担法律责任。

本案为普通的民事案件，由聂肖琼、杨媛媛和另一人组成合议庭，主审法官为杨媛媛，聂肖琼作为西向法庭庭长，担任审判长。依据《沁阳市人民法院合议庭工作规则》，审判长主要是主持和组织案件的庭审活动，对自己制作的法律文书负责，审核合议庭其他成员审理案件的法律文书。案件上的具体细节问题，是由承办人员负责的。聂肖琼作为庭长，其自身也承办了大量案件，工作压力大，其不可能、也没有责任去关注他人承办案件的细节，因此，即使保全到期后人民法院有法定职责延长保全期限，也不应由其来承担法律责任。

五、关于庭审中公诉人提出的几个指控

1. 2015年1月9日解冻和冻结期间发生转款行为后，西向法庭没有追查第三方账户，并对第三方账户采取措施，是否存在过错。

辩护人认为，西向法庭没有追查第三方账户，并对第三方账户采取措施，不存在任何过错。"法无授权不可为"是对公权力限制的基本原则。作为民事案件的法官，在无法律明文规定情况下，他们有什么权力去追查、冻结案外第三人的银行账户？试想，他们如果去冻结、查封了案外第三人的银行账户，如果案外第三人也采取极端方式信访，或其他方式对办案法官进行控告，说不定本案被告人就会以涉嫌滥用职权罪被公诉人指控。

2. 关于和解，有没有必要性，是否存在过错？

首先，和解有没有必要性。至于是否存在有意延长办案时间的过错，辩护人认为，这与本案没有任何关系，更与范连启及其代理人是否能正常申请延长保全期限没有任何关系。

范连启及其代理人对保全行为作出的时间是十分清楚的，其没有在法定期间内申请延长保全期间，是其自身责任，与和解与否无任何关系。

如果本案在审理期限内审结，有一方上诉，那么在上诉期间，范连启及其代理人没有申请延长保全期限，造成账户自然解除冻结，那么他们还能去追究二审法官的责任吗？如果说没有上诉，在执行期间，范连启及其代理人没有申请延长保全期限，造成账户自然解除冻结，他们还能去追究执行法官的责任吗？

其次，对于案件为什么要和解，本案被告人和主审法官杨媛媛说得都很清楚，是因为马义荣不到庭，部分事实无法核实，责令马义荣到庭接受调查，充分证明了西向法庭对案件对当事人负责的态度。之所以审理期间紧张，那是因为范连启的代理人生病和马义荣申请鉴定造成的。西向法庭工作人员没有故意延长庭审时间的行为。

3. 关于公诉人在论述法官有无法定职责依职权续冻结的时候，说的是由于"保全过程中存在恶意转款，诉讼期间有和解延长审理期限"，职责就自然落到法官身上，因此法官有法定职责依职权续冻。

欲加之罪，何患无辞！辩护人认为，这只是公诉人的个人观点，没有哪一部法律规定，法官的职责会基于某个行为或某个事件而额外加重。我国刑法的基本原则是"罪刑法定"，公诉人的前述言论，恰恰说明了被告人聂肖琼是无罪的，庭审中所有的指控，都是莫须有的指控！

4. 关于接受当事人吃请。

公诉人在庭审中说聂肖琼等人在保全过程中，接受当事人司机一百多元的吃请，真是荒谬可笑！一个再正常不过的工作餐，被说成了吃请，公诉人的说辞只能衬托出本案聂肖琼和沁阳法官的廉洁！

综上，本辩护人认为，被告人聂肖琼客观上没有违反法定职责的行为，主观上不存在过错，不符合执行判决、裁定失职罪的构成要件，其行为不构成犯罪。在涉案的民事案件中，聂肖琼的保全行为是正常的履行职务行为，其不存在不依法采取诉讼保全措施和违法采取保全措施的行为，保全期限届满，人民法院没有法定义务通知当事人延长保全期限，更没有法定义务一定要依职权进行延长。本案在2015年1月9日保全过程中所发生的款项被转走的行为，是聂肖琼和其他任何人都不可能预料到的；后期没有延长保全期限，完全是由当事人及其代理人的自身失误造成的。不能因为当事人的恶意信访，就给一位优秀的人民法官强加一个莫须有的罪名。

党的十八大之后新一轮司法改革的重要目标，就是要依法保障主审法官和合议庭依法独立行使公正审判权，如果我们的司法体制连法官都保护不了，又如何去保护当事人的合法权益？不能让法官成为无奈的牺牲品！没有一支健康、稳定的法官队伍，依法治国无从谈起。我党提出"建立健全司法人员履行法定职责保护机制。非因法定事由，非经法定程序，不得将法官、检察官调离、辞退或者作出免职、降级等处分。"其实，法官履职过程中最大的风险，不是"调离、辞退、免职、降级"等，而是刑事处罚，这对法官的职业生涯和家庭，是个毁灭性的打击！

法官权益保障不仅事关司法权的正常行使，更关乎国家法治建设和法律权威。没有法官的尊严，就不会有法律的权威。对法官的伤害，最终伤害的是法治，伤害的是我们共同营造的社会安全感。

习近平总书记说"努力让人民群众在每一个司法案件中感受到公平正

义"，本案中，聂肖琼也是人民群众的一分子。本案案件虽小，但意义巨大，如果处置不当，会让无数的人民法官寒心，让奋战在第一线的办案法官战战兢兢，如履薄冰，说不定哪一天，他们就会成为第二个、第三个聂肖琼，就会导致更多年轻的、优秀的法官的流失，进而动摇司法的根基。

河南省焦作市中级人民法院于 2018 年 3 月 22 日作出刑事裁定书，裁定驳回抗诉，维持原判。

法院认为，被告人聂肖琼在审理案件过程中进行裁定冻结，没有明显失职行为，马义荣将冻结款项转走的行为与聂肖琼没有直接的因果关系，聂肖琼不构成执行判决、裁定失职罪。温县人民检察院指控聂肖琼犯执行判决、裁定失职罪不当，法院不予采纳。对聂肖琼及辩护人辩称聂肖琼不构成犯罪的辩解意见法院予以采纳。判决被告人聂肖琼无罪。

✍ 律师手记

法官的合法权益更需要律师维护

李国利

聂肖琼其人

我与聂肖琼是高中同学，虽然在一个班级里，但是交往不多，他给我的印象是朴实敦厚、善良正直、热爱学习。参加工作后，我在司法局，他在法院，都属于政法系统，由于工作原因有所接触，他认真严谨的作风给我留下了深刻的印象。后来我到省城从事律师行业，老家回得少了，和他的接触也少了。

2016 年 11 月初，我突然接到聂肖琼的电话，他在电话里央求我帮他联系一些刑法方面的专业人士，说有案件请教。我听出口气不对，就让他直说，他说他本人遇到了麻烦，有个当事人把他给告了。我开玩笑说不被当事人告的法官不是个好法官。聂肖琼说他这个当事人在焦作市检察院采取极端信访的方式上访，焦作市检察院指定温县检察院调查此事，目前温县检察院已经介入，其已被温县检察院取保候审。我听后感觉问题严重，当天驱车赶到沁阳，见到了聂肖琼。

见到聂肖琼，我不由大吃一惊，聂肖琼虽然依然和善，但是原来意气风发的神情、如沐春风的笑容没有了，和善的笑容背后是一丝丝的苦涩。问起缘由，聂肖琼向我讲述了他所遇到的麻烦事。

案件的由来

聂肖琼的案件是由一起民间借贷纠纷引起的，涉嫌罪名为执行判决、裁定失职罪，案件基本情况如下。

（一）民间借贷纠纷基本情况

2011年4月25日，原告范连启与被告华荣公司、马义荣签订《借款合同》一份，约定由原告范连启向被告马义荣、华荣公司提供借款276万元，期限6个月，从2011年4月25日起至2011年10月24日止，借款利率为月息2.75%。该借款合同由慕鸿渊提供担保，并签订《保证合同》一份，约定由被告慕鸿渊对《借款合同》中的借款本金、利息等债务承担连带保证责任。同日，上述合同在沁阳市公证处办理了赋予强制执行效力公证书。后因华荣公司、马义荣未按约定还款，经范连启申请，沁阳市公证处于2012年4月16日出具执行证书。申请人范连启于2014年8月28日向沁阳市人民法院申请执行被执行人马义荣、华荣公司、慕鸿渊公证债权文书，请求执行借款本金2 082 122元、利息1 259 743.59元。被执行人马义荣、华荣公司于2014年9月24日提出执行异议，经审判委员会研究决定，沁阳市人民法院于2014年12月26日作出（2014）沁执字第0670号执行裁定书，裁定对沁阳市公证处（2011）沁证经字第020号公证书不予执行。

2015年1月8日，原告范连启诉至沁阳法院，要求三被告连带偿还借款本金1 846 107元及至2013年11月7日所欠借款利息640 979元，2013年11月8日起至付清之日止的利息按照月利率2.3%计算，形成本诉。

（二）民事诉讼案件进行过程中出现的情况

温县检察院认为聂肖琼涉嫌执行判决、裁定失职罪主要涉及两个方面：一是诉讼保全过程中的失职；二是当次保全到期后未及时续保。

1.诉讼保全过程中出现的问题。

2015年1月8日立案当天，原告范连启提出财产保全申请，申请对被告马义荣、华荣公司、慕鸿渊名下银行账户存款89万元予以冻结。法院于同日作出（2015）沁民西向初字第00013号民事裁定书，裁定冻结被告马义荣、华荣公司、慕鸿渊的银行存款89万元。根据原告反映，沁阳市人民法院在（2014）沁执字第0670号执行案件中，已冻结了马义荣的几个账户。因该案不予执行，沁阳市执行局需对已冻结的账户进行解冻。

为了保证执行局已冻结的资金安全，聂肖琼与承办法官杨媛媛及时与沁阳市执行局沟通，2015年1月9日与执行局副局长一起去相关银行办理相关手续。在焦作前两个银行均很顺利，解冻、冻结账户同时进行，冻结存款57万元。

到第三个银行，焦作大学对门的工行办理时，他们一起将解冻、冻结手续材料递进银行窗口。等了一会儿，银行工作人员告诉聂肖琼一行人，在账户解冻的一瞬间，该账户上存款301 000元已被转走。聂肖琼一行人此提出质疑，认为同时将解冻、冻结手续交给银行，就是为了解冻、冻结手续办理的无缝对接，银行有义务、有责任保证资金安全，认为其工作人员可能存在与马义荣勾结的情况，其主管领导表示决不会存在这种情况，主管领导还与上级机构联系，称可能存在二级卡，即其卡可能被他人利用其他手段操作（犯罪分子复制或其他方式制作的卡），一解冻即被转移资金。

当天下午，聂肖琼一行人到温县工商银行，对银行工作人员特别强调了上午在焦作工行出现的情况，要求他们办理解冻、冻结时注意方法，保证资金安全，不能再出现中午转移资金的情况。即便如此，该卡中的119 000元存款也被以相同的方法转走。事情发生后，聂肖琼及时向主管副院长进行了汇报。

2. 保全到期后的续保问题。

按当时的《民事诉讼法》规定，查封冻结银行账户的期限为半年，范连启案件冻结期限于 2015 年 7 月 8 日届满。由于聂肖琼不是承办人，对于其他人承办的案件所涉及的时间节点记不清楚，也不方便过问。2015 年 7 月 8 日前原告范连启未申请延长冻结期限。

2015 年 7 月 20 日，原告范连启再次提出财产保全申请，要求对被告马义荣、华荣公司、慕鸿渊名下银行账户存款 890 000 元予以冻结。沁阳市人民法院于 2015 年 7 月 21 日作出（2015）沁民西向初字第 00013-1 号民事裁定书，裁定冻结被告马义荣、华荣公司、慕鸿渊的银行存款 89 万元。冻结时 2015 年 1 月 9 日已冻结的 57 万元存款基本全部转移。

妥协与否

详细听了聂肖琼的陈述后，我的第一反应是聂肖琼在这个案件中没有过错，即使是有过错，也不至于构成犯罪。于是我就问他，检察院那边是什么意思？他说检察院说我的事情已经构成犯罪，之所以给我办取保候审，就是让我想办法凑钱，赔偿被害人范连启，得到被害人谅解，然后争取缓刑或免予刑事处罚。

我听后沉默了，我多年来一直办理刑事案件，我特别了解，一旦侦查机关启动了立案程序，想要得到一个好的结果实在太难，特别是像聂肖琼这样的由检察机关自侦的案件，得到被害人谅解，然后争取缓刑或免予刑事处罚似乎是最好的结果。我问聂肖琼是如何考虑的，他说他托人找过范连启，范连启不但要让他赔偿民事诉讼中被转走的 89 万元，而且连与执行局一起去查封被转走的 40 多万也让他赔偿，一共 130 多万元。说到这样，聂肖琼声音嘶哑，两眼恍惚。"我是一个法官，一个月两三千块钱的工资，我实在是没有这个能力啊，再说，我也确实没有过错，为什么检察院的人就不听我申辩呢。"

我说你再考虑考虑吧，可能妥协是最好的处理方式。聂肖琼说，"李律师您帮我分析分析，我是否构成犯罪，如果构不成，为了我的尊严，我决不妥协！如果构成犯罪，砸锅卖铁也要赔偿受害人的损失，我这一辈子还不上，我还有儿子。"说到这里，聂肖琼眼圈红了。我从哽咽的话语里，听出了他的坚定与不屈！

坚守信念

回到郑州，我带着问题走访了资深学者、同行，甚至法院刑庭、检察院反渎局、公诉科的人我也拜访了好多，众说纷纭，越是如此，我越坚信聂肖琼是无辜的。

2016年12月，案件移送审查起诉，我接受委托为其辩护人，在查阅了所有卷宗后，我更坚定了聂肖琼无罪的想法。

聂肖琼涉嫌的罪名是执行判决、裁定失职罪。该罪中认定罪与非罪的关键点在"失"与"职"，"失"指的是主观过失，"职"指的是法定职责。是否构成本罪必须是看嫌疑人在履行法定职责过程中，客观上是否存在违反法定职责的行为，具体到本案中就是客观上是否存在不依法采取诉讼保全措施和违法采取保全措施的行为，主观上是否存在过失。

聂肖琼2015年1月9日的保全行为无任何过错，不存在不依法采取保全措施的行为和违法采取保全措施的行为，对相关银行所采取的保全措施均是依法进行，无任何违法之处。后两笔款项在解冻与保全间隙被转走，也不是聂肖琼及其一行所有人能预料到的，与职责无关，聂肖琼在履行保全职责过程中没有过错，更没有违法行为。聂肖琼没有和执行局工作人员一同前往相关银行，并在办理解冻手续的同时办理保全手续的职责和义务，也没有保障账户资金安全的义务，其只要在法定的时间内作出保全裁定并予以执行，就完成了自己的法定职责。聂肖琼将保全过程中遇到的问题及时向院领导汇报，在保全完成后，就此事专门向主管领导汇报，已尽了自己应尽的职责。

关于保全到期后没有延长保全期限，聂肖琼也不存在不依法采取诉讼保全措施和违法采取保全措施的行为。保全到期后延长保全期限，对此人民法院没有法定职责。保全到期后没有延长保全期限，是由当事人范连启及其代理人勾保公自身失误造成的。即使保全到期后人民法院有法定职责延长保全期限，聂肖琼不是主审法官，也不应承担法律责任。

2016 年 12 月 20 日，我向检察院递交了辩护意见书，并于当天约见承办检察官，承办检察官很不耐烦地接见了我，看了我的辩护意见，随手就扔到了桌面，然后轻笑着说："李律师您提的我们会重视，如果没有其他事，我还有个会议。"我还想说点什么，但他已经站起来了。

不出所料，没过几天，这个案件就移送到了温县人民法院。案件到法院后，我顿觉责任重大，要求聂肖琼再找一名专业刑辩的资深律师，于是，我有幸认识了北京京师律师事务所的裴仁奎律师，并与其并肩作战！

并肩作战

裴仁奎律师是我大学的校友，虽然比我低两届，但其在刑事辩护领域颇有名气，我心仪已久，这次能和裴仁奎律师携手作战，我底气更足了。

庭前我将案卷相关资料发给裴律师，就案件的辩护方向、思路与裴律师进行了深度沟通，裴律师在肯定我辩护意见的同时，提了很多建设性意见，让我醍醐灌顶，脑洞大开。

开庭前一天，我在郑州接到裴律师同去温县，当晚我们二人促膝长谈，就案件事实与适用法律问题又进行了深度探讨，为打好这一仗做好了充分的准备。

开庭时间终于到了。

开庭伊始，由于聂肖琼不认罪，公诉人火药味十足，发言发问犀利刁钻，我和裴律师不卑不亢，有理有据地沉着应对，对其所提供的证据逐一反驳，并从基于同一债权同一法院不得重复查封的法律禁止性规定来论证轮候查封与重复查封的区别，进而认为本案不适用轮候查封；从民事诉讼法及相关司法解释来论证我国法律对续查封实施的是以"依申请"启动为基本原则，以"依职权"为补充，进而认为保全到期后没有延长保全期限，是由当事人范连启及代理人勾保公自身失误造成——与法官的职责没有关系，聂肖琼不应承担刑事责任。

庭审上午进行到 11 点半左右，中午休息后下午继续开庭，此时公诉人已经理屈词穷，突然公诉人抛出了聂肖琼在第二次查封的时候接受当事人吃请的观点和证据。公诉人说在查封时，让当事人派车，五个人吃饭花了 180 多元，在什么都没有查封的情况下接受当事人吃请。听到这个观点，我和裴律师会心地笑了：这是典型的法律不够用了，开始道德审判了。对此，我们的质证意见是：一个再正常不过的工作餐，被说成了吃请，公诉人的说辞只能衬托出聂肖琼法官和沁阳法官的廉洁！

无罪

10 个月后，一审判决终于下来了。一审法官认为聂肖琼在审理案件过程中进行裁定冻结，没有明显失职行为，马义荣将款项转走的行为与聂肖琼没有直接的因果关系，判决聂肖琼无罪！

温县检察院不服一审判决，由焦作市检察院提起抗诉。焦作市中级人民法院经开庭审理后认为，聂肖琼在参与范连启诉马义荣等借贷一案的审理以及采取保全措施的过程中，没有失职行为，不构成执行判决裁定失职罪，裁定驳回抗诉，维护原判！

本案中律师的辩护意见基本全部采纳

一审判决中的"本院认为"部分内容较少，比较多地引用了辩护律师主要观点，但二审判决"本院认为"部分基本上全部引用了律师的辩护词。裴仁奎律师提交的辩护词简明扼要、切中要害，虽然裴仁奎律师没有参与二审庭审，但二审的裁定书大篇幅引用了该辩护词，凸显了律师在本案中的辩护作用。一审开庭过程中，沁阳市法院及温县法院领导均参加旁听，对律师的辩护意见及辩护效果给予肯定。

法官的合法权益更需要律师来维护

在法官、检察官、律师构建的刑事诉讼的体系中，律师相对处于弱势；在很多刑事案件中，律师因为经常提出无罪辩护的观点被法官和检察官蔑视甚至羞辱。但是当法官被公诉机关起诉、面临刑罚处罚时，他们第一时间会想到找位专业的刑辩律师为其辩护，而不是托关系走后门搞勾兑。因为法官作为执法者，其也切身认识到刑事辩护在刑事案件中的作用。本案中律师的辩护意见基本被法院采纳，也印证了律师辩护的重要性。

评议

这个案子让人感慨颇深。一方面，公诉机关自身对于相关法律规范性文件的误解导致一位兢兢业业的法官面临牢狱之灾；另一方面，当事人的利己心态以及对于责任的盲目推卸发人深省。

本案是典型的行为不符合犯罪构成要件的案件。辩护律师抓住了执行判决、裁定失职罪的罪与非罪的关键点在于"失"与"职"，并从这两个方面的要件不符性进行无罪辩护，分别分析被告人是否存在"主观过错与违法行为"，是否具有公诉机关所认为的"法定职责"。从而扼要地回应了公诉机关的指控。

对于犯罪认定一定要坚持主客观相统一的原则。在本案中，虽然还谈不上有了客观行为，仅是出现结果便已经开始对被告人进行结果归责。在实务中，分析是否构成犯罪时，可以先客观后主观，即先分析行为客观上是否属于犯罪行为，进而分析行为人主观上是否存在过错。

本案是关于民事案件中的冻结问题，正是由于对民事法律规范存在一定程度的误解，才导致公诉机关起诉了一起没有犯罪事实的案件。而本案的辩护律师，针对相应的民事法律问题依据法律法规进行了充分的回答，包括"轮候冻结""续冻"以及"续冻的到期通知"，均详细搜集了相关法律规范，结合本案的案件事实，回应得有理有据。二审法院对于律师的辩护词基本上全部引用了，这也充分表明了法院对于律师关于这部分问题说理的肯定。对于律师来说，不仅仅是对案件的基本事实的掌握，对于案件所涉及的专业性知识有更深入的了解也是成功辩护的关键。

同事中毒身亡被疑杀人　律师法律援助终洗冤屈

李永辉　曹德全

📽 回顾

2013 年 6 月 6 日早晨，河北省深州市某公司财务人员范某在单位办公室喝了自己杯中的玫瑰花茶后，出现呕吐、呼吸困难、昏迷等症状，被同事紧急送往医院。经抢救无效于 2013 年 6 月 11 日死亡。经鉴定，范某系百草枯农药中毒致死。

小县城出现命案，一时间人心惶惶。深州警方投入大量警力开展摸排侦查工作，经过仔细调查后最终锁定祝周宾有重大作案嫌疑。警方认为，祝周宾与被害人范某有矛盾，二人之前曾有过较为激烈的冲突。祝周宾家庭困难，女儿生病给其造成很大经济压力，祝周宾怕范某顶替其位置，使其失去经济来源而投毒杀害范某。

2013 年 6 月 8 日，祝周宾因涉嫌故意杀人罪被深州市公安机关刑事拘留；同年 6 月 21 日被执行逮捕。

☀ 案件

2013 年 8 月 21 日，祝周宾被移送审查起诉，2014 年 12 月 15 日，河北省衡水市人民检察院向衡水市法院提起公诉。

起诉书指控：被告人祝周宾在衡水某公司工作期间，因妒忌同一办公室的同事范某工作能力比自己强，怕范某顶替其位置，遂产生杀人之念。2013 年 6 月 6 日早晨，祝周宾将事先准备好的百草枯农药倒入范某的水杯中，范某喝水后呕吐，后范某被同事送往医院抢救，经救治无效于 2013 年 6 月 11 日凌晨死亡。经鉴定，被害人范某系百草枯农药中毒死亡。

检察院认为，被告人祝周宾故意非法剥夺他人生命并致一人死亡，应当以故意杀人罪追究其刑事责任。

2013 年 9 月 12 日衡水市法院受理此案并开庭予以审理。一审法院经过开庭审理认为，被告人祝周宾向他人水杯内投毒，并造成他人死亡，其行为构成故意杀人罪，公诉机关指控的事实和罪名成立。并于 2016 年 1 月 22 日判决祝周宾犯故意杀人罪，判处无期徒刑，剥夺政治权利终身；赔偿附带民事诉讼原告人 110 099.3 元。

祝周宾不服，提起上诉。河北省高级人民法院于 2016 年 6 月 2 日作出刑事裁定书，裁定撤销原判，发回重审。衡水市中级人民法院于 2016 年 10 月 21 日再次作出一审判决，以故意杀人罪判处其无期徒刑。

第二次判处无期徒刑，祝周宾虽心情低落到极点，但仍坚信自己无罪。再次提起上诉，并委托其妻子到省城找专业的刑辩律师。

此时祝周宾大女儿正上高中，小女儿又体弱多病，缴纳律师费十分困难。听了祝周宾妻子关于案情和家庭情况的诉说，看到祝家一贫如洗的窘境，大成（石家庄）律师事务所的律师们热心地指导其申请法律援助，最终法律援助中心将本案指派给了北京大成（石家庄）律师事务所执业多年、刑辩经验丰富的李永辉、曹德全两位律师。

会见时，祝周宾称在侦查机关第一次讯问时受到了刑讯逼供，称其并未给被害人投毒。辩护人通过认真阅卷，反复观看同步录音录像发现，祝周宾在本案进入审查起诉后翻供，之前其在侦查阶段的有罪供述涉嫌非法取证。辩护人向二审法院申请了非法证据排除，认为侦查机关在第一次讯问前存在刑讯逼供行为，在对祝周宾刑事拘留前，侦查机关对祝周宾采取的延长继续盘问的措施违法，属于以非法方法限制人身自由的方式取得犯罪嫌疑人的有罪供述，依法应当予以排除。

通过查阅案卷和了解案件有关情况，辩护人认为，一审法院判决认定事实错误，指控祝周宾的直接证据（有罪供述）系非法证据；指控祝周宾投毒杀人的作案时间没有查清，毒物来源、盛装毒物容器等定罪的核心问题没有查清，指控祝周宾犯故意杀人罪的证据严重不足，不能排除自杀的合理怀疑，恳请二审法院依法对祝周宾宣告无罪。

一、本案指控祝周宾实施了投毒杀人行为的唯一证据就是祝周宾的认罪供述，但该认罪供述属于非法证据，应当依法予以排除

两高三部《关于办理刑事案件严格排除非法证据若干问题的规定》第4条规定，采用非法拘禁等非法限制人身自由的方法收集的犯罪嫌疑人，被告人供述，应当予以排除。第5条规定，采用刑讯逼供方法使犯罪嫌疑人、被告人作出供述，之后犯罪嫌疑人、被告人受该刑讯逼供行为影响而作出的与该供述相同的重复性供述，应当一并排除。

（一）2013年6月8日06时54分至2013年6月8日11时06分，侦查机关对祝周宾做了第一份《讯问笔录》，也是祝周宾对作案动机、作案时间、作案过程等细节交代最全面、最彻底的一次有罪供述，但该供述属于采用非法拘禁等非法限制人身自由的方法收集的犯罪嫌疑人的供述，应当予以排除

1. 祝周宾自2013年6月6日下午被公安机关带走至6月8日晚8时

被宣布拘留并送往看守所，其人身自由一直被公安机关非法限制。此期间公安机关采取的盘问、继续盘问、延长继续盘问措施均系非法行为，属于以连续盘问的方式变相限制人身自由。

第一，根据《公安部关于适用继续盘问规定》第8条的规定，祝周宾的情况不属于可以带至公安机关继续盘问的情形。

第二，根据公安部《公安机关适用继续盘问规定》第9条第（6）项的规定，明知其所涉案件已经作为治安案件受理或者已经立为刑事案件的，不得适用继续盘问。

根据深州市公安局深公（刑）立字3136号《立案决定书》，祝周宾故意杀人一案于2013年6月6日立案侦查。立案以后，公安机关应依据《刑事诉讼法》的规定对祝周宾采取强制措施，而不是采取继续盘问措施。公安机关涉嫌采用非法的继续盘问措施来代替刑事诉讼强制措施，属于以连续盘问的方式变相拘禁祝周宾。

第三，继续盘问、延长继续盘问程序违法。

《继续盘问通知书》《延长继续盘问通知书》上没有祝周宾的签字，没有送达其家属或所在单位。没有《延长继续盘问审批表》，没有按照法律规定呈请、报批。

第四，盘问期间没有制作盘问笔录，违反了《公安机关适用继续盘问规定》第16条第2款规定：对继续盘问的情况，应当制作《继续盘问笔录》，并载明被盘问人带至公安机关的具体时间，有被盘问人核对无误后签名或者摁手印。

2.继续盘问、延长继续盘问期间，存在连续审讯、疲劳审讯、未保障祝周宾必要的休息时间的情形。

自6月6日晚10点至7日凌晨6点，公安机关一直在连续审讯祝周宾。7日凌晨3点又押祝周宾指认现场，指认现场回来，凌晨6点54分又开始审讯祝周宾，说明公安机关在审讯祝周宾时没有保证其休息的权利，审讯祝周宾的时间大多发生在晚上、凌晨，违背正常睡眠规律，存在连续审讯，疲劳审讯的情形。

3. 第一份《讯问笔录》存在大量的指控、诱供行为。

讯问过程中，侦查人员存在大量的指供、诱供行为，甚至通过一些威胁的话来取得祝周宾的供述。且《讯问笔录》中的某些关键事项与同步录音中的陈述严重不符，内容不同步。（详见辩护人庭前会议时提交的《2013年6月8日同步录音、录像及形成的讯问笔录中存在的非法问题》）

（二）侦查机关所作的其他四份认罪《讯问笔录》，是祝周宾在侦查机关的压力下承认的，属于重复直白，应当予以排除

这四份《讯问笔录》与第一份《讯问笔录》均由侦查员刘征、高杰讯问并制作，讯问祝周宾时并没有更换侦查员。不排除祝周宾迫于审讯压力而作出重复直白。同时，证人叶海荣的笔录、王跃峰的笔录可以证实，祝周宾在看守所里称，不是他投的毒，祝周宾是在公安局工作人员讯问的压力下承认的。

（三）2013年6月19日祝周宾的认罪笔录，是在侦查阶段检察院批捕部门做的

法庭调查时，祝周宾称分不清检察机关与公安机关各自的职能，认为"他们是一伙的"，由于惧怕再次被打才不得不承认。

（四）2013年12月24日衡水市人民检察院对祝周宾所作的《讯问笔录》

首先，该《讯问笔录》没有告知祝周宾申请排除非法证据、认罪的法律后果等有关的诉讼权利。

其次，本次讯问存在诱供的行为。在祝周宾2013年6月8日的同步录音录像中根本没有自首的情况下，讯问人员直接诱导性发问："通过观看深州公安机关2013年6月8日对你的同步讯问录音录像，你说你自首，你说一下具体情况。"这属于明显的诱导性发问。

再次，祝周宾当庭称所谓的"我在公安机关如实供述了"是指，其对公司的经济、账目等情况讲明了，并非指犯罪情况。

因此该讯问笔录中关于祝周宾承认犯罪的供述不应采信。

二、祝周宾在认罪供述中交代的毒物颜色、投毒时间、盛装毒物的容器等作案细节与侦查机关查明的客观事实不相符，其有罪供述与其他证据之间无法相互印证

（一）祝周宾供述的毒物颜色、来源及装百草枯的容器等事实与查明的事实不符

第一，祝周宾在认罪供述中称，给被害人投放的毒物除了百草枯之外还有除草剂，而根据公安部的鉴定结论，被害人喝的玫瑰花茶中只检测出百草枯，未发现其他成分。

第二，祝周宾供述的百草枯的颜色为红色，存放于自己家中，而在其家中搜出的百草枯为蓝色。

第三，根据祝周宾的供述，公安机关在厂子大门口外提取的盛装毒物的白色药瓶，但该药瓶与在祝周宾家中查到的药瓶形状、规格均不相同，且公安机关提取的该药瓶中未检出百草枯成分。

第四，祝周宾交代的所有可能接触药瓶的物品上均未检出百草枯成分。在案发时祝周宾所穿的裤兜内、电动车内的雨披上及厕所擦手的门帘上等所有可能接触到的物品上，均未检出有百草枯成分。

（二）祝周宾交代的在投毒前一天自己给自己投毒、故意让别人知道自己水杯中有异常并意图制造假象，违背客观规律和科学，与事实不符，祝周宾并没有假装喝水

1. 6月5日上午10:45:20，祝周宾喝完第一杯水，通过监控录像显示，

可以看出祝周宾的确喝了这一杯水。第一杯水不存在假装喝水的问题。

2. 自接第二杯水开始，祝周宾一共喝水 6 次，时间为

第一次：上午 10：49：20；

第二次：上午 10：49：50；

第三次：上午 11：09：09；

第四次：上午 11：09：24—11：09：31；

第五次：上午 11：22：30；

第六次：也是最后一次喝水的时间为 16：54。

通过仔细观察水杯与祝周宾面部的角度（夹角）会发现，角度从小变大，一直到最后一次喝水时水杯与面部几乎成垂直状态。这一系列的活动完全符合客观规律，符合水杯内的水从多到少导致水杯与面部的角度从小变大直至垂直的自然科学规律。所以，祝周宾的喝水动作并无异常，不存在假装喝水的情况。

还有一种假装喝水的可能，就是水喝到嘴里没有咽下去，而是又吐出来了。百草枯是一种剧毒农药，如果口腔接触到百草枯，会造成口腔内严重灼伤，造成口腔严重伤害。因此，也不存在这种可能性。

3. 10 秒钟之内，祝周宾不可能完成给自己投毒的行为。

6 月 5 日上午 10：45：20—10：45：30 是祝周宾离开监控又出现在监控内的接第二杯水的时间，共计 10 秒钟。如果祝周宾假装演戏，给自己投毒，那么，他只能在这 10 秒钟之内完成。在这短短的 10 秒钟之内，祝周宾不可能完成从裤兜里拿出药瓶——拧开瓶盖——投进杯内——拧紧瓶盖——放进裤兜——接水等一系列的动作，而且还得保证完成的质量。因为如果拧不紧就会蹭到裤兜上，而鉴定结论没有检测出裤兜里有百草枯成分。而且，接水时祝周宾的座位上还坐着人，这个人还在跟祝周宾说话，从常理上讲，祝周宾不可能完成给自己投毒的行为。

（三）投毒时间没有查清，祝周宾交代的投毒时间内没有人进入过财务室

公诉机关指控作案时间为 2013 年 6 月 6 日早晨 7:40 分之前，主要是因为祝周宾到公司后在门岗看电视的"可疑"行为。但是监控录像显示在 6 月 6 日早晨 7:00—7:40:45（支玉圣进入财务室的时间）这个时间段没有人进入财务室。理由如下。

通过仔细观察监控录像发现，7:40:45 支玉圣开门进入财务室时有一个光学现象发生，即在开门时祝周宾座位对面的椅子的不锈钢把手上有一个明显的亮点出现。而且，通过仔细观察，每开门一次该光学现象就发生一次，如 7:43:19 祝周宾进入财务室时；又如 7:45:12 祝周宾离开财务室时。

根据上述光学现象，辩护人仔细观察了 7:00—7:40:44 的这个时间段，此时间内并没有发生上述光学现象，因此，祝周宾交代的作案时间及一审时公诉机关指控的作案时间与事实不符。

三、对祝周宾的指控不能排除其他合理怀疑

1. 不排除 6 月 5 日被害人给祝周宾投毒的嫌疑。

6 月 5 日下午 16:54 祝周宾最后一次喝水至发现水杯变红，在这个时间段内，只有被害人近距离接触祝周宾的水杯，时间是 17:33:45—17:34:12，共计 27 秒。被害人取订书机时动作异常，行为有悖日常规律。5 秒钟就可完成的行为，被害人用了 27 秒。订书机就在桌子上放着，但是被害人不是直接取订书机，而是观察祝周宾的水杯，并且有提脚、身体前倾并反手的动作。这一点，已在庭前会议时重点提及，在此不再赘述。

2. 被害人涂抹了精油掩盖了百草枯的气味的说法不能成立。

百草枯有强烈的刺鼻性气味，因此很少听说有人误服百草枯。经查阅相关文献，为防止有人误服百草枯中毒，国家强制药品生产企业在百草枯

中添加刺鼻的美味剂和催吐剂。因此，百草枯有非常强的刺鼻气味，岂是涂过精油就能够掩盖的？而且被害人喝了还不止一口！

3. 被害人服用过夜的茶水不符合生活常识。

不能喝或者说过夜的茶水一般不能喝是生活常识，被害人在前一天的水杯内继续添加热水，喝过夜的玫瑰花茶，此行为有悖常理！

4. 在祝周宾的电脑里没有查出其搜索过百草枯的痕迹，反而在被害人的电脑里查出了多次搜索百草枯的痕迹。（详见公安机关办案说明）

5. 被害人住院期间，其大伯问她是否因为搞对象的问题想不开，这本身就说明被害人在搞对象方面可能存在问题。

6. 被害人在住院期间曾写过"再见"之类的话。

因此，不排除被害人自杀的可能性。

我国《刑事诉讼法》第53条明确规定，对一切案件的判处都要重证据，重调查研究，不轻信口供。只有被告人供述，没有其他证据的，不能认定被告人有罪和处以刑罚。

两高三部《关于办理死刑案件审查判断证据若干问题的规定》第5条规定的证据确实、充分是指：（1）定罪量刑的事实都有证据证明；（2）每一个定案的证据均已经法定程序查证属实；（3）证据与证据之间、证据与案件事实之间不存在矛盾或者矛盾得以合理排除；（4）共同犯罪案件中，被告人的地位、作用均已查清；（5）根据证据认定案件事实的过程符合逻辑和经验规则，由证据得出的结论为唯一结论。办理死刑案件，对于以下事实的证明必须达到证据确实、充分：（1）被指控的犯罪事实的发生；（2）被告人实施了犯罪行为与被告人实施犯罪行为的时间、地点、手段、后果以及其他情节；（3）影响被告人定罪的身份情况；（4）被告人有刑事责任能力；（5）被告人的罪过；（6）是否共同犯罪及被告人在共同犯罪中的地位、作用；（7）对被告人从重处罚的事实。

依据上述规定，本案中即使不排除非法证据，但是根据祝周宾交代的投毒时间、投毒过程、毒物来源等核心问题均与查明的相关鉴定结论等事实不符，认罪供述与根据认罪供述查明的事实相矛盾，证据与证据不能相互印证，有罪证据没有形成封闭的证据链条，一审法院的判决未达到证据确实、充分的证明标准。恳请二审法院依法并尽快宣告上诉人祝周宾无罪，以维护其正当合法权益！

二审开庭时，河北省人民检察院指派检察员出庭履行职务，并发表如下意见：本案不存在刑讯逼供，没有非法取证情形；祝周宾的有罪供述供述了犯罪动机、投毒过程，虽然其对销毁盛毒物容器的过程前后反复，容器也没有找到，但有证人证明祝周宾与被害人有矛盾，事后祝周宾洗门帘的细节，现场勘查记载现场的情况、视频资料、尸检报告记载被害人死亡原因等情况与祝周宾有罪供述的相关情节相互印证，本案证据形成完整的证据链条，足以认定祝周宾故意杀人的犯罪事实。一审法院认定祝周宾犯故意杀人罪的基本事实清楚，基本证据确实充分，适用法律正确，量刑适当，上诉人的上诉理由不能成立，建议二审法院驳回上诉，维持一审判决。

2018 年 5 月 24 日，河北省高级人民法院作出（2017）冀刑终 91 号刑事附带民事判决，判决祝周宾无罪，不承担附带民事赔偿责任。

法院经审理查明，祝周宾与在同一公司财务室工作的被害人范某曾因工作发生过矛盾。2013 年 6 月 6 日早晨，范某在办公室喝水后中毒呕吐，经救治无效于 2013 年 6 月 11 日凌晨死亡，经鉴定，范某系百草枯农药中毒死亡。原判决认定祝周宾向范某水杯中投入百草枯致其死亡的事实不清，证据不足。

经查，认定祝周宾在案发前一天将百草枯放入自己杯中且假装喝水，仅有祝周宾的有罪供述，没有其他证据证实；祝周宾有罪供述中对投放到被害人水杯中物质供述不一；在祝周宾家未提取到涉案的红色百草枯，且祝周宾所供让别人帮助销毁百草枯的说法均未得到相关人员证实，祝周宾所供毒物来源和去向没有相关物证和证人证言予以印证；祝周宾所供触碰过百草枯的物体均未检出百草枯，所供扔掉的盛放百草枯的小药瓶上也未检出百草枯，祝周宾所供使用百草枯作案没有相关科学技术鉴定予以印证；

涉案财务室并非绝对封闭，不能排除案发时段其他人进入财务室的可能，亦不能完全排除其他人作案的可能。综上，对上诉人及其辩护人所提"本案中的证据无法形成完整的证据链条，祝周宾供述的百草枯颜色、盛放百草枯容器等情节与其他证据不能相互印证，本案不能排除其他可能，原判决未达到证据确实、充分的证明标准"的意见予以采纳。

法院认为，在案证据能够证实祝周宾与被害人范某产生过矛盾，但认定祝周宾向范某水杯中投放百草枯致其死亡的事实，仅有祝周宾曾经的有罪供述，且祝周宾的有罪供述之间、供述与证言之间、供述与客观证据之间均相矛盾，本案证据形不成完整的证据链条，根据现有证据无法得出祝周宾作案的唯一的、排他性的结论。原审法院认定上诉人祝周宾实施故意杀人罪的事实不清、证据不足，不能认定上诉人祝周宾有罪，祝周宾承担民事赔偿责任没有事实依据。判决如下：

1. 撤销河北省衡水市中级人民法院（2016）冀 11 刑初 30 号刑事附带民事判决。

2. 上诉人（原审被告人）祝周宾无罪。

3. 上诉人（原审被告人）祝周宾不承担附带民事赔偿责任。

✐ 律师手记

拨云见日，源于细致

李永辉

接受指派后，两位律师对此案极为重视，为此案多次召开刑事部研讨会予以论证分析，通过详细研究案卷材料和多次去看守所会见祝周宾，经过严谨、细致的分析后，两位律师认为：祝周宾作案时间没有查明；投毒动机违背常理；本案据以定罪的证据极可能存在问题，某些关键事实的供述与查明的事实相矛盾；祝周宾的有罪供述之间亦存在矛盾；综合全案证据来看，认定祝周宾向范某水杯中投放百草枯致其死亡的事实，仅有祝周宾曾经的有罪供述，没有其他证据予以佐证；毒物来源不清，无法证实是祝周宾所有；作案的细节，缺乏证据之间同一性印证。

两位律师针对上述问题，首先提出非法证据的排除申请。将本案中侦查机关可能存在的非法取证问题以书面形式整理出来并提交给法院；其次认真、细致地研究案卷，不放过任何一个可疑点，努力寻找对被告人祝周宾有利的证据线索与控方证据的破绽。

经过夜以继日的努力工作，团队律师乔康发现了一个对祝周宾有利的关键情节：即当有人开门进入财务室时，祝周宾座位对面的椅子扶手上会出现一个明显的亮点，此亮点是开门后阳光反射在椅子金属扶手上形成的，只有打开门才会有亮点出现。通过观看监控录像发现，在侦查机关指控祝周宾作案的时间段内并未有人进入财务室。故此，祝周宾没有作案时间，不应当构成故意杀人罪。

两位律师数次与主办法官沟通、交流案情。从细微处着手，不放过一个细节，以小见大，揭示了控方指控祝周宾有罪证据的不足与漏洞，从而打破控方的证据链条，使控方的证据无法达到"事实清楚，证据确实、充分，排除合理怀疑"的证明标准。主办法官对律师的工作高度重视并予以充分肯定。

2018年5月24日，河北省高级人民法院作出（2017）冀刑终91号刑事附带民事判决，判决祝周宾无罪，不承担附带民事赔偿责任。

2018年6月21日上午，祝周宾走出看守所。4年的漫长等待、1400多个日日夜夜、冰冷的监区、误解的眼神……冤屈得以昭雪的那一刻，这个四十几岁的汉子流下了委屈的泪水。

祝周宾说："我的冤屈今天得以昭雪，除了感谢法官主持正义，感谢法援中心、律师的无私援助，感谢我的家人不离不弃之外，更需要感谢的是我们国家的法治，社会的文明进步，这是最重要的基础。"

评议

"疑罪从无"原则作为刑事诉讼的重要原则，在保障人权方面起着尤为重要的作用。在面对公民的生命、自由等尤为珍贵的权利时，司法机关更应当谨慎，严格坚守"疑罪从无"的原则，这不仅是对人权的尊重，更是对正义的尊重。在全面审查在案证据仍不能证明被告人有罪，也不能证明被告人无罪的情况下，应当根据"疑罪从无"的原则认定被告人无罪。

本案除了被告人的有罪供述外，并未有其他直接证据证实被告人实施了投毒杀人的行为，作为重要证据的百草枯的来源和去向均不明确，被告人所供百草枯的来源和去向没有其他证据予以印证，据以定罪的证据尚未形成完整的证据链条，不能排除被害人自杀以及他人实施投毒行为的合理怀疑，应当疑罪从无。

细节中可以窥见天地，优秀的律师往往能把握对于案件至关重要的细节，进而在这些细节的基础上对整个案件的案情进行更为深入的思考，以全面地看待整个案件，而不是只是浮在表面看待案件事实。

本案有很多地方在细节上值得仔细推敲。第一，本案律师通过开门的光学现象，推论出被告人所交代的作案时间与指控的作案时间与事实不符的意见；第二，被害人的电脑中存在查询百草枯的痕迹，而被告人的电脑中却并未发现印证其供述为作案而上网查询百草枯资料的客观证据；第三，根据被告人供述，曾与百草枯有过接触的物体中均未检测出百草枯；第四，百草枯的本身特性，如气味刺鼻、红颜色都足以引起人的高度怀疑。理性地讲，这样的毒药足以引起饮用者的怀疑。

而本案被告人之所以存在作案嫌疑，主要原因是侦查机关将被告人与被害人之间的矛盾放大，从主观动机出发进而有导向性地寻找被告人与本案存在的关联之处；对于案件的细节存在忽视，而恰恰从这些细节之中就能够动摇本案被告人即为投毒人的观点；客观证据并不完整充分，就被告人的有罪供述而言，未能与其他证人证言相互印证，一审判决根据同监室犯人的证言认定被告人向他人承认自己实施了投毒行为，却忽略了被告人也曾向多名犯人说明自己被刑讯、被冤枉的事实。

所幸，在本案经历了漫长的 1400 多个日夜后终于改判无罪。这份来之不易的无罪判决背后，是国家法治发展背景下对于人权的保障，是法律援助律师对于正义以及人权的捍卫，是被告人对于自己心中真相的坚守和对司法的信任。